剑桥

全球经济专题史

造纸业的生产与性能

英国和美国的劳动力、资本与技术（1860—1914）

加里·布莱恩·麦基
（Gary Bryan Magee） 著

罗 曼 译

上海财经大学出版社

图书在版编目(CIP)数据

造纸业的生产与性能：英国和美国的劳动力、资本与技术：1860—1914/(澳)加里·布莱恩·麦基(Gary Bryan Magee)著；罗曼译．—上海：上海财经大学出版社，2022.8
(剑桥·全球经济专题史)
书名原文：Productivity and Performance in the Paper Industry：Labour，Capital，and Technology in Britain and America，1860—1914
ISBN 978-7-5642-3956-5/F·3956

Ⅰ.①造…　Ⅱ.①加…②罗…　Ⅲ.①造纸工业-对比研究-英国、美国-1860—1914　Ⅳ.①F456.168②F471.268

中国版本图书馆 CIP 数据核字(2022)第 028286 号

□ 责任编辑　温　涌
□ 版式设计　陈　楠
□ 封面设计　张克瑶

造纸业的生产与性能
英国和美国的劳动力、资本与技术(1860—1914)

加里·布莱恩·麦基 (Gary Bryan Magee)　著
罗　曼　译

上海财经大学出版社出版发行
(上海市中山北一路 369 号　邮编 200083)
网　　址：http://www.sufep.com
电子邮箱：webmaster@sufep.com
全国新华书店经销
上海华教印务有限公司印刷装订
2022 年 8 月第 1 版　2022 年 8 月第 1 次印刷

787mm×1092mm　1/16　20.75 印张(插页：2)　305 千字
定价：86.00 元

This is a simplified Chinese edition of the following title published by Cambridge University Press:

Productivity and Performance in the Paper Industry: Labour, Capital and Technology in Britain and America, 1860—1914 (ISBN 9780521892179) by Gary Bryan Magee, first published by Cambridge University Press 2002.

图字：09-2021-0922 号

谨以此书献给我的父母罗伯特·麦基(Robert Magee)和克里斯蒂娜·麦基(Christina Magee),以及我的妻子敏美。

致谢

在本书撰写过程中，许多朋友和同事提供了有益的建议和评论，感谢詹姆斯·福尔曼—派克(James Foreman-Peck)、阿夫纳·奥弗(Avner Offer)、查尔斯·范斯坦(Charles Feinstein)、格雷姆·斯诺克(Graeme Snooks)、克里斯汀·麦克劳德(Christine MacLeod)、苏·鲍登(Sue Bowden)和史蒂夫·布罗德伯里(Steve Broadberry)。在牛津、堪培拉和哈格利举行的研讨会的参与者们，以及1992年在赫尔举行的经济历史学会会议的与会者们也提供了许多有益的见解。本书中如有任何谬误，都是我自己的过失。

本书是我在牛津大学纳菲尔德学院攻读哲学博士期间所撰写。感谢联邦奖学金委员会(Commonwealth Scholarship Commission)为我的博士研究提供了资金，哈格利博物馆和图书馆(Hagley Museum and Library)、约翰·希克斯爵士基金(Sir John Hicks Fund)和古德哈特信托基金(Goodhardt Trust)也为我的赴美研究之旅提供了慷慨的资金支持。澳大利亚国立大学(Australian National University)的博士后项目则给我提供了将论文转化为本书的机会和时间。

在过去的三年半时间里，英国、美国、澳大利亚和奥地利等国的众多图书管理员和档案管理员为我提供了大量帮助，不胜枚举。我的研究也得到了宝华特公共有限公司(Bowater PLC)的帮助，他们现在还保留着自己和爱德华·劳埃德有限公司(Edward Lloyd Limited)的档案，感谢他们允许我查阅这些档案。

我尤其要感谢宝华特的档案管理员 H. J. 肯纳德(H. J. Kennard)先生，他帮助我找到了所有我需要的相关文件，他对我的友好帮助是无价的，我万分感激。同样，我也要感谢韦恩・诺顿(Wayne Naughton)出色的技术支持。

最后，我要感谢我的妻子敏美和我的父母，感谢他们长久以来的理解和支持。

目 录

引言

在历史学家、经济学家，甚至是更精明的政策制定者关注的众多问题中，没有什么比经济帝国的衰退更让他们兴奋的了。大量有关古罗马、威尼斯、荷兰、中国古代帝制王国以及近代的美国和西方世界衰亡的理论充分证明了这一点。更有甚者，当衰落中的社会曾经是世界上最具活力的社会时，这种情况更加显著。正因如此，才有如此多的人对 1870 年后英国的境况感兴趣。

这一点并不令人惊讶。在 19 世纪 70 年代之前的 100 年里，英国成功地从欧洲众多竞争对手中脱颖而出，在当时看来，英国在工业生产中似乎是无可匹敌的领头羊。然而，19 世纪的种种事件表明，英国在历史中扮演的角色应该是国际贸易的先驱，而非真正的世界工厂。因此，到世纪之交，尽管英国的重要性突出，但其也仅仅是几个工业化国家中的一个罢了。越来越多的英国公司面临来自外国同行的激烈竞争，甚至将他们从自己曾经开拓和主导的市场中排挤出去。

19 世纪英国造纸业的经历也大抵如此。由于在生产中早早引入了长网造纸机，19 世纪初的英国造纸商在全世界同业中处于最领先的行列。19 世纪下半叶，英国造纸业似乎进入一个相对衰落期，外国进口纸品渗透英国市场，而本国厂商的市场份额不断萎缩。到 19 世纪 60 年代和 70 年代，英国的主要竞争对手在本国同样实现了纸张生产的机械化，并在寻找和开发新原材料方面取得了极大的进展。

然而，与维多利亚时代晚期和爱德华七世时期已经开始衰落的老工业相比，造纸业在许多有趣的方面呈现出种种不同。尽管造纸业在历史上是一个古老的产业，但到 19 世纪晚期，英国的造纸业已经呈现出一个非常现代的面貌。

事实上,由于依仗资本密集型的流水线生产技术逐步进行技术积累而非依靠重大技术飞跃的特点,造纸业不仅仅是过去的遗迹,在很多方面更像是对未来的预示。此外,19 世纪英国所有行业都倾向于采用聘请熟练工以计件结算工资的形式进行大批量生产的模式,而由于造纸业生产流程标准化的时间较长,可以聘请较高比例的相对非熟练工以工资日结的方式从事生产,这对于英国工业而言是一个很有用的平衡。这样一个"现代化"的行业竟然从 19 世纪下半叶后如同其他旧的大型制造业一样突然陷入衰退,这个现象本身足以令人好奇,从而产生以下问题:19 世纪后英国经济相对衰退的原因和本质究竟是什么?

然而,令人奇怪的是,英国造纸业一直被经济历史学家们所忽视。斯派塞(Spicer)认为,廉价纸张的出现对英国社会的影响比蒸汽机大得多,这无疑是夸大其词,但令人惊讶的是,造纸业实际上却没有引起多少人的关注。[1] 或许是因为造纸行业对整个英国制造业的贡献渺小,所以鲜引起关注。但是在 1891 年,其劳动力规模占制造业劳动力大军近 5%,造纸工业在这方面甚至超越了化工行业、饮食业和烟草行业。当然,把一个行业的重要性与其规模等同起来是一种危险而不可靠的做法。[2] 在这种情况下尤其如此,因为纸张在维持现代社会方面发挥的作用,无论是过去还是现在,都足以令人忽视造纸业在规模上的所谓不足。也正因为这一作用,纸张已成为现代社会普遍存在的一部分,没有它,生活将会更加复杂和不便。

本书旨在评估和解释在维多利亚时代晚期和爱德华七世时期英国造纸业的整体表现。在此过程中,必然会引入一些概念和过程的探讨,如技术变革、生产率增长、自由贸易和企业运作等,这些都是工业竞争力的核心。然而,尽管接近问题的核心,但对于许多问题和现象的研究在很大程度上仍然是空白,这些问题和现象的重要性虽然得到了认可,但在很大程度上仍然是想当然。企业决

---

〔1〕 A. D. Spicer, *The Paper Trade* (London, 1907), p. 2.

〔2〕 必须牢记,1900 年时,制棉业雇佣的劳动力仅占英国劳动力总人口的 3%。还有不少行业雇佣的人数少于造纸业,例如 1891 年时,化工行业雇佣人数仅为制造业从业总人口的 1.7%,饮食烟草行业雇佣人数则仅占 4.1%。同年,造纸业雇佣人数在制造业总人口中的占比达到 4.9%。P. Deane and W. A. Cole, *British Economic Growth* (Cambridge, 1967), p. 146.

策是一个现成的案例。经济历史学家在参与辩论维多利亚时代晚期和爱德华七世时期英国企业失败的相关问题时，通常被局限在新古典主义或熊彼特传统理论的框架内，不会对除企业家活动和决策过程的动态之外的其他东西进行更深入的研究。在新古典主义的方法中，这相当于将企业运作等同于管理，因此，实际上探讨的是对企业运作的假说。在这种情况下，企业运作与利润最大化变得没有区别。相比之下，在熊彼特的模式中，探讨的核心则是企业家的独特活动，后者往往得到较多赞誉。然而，尽管传统理论对探讨整个系统的动态原理至关重要，但它仍然倾向于认为企业的运作取决于外部因素。

至少在当时的经济史文献中，似乎没有足够的理论来解释企业家做了什么以及如何去做。既然人们经常要求企业家为19世纪最后25年英国经济的衰退承担责任，那么不去探讨企业家的行为则是一种相当奇怪的遗漏。毫无疑问，我们有理由问，在连人们甚至不试图界定企业运作的定义，更不用说提供评估其质量标准的情况下，人们如何能确定就是企业运作出了问题导致经济衰退的呢？当然，要做到这一点，就需要了解一些企业是如何做决策的；或者换句话说，在微观层面上理解他们是如何工作的。

本书提出了一个企业决策模型。该模型基于这样一个理念，即大多数决策过程的持续性本质，从而作为基石的信息—决策过程—决策的整个规律也必须处于不断变化的状态。因此，在评估决策时，有必要考虑在作出决策时，当下可获得的信息的数量和质量。在信息不完整的早期阶段，直觉和预感是决策过程的核心。然而，随着企业数据库的扩展——通常是基于该企业家自己以前的决定和选择所构建的，更理性的决定就变得可行了。随着时间的推移，当各种选择被更充分地考虑和理解后，新古典经济学所描述的那种利润最大化才得以实现。然而，由于很少有企业决策是在这种条件充分的环境下作出的，因此，人们对于企业家的合理期望，只应当是其有能力、有活力、有行动力。

第四章大致描述了这个理论框架，并运用该框架来分析19世纪下半叶造纸厂寻找新原材料的过程：这是造纸业历史上最具戏剧性和挑战性的事件之一。追寻新型原材料的过程最终看来是漫长而艰巨的，不仅引发了对英国企业家能力水平的质疑，还见证了英国在长达30年的过程中，走上了一条与其主要贸易竞争对手美国截然不同的道路。人们大肆批评英国企业家未能采取和美国一样的最佳实践，认为造纸企业的决策直接损害了该行业的表现，因此寻求原材料的过程为研究者提供了一个理想的案例，去分析维多利亚时代晚期造纸业的衰落，从而形成该论文。

技术变革与企业决策息息相关，但在研究企业失败的文献中也很少有人探讨它。文献中对技术变革的描绘往往是单调地将其描绘成来自天降甘霖，对技术变革的主观臆断较多，而系统解释却极少见。实际上，这个过程更加多样化。毕竟，我们没有真正的理由相信，所有的技术变革在模式、方向或时机上都应该是相似的。虽然大趋势是存在的，其影响也十分普遍，但每个行业技术变革的进程更有可能受到该行业及其技术特有的情况所影响。因此，技术变革可能出现的类型和模式的多样性是广泛的。

在19世纪的造纸业中，技术进步主要来自对现有技术的拓展和改进，这主要是通过学习并积累生产活动中所获得的知识来实现的。从本质上讲，这是一个渐进的、累积的过程，且往往限定于企业内部。然而，这个学习的过程对技术变革的影响在理论文献中并没有得到很好的理解。特别是，经济学和经济史研究很少关注经济实践中的决定因素。作为此类研究的开端，本书第二章探讨了一些通过学习可能影响创新程度的因素；这种形式的技术变革对行业有着重要的意义，因此本书的分析无疑是有用的。本书的结论是，如果一个人要了解一个行业的技术积累速度，就必须审视那些能影响该行业的机会、能力以及学习意愿的因素。这种分析将涉及对各种各样因素的考量，无论是体制和组织环境，还是人力资本和劳资关系的发展。在第八章，这种方法被应用于分析19世纪90年代出现的英美技术鸿沟。

一些维多利亚时代晚期及之后普遍存在于英国各行业的问题和现象，也于这一时期浮现在了造纸业上。英国造纸业与整个制造业一样，自1860年以来，尽管英国仍是该行业的技术领先者，但是美国造纸业的劳动生产率一直处于较高水平。这个奇怪的特性令人们对19世纪下半叶英国工业的效率产生了疑问。如果能够解答这一疑问,不仅可以帮助我们理解英国造纸业的相对衰落,也有助于我们了解技术和生产力的领先性取决于哪些因素,而后者对国家经济兴衰至关重要。本书第五至八章探讨了英国和美国之间的生产率鸿沟在多大程度上反映了每个国家的独特的资源环境和需求模式,以及这条鸿沟在多大程度上源于技术变革以及各国劳动力和企业行为与态度等其他因素。

此外,国家的商业政策对该行业发展的影响也是人们普遍关心的问题。1861 年 10 月,英国取消了纸和纸板的最后一项进口关税,这使得英国造纸商第一次面临来自外国制造商的全面竞争,而外国造纸商却能继续受到本国关税壁垒的保护。从而产生了一个大好机会,来审视英国自由贸易和外国保护主义的结合如何影响像造纸业这样的行业。须知对此类行业而言,较长的流水线生产和规模经济是生存的关键。在这种情况下,人们认为国家政策带来的影响绝不是微不足道的。第九章主要从这个角度来探讨英国和德国的纸业贸易。

读者会发现,在这本书中采用的研究方法是定量分析和定性分析相结合的混合式研究方法,还采用了一些理论论证,多少有些折中主义。由于缺乏关于该行业的足够全面的资料来源,这种混合式研究方法的采用就至关重要了。为达成这一目的,本研究采纳各种各样的参考资料,包括专利数据、政府出版物、行业刊物、当代手稿、私人笔记、工会记录和商业档案,同时结合二次文献,希望能由此理顺 19 世纪下半叶错综复杂的行业趋势和因素。本书还将英国产业的主要竞争对手——美国和德国——与英国进行了对比,相信这样的对比不仅有助于把英国工业的表现置于适当的国际背景下,而且有助于阐明在维多利亚时代晚期和爱德华七世时期许多行业发展的重要方面。

第一章

研究背景

从国际视角来看，英国造纸业是一个相对较新的产业。尽管造纸术早在 11 世纪就从中国经由中东地区传入了欧洲大陆，但这些知识似乎在当时并没有被吸收或实施。在英伦三岛，直到 15 世纪末，约翰·泰特（John Tate）在哈特福郡附近利河上开了一家造纸厂，造纸术才得以实施。然而，在开业后的 20 年里，这家造纸厂就像许多其他早期造纸厂一样，停止了生产。在随后的两个世纪中，造纸业在英国等欧洲沿海国家中的存在状况仍是断断续续不成体系的。尽管英国造纸业出现的时间相对较晚，但它仍然为该行业的经济和技术发展作出了远超其规模的巨大和持久的贡献。英国造纸业在其短短的发展历程中成绩斐然，实现了第一次成功的机械化生产流程，推动了细茎针草等新原料的开发，并引入了多种新型纸品，如防伪纸和圣经纸。然而，除了少数专门从事论文研究的历史学家外，这些成就基本上被其他所有人遗忘了。诚然，这一方面是因为研究英国造纸业的学术作品的数量十分罕见；另一方面则是因为，经济学史研究中与英国造纸业相关的学术文献也非常稀少，仅有 A. D. 斯派塞的《纸张贸易》（*The Paper Trade*，1907）、唐纳德·鲍里奇·科尔曼（Donald Borich Coleman）的《英国造纸业：1495—1860》（*The British Paper Industry, 1495—1860*，1958），以及理查德·希尔（Richard Hill）夫妇的《英国造纸业：1488—1988》（*Papermaking in Britain, 1488—1988*，1988）等寥寥几本。因此，该行业历史上很多重要的领域尚未得到充分讨论和研究。其中尤为重要的时期是维多利亚时代晚期和爱德华七世时期，其中出现了一系列重要的新变化，它们都以自己的方式给这个行业带来了不可逆转的改变。从本质上讲，本书的主要议题就是，造纸业如何有效地应对这些新变革带来的压力。这是一本关于技术变革、制度和企业运作,以及这些因素如何影响产业绩效的书。而本书所讨论的许多问题的本质也决定了其必然享有较强的国际影响力。

但是,在我们开始探讨产业绩效相关问题之前,我们需要先研究纸张贸易的一些基本特征。因此,本章以及接下来的一章内容主要是探讨技术变革相关问题,目的是强调维多利亚时代晚期和爱德华七世时期造纸业的供给和需求方面的一些重要特征。这些基本信息为后面章节的分析提供了背景。本章的侧重点为行业的地缘因素、成本结构、市场结构和市场需求。[1]

地缘因素

就其构成而言,纸张只是纤维素和水(称为纸浆)的混合物,在蒸发、重力和人工加热的共同作用下干燥成我们所熟悉的形式。这一流程虽然最初是用手工完成的,但到了 19 世纪中叶,已经很大程度上变成了由一台机器,即长网机主导的机械流程。尼古拉斯·路易斯·罗伯特(Nicholas Louis Robert)于 1799 年在巴黎发明了这台非凡的机器,并于 1804 年由长网兄弟公司(Fourdrinier Brothers)在赫特福德郡的弗罗格莫尔工厂(Frogmore Mill)首次引入英国。一旦完全投入使用,这台非凡的机器就能够通过一个连续性的流程将纸浆转化为成品纸。在接下来的半个世纪里,由于造纸机在造纸业中占据了不可或缺的地位,其相关事宜自然而然地对英国造纸业的结构和特点产生了重大影响。然而,从这个意义上来看,造纸机并非唯一对造纸业产生巨大影响的东西。造纸所需的原材料也在很大程度上决定了 19 世纪造纸业的性质和构成。所有纸张的基本成分均为纤维素,它是一种天然纤维,存在于大多数植物中,也存在于棉花或亚麻碎布等物品中,主要由某种形式的植物提取物制成。这个制成过程中

[1] 本书中所说的造纸业视为一个单一整体。尽管造纸业同其他许多行业一样,可以进一步划分为多个分支领域,每个分支有其独特的产品,但由于整个行业所面临的情况是单一的,使用的生产技术也是高度相似的,因此本书将其视为一个单一整体是合理的。当然,如果某一分支的情况与整体情况有显著区别时,本书也会将其特别指出来。

的另一个重要成分自然就是水。事实上，由于水在造纸流程中至关重要的地位，以至于自 15 世纪造纸业诞生以来，英国造纸厂的地域分布在大部分时间里主要取决于水源获取的方便性；这是因为水不仅是生产过程中的关键成分，而且在蒸汽机诞生之前，它还是工业中唯一的能源。〔1〕早期产业地缘的另一个显著特点是，造纸厂往往位于大型城镇附近，这是因为大型城镇可以提供良好的市场并供应大量的造纸原材料。传统上，这些原材料中最重要的是碎布。在 18 世纪之前，这些限定条件共同作用使得造纸产业的地理位置基本位于国家的南部地区，特别是伦敦周围各郡。肯特郡离伦敦很近，从当地石灰岩中能产出清澈的硬质水流，还有丰富的碎布供应，这使它成为造纸业尤为适合的基地。在曼狄普斯郡也冒出很多造纸厂，而在埃克塞特、多佛和南安普敦等港口能提供大量旧绳索和帆船等材料，促成了早期这些城市棕色纸和包装纸工业的发展。〔2〕

然而，造纸业的发展并非总是被局限在英格兰南部地区。几个世纪以来，该产业以一种非常符合国家人口和工业增长的方式从其传统基地扩散开来。结果到了 18 世纪末，英格兰、苏格兰和威尔士的所有郡都建成了造纸厂，兰开夏郡、约克郡和爱丁堡地区开始与以前占优势的本土郡相抗衡。从 19 世纪初的几十年开始，蒸汽驱动造纸机的出现和扩散，使工业摆脱了传统上对快速流水的依赖，从而显著加快了产业向其他地区的扩张。〔3〕

利用《纸张贸易指南》中包含的信息，可以分析出 19 世纪下半叶各地造纸厂分布变化的大图景。指南显示，截至 1865 年，除东安格利亚外的其他所有地区至少有 10 家工厂。东南、北部和苏格兰的重要性也一目了然。1865 年，这 3 个地区的造纸厂数量共占全国的 69.6%。这个时期，西南和中部地区也是众多造纸业从业人员的家园。然而，到 1914 年，这种相对均匀的造纸厂分布方式已经不再存续，西南，东安格利亚和东米德兰地区不再是主要的产业聚集地。伴

〔1〕本书第三章中有对造纸流程更为详尽的描述。

〔2〕D. C. Coleman, *The British Paper Industry*, *1495—1860*: *A Study in Industrial Growth* (Oxford, 1958), pp. 34－38.

〔3〕D. C. Coleman, *The British Paper Industry*, *1495—1860*: *A Study in Industrial Growth* (Oxford, 1958), pp. 146－149.

随着这些地区的造纸厂分布数量的下降,出现了更多位于西米德兰郡以及北部、东南部和苏格兰等传统造纸中心的纸厂,此时全国有超过四分之三的造纸厂位于这些地区。即使在这些地区,工厂也越来越多地集中于少数几个郡。1865 年,西米德兰地区的造纸厂中,55%位于格洛斯特郡、斯塔福德郡和柴郡;而到了 1914 年,这个数字已经增长到了 85%。〔1〕同样,1865 年,北部地区 76.9%的造纸厂位于兰开夏郡和约克郡,到 1914 年,这一数字上涨到了 85.1%。而东南部地区中,1865 年,白金汉郡和肯特郡两地的造纸厂数量占 56.3%,到第一次世界大战时,东南地区 70%的工厂设在这两地。苏格兰的造纸业也以爱丁堡巨大的市场为中心。进一步的证据表明,造纸工业越来越集中在被公认为贸易中心的地区,这 5 个最主要的造纸县不仅在 1865—1914 年间保持了其地位,而且变得日趋重要。这些县按其重要性排序分别是:兰开夏郡、肯特郡、约克郡、爱丁堡和白金汉郡。1865 年,仅这 5 个县的造纸厂数量就占全国造纸厂总数的 41.9%,1914 年则达到 48.1%。在这一时期,北部地区也超越东南部地区成为领先的纸品产地,这主要是因为兰开夏郡的造纸业地位日益重要。当全行业造纸厂数量下降时,兰开夏郡的纸厂数量却一度从 38 家上升到了 47 家。这一时期,另一个主要的造纸业基地是肯特郡(拥有 34～36 家造纸厂)。但是,应当指出,由于数据中的全国纸厂分布未考虑到这些纸厂的产量,因此不能将其作为衡量该行业区域重要性的一个准确指标。事实上,考虑到 19 世纪下半叶建成的技术更新、规模更大的纸厂主要位于北部地区、东南地区和苏格兰地区,仅靠地区造纸厂分布情况来确定行业的区位模式,往往会低估这些地区在国民生产总值方面的重要性。在 1871 年人口普查中,该行业就业人数的统计显示,兰开夏郡的造纸厂数量仅占总数的 11%,但该郡从事造纸业的工人总数却占到总数的 19%,此类情况就很好地证明了上述观点。〔2〕

---

〔1〕 本节所有数据引自 *Paper Mill Directory of England, Scotland and Ireland*(*1865ff*)。

〔2〕 A. H. Shorter, *Papermaking in the British Isles: An Historical and Geographical Study* (Newton Abbot, Devon, 1971), p. 159.

表 1.1 **1865 年和 1914 年各地区纸厂分布情况** 单位:家

地区	1865 年	1914 年
东南部地区	96(27.7%)	73(24.9%)
西南部地区	34(9.8%)	18(6.1%)
东安格利亚地区	7(2.0%)	2(0.7%)
东米德兰地区	34(9.8%)	19(6.5%)
西米德兰地区	20(5.8%)	25(8.5%)
威尔士地区	10(2.9%)	7(2.4%)
北部地区	91(26.3%)	87(29.7%)
苏格兰地区	54(15.6%)	62(21.2%)

注:东南部地区包括汉普郡、苏塞克斯郡、肯特郡、埃塞克斯郡、赫特福德郡、白金汉郡、伯克郡、米德尔塞克斯郡、萨里郡、伦敦郡;西南部地区包括康沃尔郡、德文郡、萨默塞特郡、多塞特郡、威尔特郡;东安格利亚地区包括剑桥郡、诺福克郡,萨福克郡;东米德兰地区包括德比郡、诺丁汉郡、林肯郡、沃里克郡、莱斯特郡、拉特兰郡、北安普敦郡、亨廷顿郡、牛津郡、贝德福德郡;西米德兰地区包括蒙茅斯郡、格洛斯特郡、赫里福德郡、伍斯特郡、什罗浦郡、斯塔福德郡、柴郡;北部地区包括约克郡、诺森伯兰郡、达勒姆郡、兰开夏郡、威斯特摩兰郡、坎伯兰郡。

资料来源:*Paper Mill Directory*,1865,1914。

在19世纪,兰开夏郡和苏格兰及北部地区的其他一些郡的重要性越来越显著,是缘于这些地区拥有的一些独特优势。邻近利物浦、赫尔和利斯等主要港口,意味着这些地区的地理位置优越,便于接收大量新的进口原材料,其中最重要的是细茎针草和木浆。事实上,正是这些区域带头引入这些新材料的。长期以来,兰开夏郡的造纸厂也利用周边棉纺织厂供应的大量棉花废料作为纤维素的来源。该地区还拥有大量纯净的软质水,能以合理价格生产蒸汽动力和化学品。同时也得益于之前的工业发展和基础设施建设,赋予该地区一个训练有素的劳动力大军、机械师队伍、废弃的建筑物以及其他适合改造为造纸厂的地点,更不用说道路、铁路和运河网络,将该地区与全国和国际市场连通起来。该区域众多的河流是另一项宝贵资产,不仅因为水是纸张生产流程中的一项重要投入,而且当地的地理条件也便于处理因大规模使用木材和细茎针草造纸所产生的废水。除了这些供应方面的优势之外,还必须加上英国北部不断发展和富裕的城市及城镇,这些城市和城镇为当地制造商提供了富裕的市场。[1]

北部地区造纸业的发展标志着行业的根本转变。在此之前,有无湍急的河流对厂址的选择至关重要;而现在,是否靠近煤炭供应地、是否邻近市场和港口等因素在厂址选择上似乎占了主导地位。[2] 考虑到造纸厂平均规模的扩大,这种优先级的变化只会加剧该行业在伦敦、曼彻斯特和爱丁堡周围的集中度。这一趋势的唯一例外是行业中手工造纸这一分支,后者几乎全部集中在东南部和西南部的梅德斯通地区。

成本结构

到19世纪下半叶,纸张贸易的几乎所有分支都需要机器生产,这一事实必然使该行业的资本密集程度大大超过了50年前以手工生产为主时的情况。然而,购置必要机械的费用是惊人的。1861年,一个单机工厂平均需要5 000美元的资本投入;到1904年,这个数字上升到大约30 000美元。[3] 如此规模的投资不可避免地使固定成本成为该行业成本结构的突出特征。我们可以对比世纪之交两家生产相似等级纸张的老牌工厂,即位于沃特福德附近的迪金森·克罗克斯利造纸厂和位于法夫的加德·布里奇造纸厂,尽管它们从地理位置上来看差异甚大,位于英国不同的两端,但从这两家老牌造纸厂的成本报告中可以清楚地看到其相似性。虽然我们并不知晓这些成本的计算方式,以及它们是否包括资金机会成本的利息费用,也不太明确其折旧计算的方式,但它们至少让我们对大多数造纸商所面临的典型成本构成有了一个比较清晰的印象。这两家工厂的成本结构与固定成本的分项数据几乎相同,均占其年度总运营成本的20%左右。

---

〔1〕 A. H. Shorter, *Papermaking in the British Isles: An Historical and Geographical Study* (Newton Abbot, Devon, 1971), pp. 149—151; M. Wray, *The British Paper Industry: A Study in Structural and Technological Change* (London, 1979), pp. 29—31.

〔2〕 P. W. Lewis, *A Numerical Approach to the Location of Industry* (Hull, 1969), ch. 4.

〔3〕 Shorter, *Papermaking*, p. 147; Spicer, *Paper Trade*, p. 106.

固定成本的重要性和资金周转的缓慢性为生产标准化产品的生产商提供了强大的动力，促使它们延长生产周期，以将生产的固定成本分摊到更大的产出上，从而降低平均单位成本。因此，该行业一直存在一种趋势，即生产者通过努力实现连续生产来抵消高昂的管理费用和投资的固定性。[1] 产量最大化不仅降低了平均固定成本，而且使制造商能够以更动态的方式将损失最小化，同时也激励造纸商参与到自身所需的原材料供给环节和产品配置环节中去，以此实现更大的经济效益。[2]

表 1.2　1900—1902 年克罗克斯利造纸厂和加德·布里奇造纸厂成本结构　单位：%

成本	克罗克斯利造纸厂（1902 年）	加德·布里奇造纸厂（1900/1901 年）
材料成本	65	65
薪资成本	13.1	12
固定成本	21.9	23

资料来源：Tariff Commission，TC3 1/84，p. 28；Weatherill，*One Hundred Years*，p. 119。

尽管有点粗糙，但施蒂格勒（Stigler）的"幸存者测试"常被用于检验这种规模经济存在与否。这种测试的基本原理是，随着时间的推移，不同规模的公司之间的竞争往往会淘汰那些生产效率相对较低的工厂。当将一个行业中的企业按照其规模进行分类，并确定每个类别在不同的节点上对该行业总体产出的贡献时，通过该理论，人们可以确定该行业中规模经济是否存在，以及其产生的后果。在其他条件不变的前提下，如果某一类企业的市场份额随着时间的推移而下降，那么这就充分表明，该企业无法良好利用规模经济，因此生产相对低效。相反，那些规模足够大、能够从规模经济的存在中获益的企业，随着时间的

〔1〕 J. G. Cummins，"Concentration and Mergers in the Pulp and Paper Industries of the United States and Canada，1895—1955"，Ph. D. thesis，Johns Hopkins University (1960)，p. 143；Stevenson，*The Background and Economics of American Papermaking* (New York，1940)，pp. 125—128；A. J. Cohen，"The Economic Determination of Technological Change：Theoretical Framework and a Case Study of the U. S. Pulp and Paper Industry，1915—1940"，Ph. D. thesis，Stanford University (1982)，p. 3/16；G. R. Armstrong，*An Economic Study of the New York Pulp and Paper Industry* (Syracuse，1968)，p. 68；and N. R. Lamoreaux，"Industrial Concentration and Market Behavior：the Great Merger Movement in American Industry"，Ph. D. thesis，Johns Hopkins University (1979)，p. 197.

〔2〕 Lamoreaux，"Industrial Concentration"，p. 217.

推移,其市场份额往往会进一步增加而不是减少。[1] 不幸的是,现存的对于当时英国造纸业的人口统计和贸易数据不够精确,无法进行这样的检验。然而,从 1904 年开始,美国制造业普查结果则确实可以把全国的纸张和纸板生产分解对应到各个不同规模的企业上,使我们能够对美国造纸业进行生存检验。尽管只使用了美国的数据,但这应该会让我们对纸交易的总体性质有一些了解,毕竟我们也没有理由相信基于美国工业的调查结果会与英国的情况有根本性差异。测试结果如表 1.3 所示。

表 1.3　1904—1914 年按产品价值区分美国造纸厂的份额情况　单位:%

规　模	1904 年	1909 年	1914 年
小于 5 000 美元	3.0	2.6	1.4
5 000～20 000 美元	7.8	7.3	6.1
20 000～100 000 美元	33.4	26.1	22.1
100 000～1 000 000 美元	51.9	57.5	60.9
1 000 000 美元及以上	3.9	6.4	9.5

资料来源:*Thirteenth Census of Manufacturers* (1905), table 11, p. 753; *Fourteenth Census of Manufacturers* (1914), table 11, p. 610。

从表 1.3 中可以很明显地看出,在 1904 年至 1914 年期间,生产价值不到 10 万美元纸张的企业份额在短短 10 年间从占总数的 44.2%下降到 29.6%。产值在 2 万～10 万美元之间的中型企业降幅最大,而规模较小的企业则略好一些。这主要是因为,这些规模较小的许多企业专门生产高品质产品,对此类产品的大规模生产需求没有那么迫切。大型造纸厂的份额也在同比增加。以百万美元规模的企业为例,其产值在总产值中所占比例从 1904 年的微不足道,发展到 1914 年的近 10%。这些变化符合较大规模的机构由于能够实现规模经济,故能获得较大市场份额的概念。市场份额变化的速度也表明,追求更大的规模是造纸业生存的关键因素。历史地理学家彼得・刘易斯(Peter Lewis)进

[1] G. J. Stigler, *The Organization of Industry* (Homewood, 1968), pp. 71—94. 在那些市场竞争不够激烈、产品不够多样化的地方,这一论断无法同样适用。F. M. Scherer, *Industrial Market Structure and Economic Performance* (Chicago, 1970), pp. 79—85.

一步证实了这一点。他还声称，这种规模经济对于1860—1865年间以及1910—1915年间英国工业的生存至关重要。事实上，他用造纸机的总宽度作为衡量生产规模的指标，从而提出造纸厂的生存率与规模的关系呈线性函数关系。刘易斯发现，在1860年至1865年期间，年平均产量低于278吨的造纸厂从长远来看生存率更低。[1] 表1.4给出了造纸厂规模增长的幅度，数据同样源于美国。从表1.4中可以看到，1895—1915年期间，整个行业的平均工厂规模增长了388%，报刊用纸厂增长了425%，甚至即使在规模相对较小的薄蜡纸行业，也有377%的惊人增长。

表1.4　1895—1915年美国造纸厂、报刊用纸厂和薄蜡纸厂的平均规模情况　单位：千磅/天

年份	造纸厂	报刊用纸厂	薄蜡纸厂
1895	20.7	45.4	5.7
1905	64.9	169.8	16.0
1915	101.1	238.6	27.2

资料来源：Cummins，"Concentration"，pp. 38，45，55—57。

固定成本虽然很高，但只占造纸厂累计成本的五分之一。不过，对于不同性质的造纸厂而言，在总生产费用中占比最高的项目也各不相同。表1.5列出了1890—1891年两家不同的英国公司的成本结构细目，其中列出了最重要的可变成本。这表明，可变成本和总成本中最重要的一项是原材料支出。与化工品和薪资一样，原材料的类型和品质发生变化，该项目开支也会受到直接影响，发生相应变化。但即便是这种程度的灵活性，对原材料的支出几乎不可能低于生产流程中总费用的三分之一。表1.2中的成本数据证实了这一结论，其中"材料"项目包括原材料、化学品和煤炭，像表1.5中的工厂一样，占总成本的65%。

在材料和薪资方面的支出也与所生产纸张的等级呈正相关，级别较高的纸制品只使用最好的原材料和较熟练的劳动力，一般企业需要为这些投入支付更多的费用。考虑到原料成本的数额巨大，19世纪造纸商对寻找新的、更便宜的纤维素来源表现出强烈的兴趣，因此顺理成章地，后面几章中将有专门的篇幅

[1] Lewis, *Numerical Approach*, p. 116.

深入讨论这一问题。

表 1.5 1890—1891 年考恩父子有限公司和加德·布里奇公司的生产成本情况 单位:%

成本	考恩父子有限公司	加德·布里奇公司
原材料	42.8	42
化工品	15.8	17
煤炭	7.5	7
薪水/工资	14.9	11
货运	7.9	5
其他	11.1	18

资料来源:Cowans Collection,GD 1/575/8; Weatherill,*One Hundred Years*,p. 119。

市场结构

鉴于规模经济的存在促使制造商将生产扩大到越来越高的水平,并且工业垂直一体化虽进程缓慢但日益增强的趋势,人们可能会合理地预期,造纸厂已经出现了相当程度的定价行为。再加上纸张的异质性,某些制造商的潜在市场力量就显而易见了。因此,研究造纸业的学生普遍认为该行业在结构上存在不完全竞争,这就不足为奇了。然而,尽管如此,这些学生中的许多人在描述该行业时,仍不愿意使用"不完全竞争"这样的字眼。以科恩为例,他甚至带着些许惊奇说:"尽管所有这些内部资源特征使得进入造纸业有一定的准入门槛且存在规模化生产,但该行业依然存在……合理的竞争。"[1]奥海宁(Ohanian)在最新研究中对1900—1940年间美国造纸业进行了探索,她还根据从贸易指南中获得的证据提出,该行业在进入门槛较低的情况下竞争非常激烈。事实上,1900—1940年间这一行业的高进入—退出率可以作为直接证据,证明尽管纸业

[1] Cohen,"Economic Determination",p. 3/40.

公司数量在下降、平均规模在增长,但这段时期造纸业的准入门槛并不高。[1]此外,特别委员会通过对20世纪初美国造纸业的详尽调查,也声称没有发现串谋或垄断定价的证据:这一时期英国造纸业的调查结果也得到了巴特利特(Bartlett)的支持。[2]那么造纸业的竞争是源自哪些因素呢?

尽管具有规模优势,但迫使企业以便宜价格和较低利润参与竞争性运营的最重要因素之一,是行业内存在产品等级转换的做法。这种做法是指,工厂可迅速从生产相对无利可图的纸张转向生产当时更有利可图的纸张。能够做到这一点是造纸工业及其机械的一个显著特征,因为造纸机只需稍加改变,就可以生产出几乎任何等级的纸张。造纸厂几乎不用付出任何额外代价,就可以调整现有造纸机的生产速度、纸张密度和构成。以极低代价或零代价实现纸张等级转换,还基于各类纸张的物理特征极为相似这一事实。因此,将一家专门生产报刊用纸的工厂改造成生产书本纸的工厂几乎没有什么困难;甚至可以轻松实现更令人惊奇的转变,比如香烟和圣经纸之间的转变也并不复杂。因此,同一台机器可以用来制造各种各样不同等级的纸制品。当然,在某些情况下,造纸厂主打产品所必需的设备可能会有一些局限性,尤其是那些主要生产质量非常高或非常低产品的机器。例如,一个廉价纸板厂不可能在没有获得适当的设备和经验的情况下,轻易地把产品转换为优质的书写纸或其他奢侈纸品。这一事实赋予了这种高质量纸张的制造商相当大的市场力量和相对免受外部竞争的豁免权。尽管受到种种限制,但在绝大多数生产标准化批量产品的造纸业分支中,产品等级转换似乎是经常发生的。[3]实际上,在1889年,J. A. 劳里(J. A. Laurie),一家英国造纸厂的管理者,把这种做法看作一家造纸厂生存战

---

〔1〕 N. K. Ohanian, *The American Pulp and Paper Industry*, 1900—1940: *Mill Survival, Firm Structure and Industry Relocation* (Westport, 1993), pp. 51—67.

〔2〕 Select Committee of the House of Representatives, *Pulp and Paper Investigation Hearings*, 5 vols. (Washington, 1909), vol. Ⅲ, pp. 1979—1988, and 3313—3319 (hereafter *Pulp and Paper*); J. N. Bartlett, "Alexander Pirie & Sons of Aberdeen and the Expansion of the British Paper Industry, c. 1860—1914", *Business History* 22(1980), 19.

〔3〕 Stevenson, Background, pp. 141—142; Cohen, "Economic determination", pp. 3/45—47; and S. B. Karges, "David Clark Everest and Marathon Paper Mills Company: A Study of a Wisconsin Entrepreneur, 1909—1931", Ph. D. thesis, University of Wisconsin (1968), p. 8.

略中不可分割的一部分:“造纸业作为一种商业活动,有其特殊性,不能简单遵循某一种做法。我们先试一种产品,如果失败了,就尝试另一种。事实上,无论生产何种产品,造纸厂必须保持机器持续运转。”[1]

产品等级转换最重要的作用是保持价格接近盈亏平衡的水平,因为当价格上升(下降)时,企业可以很容易地进入(退出)市场来保持价格稳定。基于这个原因,史蒂文森(Stevenson)认为这是“影响造纸业价格最重要的行为之一……它是防止某一系列产品价格失控的一个刹车系统,是所有造纸商在制定价格政策时必须考虑的一个因素”。他还认为,这是抵御行业垄断的最佳手段。[2]

因此,造纸业的市场结构似乎更符合伯特兰(Bertrand)模型而非古诺(Cournot)模型所描述的不完全竞争。根据伯特兰模型,当公司定价高于边际成本时,会输给那些愿意降低定价的公司,以至于业务受损。而根据古诺的理论,每家公司在假定其他公司行为不发生改变的情况下作出自己的生产决策。为了消除市场力量的影响,有时厂家会生产并不完全相同但极其相似的产品,虽然伯特兰模型一般基于同质的产品,但它也可以扩展到上述情况下的差异化产品。[3] 然而,我们的情况并不完全符合伯特兰竞争的情况,因为在纸张贸易中,控制价格的操作与其说是差异化产品之间的竞争带来的,还不如说是为了防止外部市场中具有几乎相同生产技术的制造商跨行进入造纸业带来的威胁。然而,竞争市场理论是伯特兰模型进入市场前行为理论的自然延伸,对本书也有参考价值。可竞争市场指的是,在以巨大的规模经济和潜在的垄断力量为特征的行业中,一旦存在获得丰厚利润的可能性,竞争对手就会迅速进入该行业,从而阻止该行业中的老牌公司形成垄断。如果没有巨大的沉没成本和较高的准入门槛,这种风险就很容易成为现实。[4] 这似乎与 19 世纪后期造纸业的情况相符。唯一显著的不同是,尽管对于那些尚未从事造纸的厂商而言,进入造

---

〔1〕 *Paper Makers' Circular* (hereafter *PMC*), 10 June 1889, p. 211.

〔2〕 Stevenson, *Background*, pp. 150, 224; Ohanian, *American Pulp*, p. 67.

〔3〕 J. Cubbin, "Apparent Collusion and Conjectural Variations in Differentiated Oligopoly", *International Journal of Industrial Organization* 1 (1983), 155—163.

〔4〕 W. J. Baumol, J. C. Panzar, and R. D. Willig, *Contestable Markets and the Theory of Industry Structure* (London, 1982).

纸业并产生盈利需要较大的投入，但对于那些主打其他产品线的造纸厂来说，只是短时间内将产品调整为当前盈利的另一个等级，这是一桩简单而又能盈利的无本买卖。这种产品等级转换迫使纸张制造商将价格保持在接近竞争水平，就像伯特兰模型那样。

市场需求

除了成本和市场结构之外，需求是研究行业经济和技术发展的一个持续而重要的考量因素。虽然纸张的用途是多种多样的，但它通常被认为是一种中间产品，它的需求来自作为生产投入的其他产品。从估算需求的函数可以看出1861—1913年间英国国内纸张需求的一些基本特征：

$$\log(\text{国内需求}) = 1.24 - 0.595 \log(\text{纸张相对价格}) + 1.33 \log(\text{人均收入})$$

$$(1.70)(-6.50) \qquad\qquad (20.23)$$

$$SEE = 0.1202 \quad R' = 97.3 \quad F = 877.23 \quad DW = 1.82$$

通过上面的函数，几乎可以解释这段时期内国内需求的所有变化，也表明对纸张的需求几乎对价格变化没有任何反应，相对价格来说是刚性的。[1] 这种无价格弹性特点的根源是该行业大部分需求所产生的特性。如果纸张是某

---

〔1〕 圆括号中为 t 统计量。纸张相对价格的相关系数显著大于－1。R^2 数值很大，表明可能有自相关，但通过 Durban-Watson 统计和对残差的检验，可以排除上述可能性。同样，通过帕克检验，将残差平方与可解释变量相联系，也没有找到任何异方差性。此外，也看不出有任何多重共线性。由于数据匮乏，回归计算中无法将纸张的补足物或替代品也纳入考量范围。我们可以假设补足物中包括墨水、书写工具、打字机、邮票以及所有纸张包装品的价格。纸张替代品相对较难界定。在电脑、塑料或其他合成纤维问世之前，尚不清楚人们用什么东西替代纸张用于印刷或书写等。更古老一点的材料如羊皮纸、木头、布料或石头等，可用性非常低。但对于包装用纸而言，最接近的替代品是木头盒子。本书中对于需求的计算依据出口数据，提取自 W. G. Hoffmann, *British Industry, 1700—1950* (Oxford, 1955), table 54。由于国产纸张价格相关的数据非常匮乏，上述回归计算中，是用英国出口纸张的均价除以主要工业产品均价（纸张的各类替代品，无论哪种，均包含在这个范畴内），从而得出纸张的相对价格。1870 年、1889 年和 1903 年这几个年份出现了异常值，被排除在回归计算之外。价格方面的数据来自 W. Page (ed.), *Commerce and Industry*, 2 vols. (London, 1919), vol. Ⅰ, p. 89; B. R. Mitchell, *British Historical Statistics* (Cambridge, 1988), p. 772。国民收入数据来自 Mitchell and C. H. Feinstein, *National Income, Expenditure and Output of the United Kingdom 1855—1965* (Cambridge, 1972)。

种产品的必要投入,该产品的成品本身具有非弹性需求,或纸张投入只占该成品生产总成本的一小部分,那么可以预期,这种产品对纸张的需求往往是刚性的。在19世纪,大多数纸张交易中存在以上情况。因此,对于大多数类型的纸张而言,较高的价格通常不会最终抑制需求,只会使需求从某个级别的纸张产品转向另一种。因此,当某种报刊用纸张涨价时,报纸老板对价格上涨的通常反应,往往不会是减少他的总体纸张消耗,而是选择转向更便宜、档次更低的报刊用纸。事实上,美国南北战争期间,高品质报刊用纸价格一度暴涨,美国报业公司的做法正如前文所述,当时他们偏好的高质量印刷用纸价格不断上涨,迫使他们转向较低品质的木浆纸。[1]

上文给出的估算需求的函数也表明,纸张需求具有显著的收入弹性[2],即随收入变化需求产生相应的变化。收入这一因素在造纸业的发展中发挥了重要作用,因为对纸张需求似乎在很大程度上是随着19世纪英国的日益繁荣而变化的。19世纪下半叶,人均收入保持稳定增长,其影响已经渗透到英国社会的方方面面,在历史上首次赋予群众——甚至是工业化城镇中较贫困的人口——足够的收入来定期购买报纸、书籍和卡片。1872年,通过邮局寄出的明信片多达7 600万张,而明信片的出现标志着人们财富的增长。到1896年,寄出的明信片数量已经进一步增长到3.15亿张,这相当于每年平均复合增长率略高于6%。[3] 这种需求增长意味着,到1890年,英国所有等级的纸和纸板的总消耗量达到4.3亿磅,约占当年世界总消耗量的18%。就人均消耗量而言,这意味着英国的每个居民每年大约使用12.1磅的纸张,消耗量位于世界最高,甚至超过了美国,后者的平均每年公民耗纸量仅为10.2磅。与之形成鲜明对比的是,1890年欧洲用纸最少的国家是波斯尼亚,人均年用纸和纸板的消耗量

---

〔1〕 多位学者均认为,造纸业的需求无价格弹性。例如,Stevenson, *Background*, pp. 139—140; Cohen, "Economic determination", p. 3/34; Guthrie, *Newsprint*, pp. 122—123。

〔2〕 人均收入的对数系数显著大于+1。Hoffman(*British Industry*, p. 93)也认为,纸张需求具有收入弹性。

〔3〕 The Board of Trade, *Comparative Trade Statistics: Statistical Tables Showing the Progress of British Trade and Production, 1854—1895* (London, 1896), p. 28.

不足4盎司;换句话说,仅达到英国人均消耗量的2%。[1]

也许耗纸量增长最明显的表现就是报纸发行量的激增。1841年,英国发行了541种不同的报纸。仅仅过了不到40年的时间,在1880年,这个数字就上升到了1 836种。同样,1864年的报纸发行量为4 550万份,到1896年达到1.74亿份。[2]

新兴媒体中,为适应大众对新闻阅读的需求,促使人均耗纸量大幅度上涨的一个典型代表是《每日电讯》(*Daily Telegraph*),其发行量在1856年仅为27 000份,经过极大幅度的上涨,到19世纪80年代,该报纸发行量达到了300 000份。[3]

当然,市场对纸张的需求并不局限于报刊用纸。由于缺乏准确的分类消费数据,难以正确评估英国市场对不同种类和等级的纸张需求的相对显著性。马霍尔(Mulhall)在其1882年的著作中最早尝试编纂这些数据。不过,他的统计并未包括纸板消耗量。此外,由于缺乏他使用的数据统计方法和数据来源等相关信息,人们必须小心,不能毫无保留地信任他的统计结果。尽管如此,马霍尔的统计数据至少让我们了解了所涉及数据的大小量级。表1.6给出了马霍尔所统计的各类纸张消耗量占纸张总消耗量的百分比。从这些数字可以看出,包括新闻用纸和所有书籍用纸在内的印刷用纸占据了这一时期纸张总消耗量的一半以上。而当年英国纸张总消耗量的90%,无论是用于练习本、分类账、书信还是报纸,似乎均用于书面文字的誊写和记录。但是,政府消费并不是造纸业市场需求的主要来源。根据1857年的议会报告,只有3 855 312磅的纸,也就

---

〔1〕 M. G. Mulhall, *Dictionary of Statistics*, 4th edn (London 1899), p. 437. 也可参见 *Pulp and Paper*, vol. V, p. 3294。

〔2〕 *Post Office Directory of Stationers, Printers, Booksellers, Publishers, and Paper Makers of England, Scotland, Wales and the Principal Towns in Ireland* (London, 1872), p. 10; M. G. Mulhall, *The Progress of the World in Arts, Agriculture, Commerce, Manufactures, Industries, Railways and Public Wealth* (London, 1880), p. 91; M. G. Mulhall, *Industries and Wealth of Nations* (London, 1896), p. 82.

〔3〕 除了收入增长和纸张价格下跌,还有其他几个因素推动了19世纪下半叶报纸的普及,例如法律的变化和识字率的提升。A. P. Wadsworth, "Newspaper circulations, 1800—1954", 论文见于 Manchester Statistical Society, 9 March 1955, p. 20。

是国内生产的所有纸张的 2%,被用于政府、税收和议会办公室。[1]

表 1.6　　1882 年英国纸张消耗量

纸张类别	占比(%)
印刷用纸	53.5
学校和办公用纸	18.8
账簿用纸	6.5
书信用纸	11.8
杂项用纸	9.4

资料来源:Mulhall,*Dictionary*,p. 436。

从 1907 年第一次行业普查开始,我们的研究就有了更多的数据作为支撑。虽然表 1.7 所列百分比是产品的份额而不是国内消费产品的份额,但从数据推断当时的市场需求状况,不会出现太多偏差。不幸的是,由于进出口贸易统计中对纸制品的分类名称不同,我们无法通过减去纸制品的出口量来修改普查中给出的数据。但是,由于出口产品所占份额不超过 10%,我们虽不能作出这种纠正,但也不至于造成太大的问题。尽管有这个缺陷,行业普查数据的确证实了马霍尔的发现,即大约一半的纸张是用于印刷报纸和书籍的。行业普查还提供了包装纸和纸板的相关数据,这两种材料加在一起似乎占 1907 年国内总产量的四分之一左右。马霍尔的统计并没有把包装纸单独统计,而是把它列入杂项用纸。假设所有杂项用纸实际上都是包装纸,这将使包装纸在 1882 年的最大份额达到 9%。即使马霍尔的数据有很大的误差,这个行业分支确实是在 19 世纪的最后 20 年里才变得越来越重要。这一点并不令人感到惊讶,因为正是在这一时期,产品的批量生产,特别是食品的批量生产逐渐成熟,因此对包装用纸产生了更多需求。

---

〔1〕 该数据不包括国内税收、消费税和邮局印花税。此数据来源于 1857 年政府、税收和议会办公室所用的所有纸张的总重量,包括印刷用纸和空白纸张,pp. XXXIV(1857—1858)。

表 1.7 **1907 年造纸业产业结构**

纸张类别	占比(%)
书写用纸/画纸/信封纸	13.6
印刷用纸/报刊用纸	52.4
包装用纸	21.7
印色纸/铜版纸	4.4
胶合纸板/硬纸板/厚纸板	6.3
其他	1.6

资料来源:*Census of Production* (1907),table 1,p. 624。

出口市场对英国造纸商来说,重要性如何呢?表 1.8 列出了 1865 年、1885 年和 1905 年英国纸张出口的细目。应该指出的是,1885 年和 1905 年的数据中并没有单独列出牛皮纸和包装纸这一类别,因此表格中这两个年份的牛皮纸和包装纸的出口额实际被列入了"未计数"这一栏。英国出口纸张中最重要的一部分是书写纸/印刷纸/信封纸,占纸张出口总吨数的三分之二至四分之三。这类纸张出口的主导地位在 19 世纪后半叶到 20 世纪的头 10 年间不断增强,到 20 世纪初,它占了英国纸张出口总额的近五分之四。

表 1.8 **1865 年、1885 年、1905 年英国纸张和纸板出口情况** 单位:%

纸张类别	1865 年	1885 年	1905 年
书写用纸/画纸/信封纸	68.9	74.5	78.4
牛皮纸/包装用纸	18.7		
胶合纸板/硬纸板/厚纸板	2.9	4.0	5.1
未计数	9.5	21.5	16.5

资料来源::*Annual Statement of the Trade and Navigation* (1865,1885,1905)。

相较之下,英国各种纸板制造厂仅占全国出口总额的一小部分,尽管其份额的上升也很明显。结合表格中各个分支的变化来看,书写纸/印刷纸/信封纸以及纸板出口均走强。这也就意味着,反过来,英国的牛皮纸和包装纸业的出口份额一定减少了。由于 1865 年以后该分支就从贸易统计中消失了,因此无法确定下降的具体幅度。然而,1905 年未列举的纸张在总出口中所占比例比

1865 年牛皮纸和包装纸所占比例要小。这一事实进一步表明,牛皮纸和包装纸的出口份额在 1865 年至 1905 年间必然是下降的。

在此期间,英国的出口量迅速扩大。1865 年,不包括墙纸在内,仅纸张和纸板的出口总额为 141 075 英担(cwt);到 1885 年,这一数字上升至 733 110 英担;截至 1905 年,这个数字超过了百万大关,达到了 1 226 736 英担。这意味着英国纸张出口量增幅达到了每年 5.6%的复合增长率。然而,尽管外国对英国纸张的需求有所增长,但纸张出口仍只占英国造纸业总产出的一小部分,仅为 7%~10%。出口的纸张实际流向了大英帝国的其他领地:1865 年,79.3%的纸张出口到了其他英属领地;1885 年,这一数字为 79.1%;1905 年,这一数字则是 68.4%。最重要的市场是澳大利亚殖民地,后者先后在 1865 年、1885 年和 1905 年分别购入英国出口纸张总量的 49.2%、57.2%和 20.5%。英属印度是另一个主要市场,通常是英国 15%~20%纸张出口的最终目的地。虽然英属殖民地的市场对于英国造纸商的重要性是毋庸置疑的,但这些市场对宗主国生产纸张的需求似乎已经随着历史的推进而逐渐减弱。这也意味着在 1865 年以后,如果这些殖民地市场确实如某些人所言,是所谓的"疲软市场",那么整个造纸业对它们的依赖实际上是逐步削弱的。除大英帝国之外,英国纸张最重要的买家是 1865 年进口量占英国纸张出口总额 2.8%的美国,以及在 1885 年和 1905 年分别占 6.5%的法国。

本章小结

在本章,我们探讨了 19 世纪英国造纸业的供给和需求方面的一些基本特征。研究发现,到维多利亚时代晚期和爱德华七世时期,大部分造纸厂集中在 3 个地区:英格兰东南部、北部和苏格兰。即使在这些地区,造纸厂也主要分布在兰开夏郡、肯特郡、约克郡、白金汉郡,以及爱丁堡周边。随着时代的发展,该行业越来越集中在这些邻近港口、便于获得煤炭供给且市场能得到保障的地区。

对典型生产成本的分析表明，造纸企业成本结构中最重要的组成部分是原材料的支出。自然而然地，造纸厂会集中精力寻找减少这些支出的创新方法。然而，除了高度专门化奢侈纸张制造商外，其他造纸厂需要投入大量资金在固定资产上，且资本周转率相对较低，也对该行业的生存产生了重要影响。每个造纸厂不断受到外界压力，要求它们扩大产量和销售量，从而尽量降低产品的单位成本。从美国获得的数据清楚地表明，大公司通常更容易求生，在该行业中的重要性也会更加凸显。

尽管规模经济重要的行业往往会促使一些公司形成垄断，但人们发现，19世纪晚期的造纸业竞争实际非常激烈，在方方面面表现出一个可竞争市场的特质。行业中普遍存在产品级别转换的做法，由于各个造纸厂使用的造纸机极为相似，且各种不同纸张的化学结构实际非常相近，因此造纸厂可以从主打某一种纸张的生产迅速转换到一种完全不同的纸张产品上，迫使造纸商保持价格的竞争性，使得他们无法形成垄断。

对纸张的需求很大程度上是由其他产品衍生的。纸张是最终产品的原材料，很大程度上取决于市场对最终产品的需求。因此，纸张的市场需求对价格不敏感，但对收入敏感。此外，19世纪，市场对纸张的需求迅速增长，使得把需求及其产生视为理所当然，从而能集中精力降低生产成本。虽然纸张的用途多种多样，但最重要的是印刷用纸和报刊用纸。这种类型的纸张通常占整个联合王国纸张消耗量的一半以上。英国纸张在海外也有需求，最重要的市场是英属殖民地。尽管在整个19世纪，英国纸张的出口量一直在增长，但出口量从未超过英国纸张总产出量的10%。

到目前为止，我们尚未讨论另一个能决定造纸业产业结构和后续发展潜力的重要因素：技术。在下一章，我们将把注意力转向这个因素。

第二章

技术变革

任何工业的一个重要特征是它的技术和技术变革的过程。本章将聚焦维多利亚时代晚期和爱德华七世时期英国造纸业的技术和技术变革特征：正是在这段时期，英国工业被普遍斥责未能在技术上跟上它的主要竞争对手们。本章的宗旨是，从理论和实证两个方面对这一时期英国造纸业的技术变革展开讨论。

本章第一节将先简要介绍有关技术发展的一些理论流派之争，然后分析造纸业技术变化的结构和性质。19 世纪下半叶造纸业技术变革的过程可以被描述为一个技术知识的逐渐积累的过程，而不是以非连续性创新为主导的过程。[1] 第三节对造纸业技术进步的起源进行了较为深入的研究，特别强调了在生产中获得知识而产生创新的重要性。在此基础上，对影响这些创新起源的一些因素进行了理论探讨。此外，还研究了美国和英国造纸业技术性能方面的差异，所得到的发现和结论与后面的章节有很大的相关性。最后一节以英国专利数据为基础，对专利贸易中的创新活动进行了概述。

技术进步

一个行业是走向衰退还是大获成功，关键在于技术变革。然而，我们对技术变革这一重要过程的理解尚不够到位。正如朱克斯(Jewkes)、索沃斯(Saw-

〔1〕 科尔曼认为，技术积累产生的创新也是 19 世纪上半叶造纸业发展的一个显著特征。*British Paper Industry*，pp. 192—193.

ers)和斯蒂尔曼(Stillerman)在他们的重要著作《发明的起源》中指出的:似乎没有哪一个主题像技术变革这样,能广泛牵扯到未经验证的传说、偶然的谣言、笼统的概括、神话以及相互矛盾的记录。[1] 近40年过去了,朱克斯等人的论断仍称得上真知灼见。在我们对技术变革的认识中,仍然存在着惊人的空白,我们对这些空白的猜测大部分仍是一些陈词滥调的东西。这当然不能归因于缺乏兴趣,因为自从20世纪60年代以来,关于技术变革的文献大量涌现。尽管文献激增,但人们对技术创造力仍知之甚少。各类文献中对技术变革诱因这主题的大多数研究,围绕着创新活动供求关系的相对重要性。此类研究将技术进步的推动力总结为比较明显的两种基本因素:需求拉动和供应(或技术)推动。尽管在实践中,两者之间的区别远未明确,但对于教学目的而言,这种二分法不失为一个有效办法。这是因为,两种方法对市场信号在塑造创新活动的性质方面所起的作用,强调了截然不同的方面。

需求拉动的技术进步,从根本上看是创新者对市场表达的需求模式的变化作出的反应。因此,它与新古典经济学的传统假设有一定的一致性。这一理论基于这样一种信念,即创新最终是由需求驱动的,而这些需求是通过消费者对所需产品类型的偏好来表达的(因为这些产品最能满足他们的需求);这些偏好反过来又反映在个人的需求功能中。要开始创新进程,就必须改变现有的需求模式。需求模式的变化可能由各种各样的因素引发:收入的增加、收入的再分配、外国市场需求和消费者品味的变化,以及由技术相互作用所产生的技术变革需求,这些都是文献中提到最多的。[2] 将这种需求变化解读为消费者和生产者需求的变化,创新者可以从中发现良机,通过提供创新的商品来满足新的需求,从而既能实现个人获利,也为社会福祉做贡献。这种对新商品的需求衍生出对创造新产品和新工艺的创新活动的需求。需求拉动创新理论在其最鼎

---

[1] J. Jewkes, D. Sawers, and R. Stillerman, *The Sources of Invention* (London, 1969 [1958]), p. 33.

[2] 有关这些因素的讨论,见 Vide G. N. Von Tunzelmann, "Technical Progress during the Industrial Revolution", in R. Floud and D. N. McCloskey (eds.), *The Economic History of Britain since 1700*, 2 vols. (Cambridge, 1981), vol Ⅰ, pp. 143—163。

盛时期甚至更进一步,声称科学知识的进步也是由市场需求变化产生的对创新活动的需求所引起的。简而言之,这相当于说,科学的发展是需求驱动的,创新的供给相对市场需求的变化是高度敏感的。[1]

相比之下,供给推动创新理论和需求拉动创新理论的主要区别在于,市场因素的影响在供给推动创新理论中被淡化了。供给推动理论不把创新过程本质上看作一种反应机制,而是把技术和科学的发展看作外源的。因此,这种方法认为新技术开发数量取决于其投入资源的数量和质量。罗列出技术创新和开发的种种要素,通常包括科学知识的状况、熟练劳动力的可用性和可利用的资金量、国家教育和技术培训计划的范围和性质以及研究和发展支出。一般认为,上述因素中任何一项的改进都可能导致发明创造的产生,因此,对某些人来说,研发支出的指标已经成为技术变革规模的代名词。

另一种观点与上述观点不同,但也非常流行,即从供给方(严格来说不是供给推动)来解释,将技术变革与资源稀缺联系在一起。这种观点可以追溯到希克斯(Hicks),他认为选择利用技术是为了节约稀缺的、相对昂贵的生产要素。[2] 然而,索尔特(Salter)遵循新古典主义理论,提出了有依据的驳斥。他的观点是,在竞争存在的前提下,理性的企业家总是欢迎任何降低成本的技术,而不单单是为了节约资源。由于相对要素的价格变动而引起的任何技术上的变化都不过是要素替代。[3] 虽然这在理论上是正确的,但也有人声称这种说法忽略了现实。正如罗森伯格(Rosenberg)所指出的:"产量曲线呈现的平滑、连续性,很大意义上意味着存在较多的替代选项,这一概念在很大程度上是虚

[1] 将创新获得与需求联系到一起的最为著名的研究是 J. Schmookler 的 *Invention and Economic Growth* (Cambridge, MA, 1966)。他采用 19 世纪和 20 世纪的专利数据,按时间顺序研究美国的铁路行业,发现在铁路业,资本货物投入增长和创新活动有很大的滞后相关性。他说,从投入增长到创新活动之间有 3 年左右的滞后期,也就是把想法转化为成果所需要花费的时间。他的研究也证实了,创新者往往会受到预期利益的引诱。

[2] J. R. Hicks, *Theory of Wages* (London, 1932). 从严格意义上来说,这个理论实际上是从市场角度而非供应角度来解释创新的。但是由于投入价格从整体经济上而言,一般被认为是供应角度的概念,在探讨技术变革的文献中,把它放在供应端来考虑的现象也不少见。

[3] W. E. G. Salter, *Productivity and Technical Change* (Cambridge, 1960).

假的。”[1]他的论点是,如果一家公司必须投入资源进行研发,以实现要素替代,新的知识就会被创造出来,而这种活动应该被视为技术变革。[2]

供给侧和需求侧因素的决定性之争,虽然吸引了人们的大量关注,但到目前为止还没有产生决定性的结论,这么说并非言过其实。这种说法一点也不夸张。到目前为止,两种解释创新动因的理论似乎都有不可逾越的局限性,很难在此基础上探索出更有解释力的结论。这些局限性主要源于探讨对象的高度抽象性。因此,在界定某个特定的技术突破是什么、出现在哪里、什么时候出现的这些问题时,很少有人提出有意义的见解。为什么企业 A 能够创新以满足新的需求或开发新的机会,而处在同一行业和经济体中的企业 B 却不能?为什么明明有其他可替代方案,却偏偏是企业 A 的解决方案占主导地位呢?为什么企业 A 没有在科学突破刚刚取得、需求强度同样(甚至更高)剧烈的时候更早作出反应呢?需求拉动创新和供给推动创新的理论在这类问题上未能给出有意义的解释,而这些问题往往也是政策制定者最关心的问题。

近年来,学界又纷纷对另外一种探索技术发展动因的途径产生了大量关注,这种新途径的出现部分是出于对理论研究现状的不满,转而有意识地基于实证结果进行研究。帕维特(Pavitt)将这一对技术发展动因新研究称为技术积累法,这个新思路的主要目标之一是尝试调和传统的从供应或需求方面解读创新力的现实争议。该理论的框架用库恩(Kuhnian)的科学范式来表达,效果最佳。[3] 除了科学范式,多西(Dosi)提出了一个技术范式,他笼统地称其为模式或模型,该模型的意义在于“基于自然科学派生的特定原理,解决特定的技术经

---

〔1〕 N. Rosenberg, *Perspectives on Technology* (Cambridge, 1976), p. 63.

〔2〕 纳尔逊和温特尔也采用满意行为和戴维的路径依赖来模糊要素替换和技术创新之间的差别。R. R. Nelson and S. Winter, *An Evolutionary Theory Economic Change* (Cambridge, 1982); P. A. David, *Technical Choice, Innovation, and Economic Growth* (Cambridge, 1975). 其他有关技术创新引发机制的著作包括:W. Fellner, “Two Propositions in the Theory of Induced Innovation”, *Economic Journal* 71(1961), 305—308; A. Ahmad, “On the theory of induced innovation”, *Economic Journal* 76 (1966), 344—357; and V. Ruttan and Y. Hayami, *Agricultural Development* (Baltimore, 1971)。

〔3〕 G. Dosi, *Technical Change and Industrial Transformation* (London, 1984) and G. Dosi, “Technological Paradigms and Technological Trajectories: A Suggested Interpretation of The Determinants and Direction of Technical Change”, *Research Policy* 11(1982), 147—162.

济问题”[1]。这种范式可运用的典型例子是解读半导体、内燃机和石油合成化学相关的技术创新。此外，每个范式都被认为具有其独特的启发意义，以及特有的识别并解决问题的原则，这些原则界定了运用不同范式包含的方法论和知识时，与之匹配的不同的研究方向和搜索方式。在前文提到的范式中，范式及其特有的启发性定义了研究的方向，而技术轨迹被定义为伴随着经济和技术的相互作用，沿着范式所给出的方向进行的一系列技术创新活动。每一种范式都提供了许多可供选择的轨迹或发展路径。沿着上述任何一条轨迹取得的进展，其特征都是技术知识的逐步积累。而实际选择何种发展路径或轨迹是由一系列诱因机制决定的，其中起决定作用的一系列因素包括技术瓶颈、关键资源的稀缺或富足、需求的构成和增长率的变化、相对价格的变化以及行业动荡的存在或风险。这些因素大体上与罗森伯格的聚焦机制和萨哈尔(Sahal)的“控制指标”理论一致，对技术进步的速度和方向产生影响，但其影响仅在技术范式本身所定义的边界内。[2]

引入这一理论后，是供给推动创新还是需求拉动创新的争论就解决了。与环境有关的因素，例如需求和相对价格，被认为是决定技术进步速度和后续技术开发的关键因素。这些因素也被用作范式转变时的选择标准。相反，供给方面的特征，如科学知识，决定了技术进步的机会和需求方面的因素可以影响的范围。此外，全新范式的发展必须源于科学的基本进步。

技术积累理论更重要的一点是，除了能正确看待供给和需求方面因素，它还从与新古典主义经济理论非常不同的角度来看待技术发展的性质。在新古典主义经济理论中，技术是广泛适用且容易复制的。在这样一个世界里，公司在选择创新道路时，仅需从现有的技术知识中提取适用的。而技术积累理论对技术选择和发展过程的看法则是完全不同的：

---

〔1〕 G. Dosi, “The Nature of the Innovative Process”, in G. Dosi, C. Freeman, R. R. Nelson, G. Silverberg and L. Soete (eds.), *Technical Change and Economic Theory* (London, 1988), p. 224.

〔2〕 Rosenberg, Perspectives, ch. 6; D. Sahal, “Technological Guide-posts and Innovative Avenues”, *Research Policy* 14 (1985), 61—82.

> 相反,我们认为,部分公司生产商品的技术手段是有别于其他公司的,尽管会参考一些其他公司的技术或公开的知识,但在很大程度上,这些公司以内部技术为基础进行创新。在这种情况下,工业企业改进技术的过程,不太可能是先对整个技术知识存量进行调查,再去选择发展的一个过程。鉴于内部技术和公开技术高度差异化的性质,各公司将转而寻找它们能够利用和构建其现有技术基础的领域,从中寻求改进其独有技术并使其更多样化。换句话说,企业的技术和技术变革是一个累积的过程。一个公司未来在技术上的走向在很大程度上受限于该公司在过去的技术能力。[1]

综上所述,技术发展是一个本地化的、企业特有的、累积性的、路径导向的过程。学界近来热衷于运用演化模型来研究技术发展问题,演化模型往往也认同技术的进步是渐进的、积累的和逐步发展的,这与技术积累理论有异曲同工之妙。[2] 许多行业的技术进步呈现出这种渐进发展的特点。其中之一正是造纸业。因此,研究造纸业不仅可以提供有关该行业本身发展的宝贵信息,而且可以从更广泛的意义上了解这一重要技术的变革过程。在下一节,我们将详细讨论维多利亚时代晚期和爱德华七世时期的造纸业技术变革过程。

造纸业技术变革

19 世纪后半叶,围绕着如何制造更好的纸张,不断发展出新的思路。这一时期的技术创新分为两类。第一类围绕着寻找和开发用于纸张生产的新型原

---

〔1〕 K. Pavitt, "International Patterns of Technological Accumulation", in N. Hood and I. Vahlne (eds.), *Strategies in Global Competition* (London, 1988), p. 130.

〔2〕 例如, G. Basala, *The Evolution of Technology* (Cambridge, 1988); R. R. Nelson, *Understanding Technical Change as an Evolutionary Process* (Amsterdam, 1987); F. Rahmeyer, "The Evolutionary Approach to Innovation Activity", *Journal of Institutional and Theoretical Economics* 145 (1989), 275—297.

材料。19 世纪对纸张的需求迅速增长，传统造纸原料是碎布，碎布的供给缺乏弹性，因此严重紧张，对造纸业的供应出现了明显缺口。因为这一缘故，19 世纪 50 年代和 60 年代，造纸业陷入了一场近乎狂热的寻找新原材料的热潮。本书第四章将进一步就这一话题展开讨论。

这一时期的另一类技术变革涉及造纸机械的变化和改进，主要改进方向则围绕着生产原材料的处理和纸张本身的生产方面。这些变化促进了纸张产量的增加和纸张生产速度的提高。此外，造纸机的改进也使得造纸者能够更好地控制最终产品的质量和质地。造纸商不再因受限于机器和原材料的质量低劣或者较差的地理位置而不得不生产质量低下的纸张。这些因素结合起来，改变了整个行业的环境，能够更好地满足 19 世纪末和 20 世纪初市场对纸张的日益增长和多样化的需求。

要理解造纸业技术变革的本质，就需要对纸张的定义和它的制造方法有一定的了解。从化学角度讲，所有纸张和纸板的基本构成单位都是纤维素，这是一种普遍存在于所有植物组织中的复杂有机化合物。当纤维素被分离成单个的细丝，然后交织在一起，所形成的纤维素片本质上就是纸张。虽然所有的植物都能产生造纸所需的纤维，但实际上能够以较低成本提取的这种纤维的量是非常有限的。造纸厂倾向使用的传统原材料是亚麻和棉布，这些材料在到达造纸厂之前已经过初步加工，原本自然形态中包含的其他杂质已经被剥离，产生纤维素的部分已经被单独分离出来了。从 19 世纪中期开始，造纸厂也开始广泛使用其他材料，如以木浆、细茎针草或稻草等作为原材料，但这些材料在使用前都需要造纸厂进行一些额外的加工。造纸厂选定并获取了足够原材料后，实际的造纸工序就开始了。造纸工序可分为三个不同的阶段，相较于使用手工和大桶生产的早期，这个工序原则上基本没有改变。这一点很值得强调：即使所使用的原材料的类型发生了变化，造纸本身的基本工序也不会发生变化。

造纸工序的第一个阶段是将原料处理成一种适于转化为纸张的形态（也称浆料）。这往往需要通过将原料打浆和浸渍成浆状来实现。尽管传统的做法是将原材料放在研钵中锤打或压制，但直到 1750 年，荷兰打浆机出现了，这台机器能够用一组磨尖的金属棒猛烈地捶打原材料,这种打浆机的出现在很大程度上消灭了原本的古老工艺。打浆机捶打原材料的目的不仅是去除植物中的树脂和含硅材料等与纤维素缠绕在一起的其他无用物质,在分离纤维素这个造纸的关键原料的同时,也确保一旦摆脱这些无用物质,分离出的纤维的长度和粗细被处理成最适合后续编织流程的形态。在这个阶段,纸浆还要经过化学药品的精制和处理,改变其洁白度和坚韧度,成为具有一定持久特性的素材。例如,造纸工人经常在打浆时向纸浆中加入漂白剂和染料,以便使纸张呈现某种特定的颜色。打浆完成后,纸浆还需与水混合,调配成浓度为99.5%的水和0.5%的纸浆的浆料。

在纸浆的制备完成之后,纸张成型从造纸工序中所谓的“湿段”开始。首先浆料储存在浆缸或浆池中,从中取出充分混合的浆料后,使其流过网布(传统手工造纸技术中的网模),重力使得浆料中的水分滴落,残留物中的纤维交织在一起,虽然仍然潮湿且未完全成形,但从结构上来说已经具备了纸张的特点。生产的下一个阶段也是最后一个阶段,是造纸工艺中被称为“干段”的阶段,在这一阶段中,需将纸张进行干燥处理,整理后绕到卷筒上,形成成品。在传统的手工生产中,这一过程耗时耗力,需要大量的熟练工匠独立作业,完成纸张的实际成型工作。然而,随着造纸机和机械化生产流程的出现,造纸工艺的“干段”与“湿段”首次结合在一起,成为一个连续性的单一流程。

尽管生产的流程发生了转变,但造纸机的基本技术原理与手工生产没有什么不同。图2.1是19世纪的标准长网造纸机的示意图。正如图中所示,造纸流程从机器右边向左运行。最右边是储浆箱,备好的纸料在使用之前就储存在这里。储浆箱配有一个机械搅拌器,保障储存在其中的浆料不硬化或变质。当生产开始时,根据所需纸张的厚度决定打开闸门放料的时间长短,纸料从箱中流出,进入旋转的过滤器,将绳结、沙子和灰尘等杂质从纸浆中分离出来。

经过过滤的纸浆被传递到一个皮质围布上,经由皮质围布再导向一条长长的网布传送带,纸卷在传送带上成形。网布的持续运转借助一系列微小的铜质滚轮,这些滚轮则由一个框架固定在适当的位置,通过一个曲柄,有规律地对其进行轻微而迅速的横向颠簸，产生的振动能促进水分排出，并使得分散的纸浆纤维啮合在一起。然而，纸浆中的大部分水还是在重力作用下，借助网布下方的吸水箱抽出来的。即使这样，析出的水中通常也不能完全除去纸浆，所以它被收集到网布下的一个大木制储存器中，利用机械方法再从储存器返回到机器的头部进行重复利用。

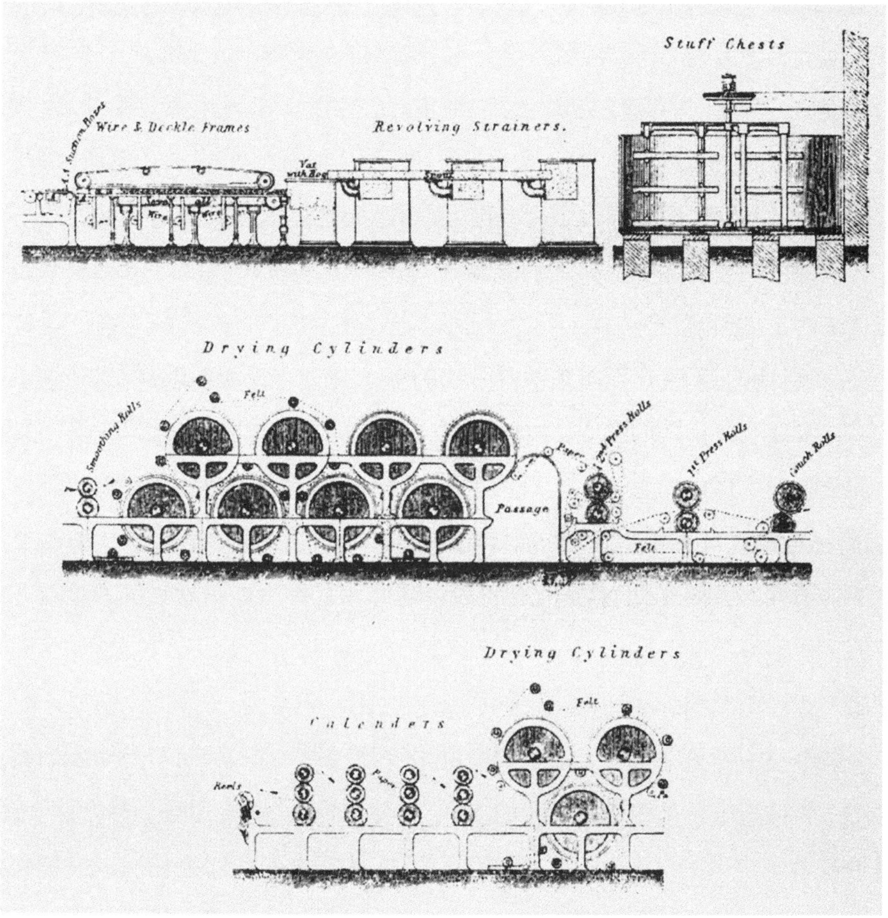

图 2.1　长网造纸机

网布上纸的边缘保持在亚麻或橡胶制成的传送带边或定纸框内，由此阻止纤维定型前，纸浆向侧边流淌。网布传送带的终端部分是一组伏辊，纸张经由伏辊从传送带转移到一个以同样速度移动的毛毯毡上。与此同时，网布穿过压缸,返回到"湿段"开始处,在那里获得新的纸浆供应,并再次重复这个过程。纸从湿毡上经过一组压辊和干燥圆筒处理,往往经由蒸汽加热,完成烘干流程。另外还有一组平卷机和研光机对纸张进行加工,最终纸张会自动卷绕到卷轴上,等待包装和发运。[1] 毫无疑问,造纸机从"湿段"延伸到"干段"的连续作业流程是19世纪造纸业的重大技术成就之一。造纸工序实际上本是由一组相互关联的机器分步骤完成的,现在这种从"湿段"到"干段"的延伸大获成功,使得整个造纸工序流程完备,才得以用单一的造纸机完成整个造纸流程。

这种工序之间的高度关联性也被证实是技术变革的一个重要来源,因为如果只对其中的某一道工序进行技术改进,整套流程就会在技术上失衡,因此人们往往会对其他工序也同时进行改进,从而达成整体工艺流程在技术上的平衡性。这种高度关联性也使得人们聚焦现有的技术和技巧,因此,无论是某公司和员工的集体创新,还是员工的个人创新,产生的技术变革往往是该公司特有的、逐步递增的,不太可能出现生产方法的突飞猛进。正如斯派塞在1907年就工业技术变革所指出的那样:"造纸技术产生了许多变化和改进,但它们一直或大部分是同一思想的延续。70年来,造纸技术的发展是沿着1830年已经确定的道路,断断续续地缓慢进行着的。"[2]因此,尽管在19世纪后半叶的造纸机有了持续性的零散改进,但造纸机的基本结构和工作原理仍然和尼古拉斯·路易斯·罗伯特(Nicholas Louis Robert)于1799年发明的第一台造纸机一样,在许多方面没有改变。

造纸技术的另一个特点在于造纸机本身鼓励逐步积累,而不是彻底的技术变革。长网造纸机是现代造纸业的支柱,它体积庞大、造价昂贵。举个例子说,据报道,1921年在美国,一台375英尺长、1 200吨重的新闻纸长网造纸机耗资约60万美元,并且运输时需要60辆货车。[3] 此外,由于每台机器最初都是针

[1] 关于造纸和长网造纸机工作的更多细节,见 R. L. Hills, *Papermaking in Britain 1488—1988: A Short History* (London, 1988), ch. 2 and R. H. Clappertonh, *The Papermaking Machine: Its Invention, Evolution and Development* (London, 1967), pp. 226—228。

[2] Spicer, *Paper Trade*, p. 66.

[3] A. J. Cohen, "Technological Change as Historical Process: The Case of the US Paper and Pulp Industry, 1915—1940", *Journal of Economic History* 44 (1984), 791.

对客户需求专门定制的，而且在安装落户后又进一步改装成满足该公司具体需要的状态，因此二手造纸机市场很难有所发展。20 世纪初，科罗拉多州丹佛市落基山纸业公司（Rocky Mountain Paper Company）在开业后一年内被迫关闭，陷入了不得不将几乎全新的造纸机作为废品和废金属处理掉的困境，这很好地证明了前面的观点。[1] 同样，大西洋彼岸的造纸商也发现，他们不想要的机器很难卖出合理的价格。面对这样的桎梏，想要通过技术变革来提高生产力和利润的公司除了改进它们已经拥有的机器之外，通常也没有什么其他的选择了。

这种技术上的逐步变化，主要目的是提高造纸机的速度和宽度。然而，这不仅仅是提高现有机器的运行速度或在钢上多焊接几英寸的问题，还需要重大的创新。在增加速度和宽度时遇到的问题，影响到机器的各个方面，甚至是它的基本结构。把造纸机变得更快、更宽，需要配备更重、更大的传动装置，这些传动装置又需要配备更大的齿轮，而这些改变又会使机器的其他部分承受更大的压力。当提高造纸机生产速度时，又产生了其他问题：皮带打滑现象在更高的运作速度下变得更加频繁，并导致机器摇晃，此外还产生了校准问题和能量损失问题。这些问题加在一起可能导致维修停机时间变长，还可能对纸幅造成损害。机械部件的重量和平衡问题也同样至关重要。例如，案辊必须保持完美的平衡，否则由此产生的摆动已被证实对纸张成型有极强的破坏性。保持这种机器的平衡是极其复杂的，更宽和更快的运行机器通常需要更大和更重的辊轴。这些较大的零件也会给驱动装置带来更大的压力。

此外，改进造纸机的生产效率，产生的问题并不局限于机器的结构方面。随着机器速度的提高，纸浆从机头释放的速度也必须加快，以保持后续生产出的纸张的稠度和厚度。事实上，如果网布的运行速度快于纸浆流出的速度，那么纸浆损耗就会非常快，使得其中的纤维没有足够时间充分缠绕在一起，从而导致纸张成品的质量不佳。造纸机运行过程中，生产速度的加快还引发了另一个问题。由于网布运行一周的时间变短了，纸浆中水分析出的时间就不够了。

〔1〕 Hagley Museum and Library（hereafter HML）：Thomas H. Savery Collection，Acc 1364 no. 5.

为了解决这个问题,置于网布下面的各种吸湿装置得到了改进,借助吸湿装置,水分析出的速度比原本仅靠重力更快。到第一次世界大战时,这种被称为吸湿器的东西已经成为所有新型长网造纸机的标准部件。然而,这些吸湿器增加了网布的摩擦,从而导致机器的维修和能源需求变多。在造纸机的“干段”,更快的生产速度同样意味着纸幅接触烘干机和研光机的时间变少,因此,烘干机和研光机必须在更短的工作时间内达成同样的效果。最简单的解决办法是给机器增加更多的汽缸,但这只会使前面提到的平衡和能源问题进一步复杂化。较大的机器,特别是那些有较大烘干段的机器,也会产生蒸汽的处置和通风问题,如果处理不当,会导致天花板腐烂,天花板碎屑和冷凝物很容易落入下面成形的纸张中。最常见的用来规避这些问题的设备包括:用于分流水流的风帽,以及回收热量和蒸汽并再利用于加热烘缸的节能器。[1]

正因为这些为提高造纸机生产速度和纸幅宽度所衍生出的相关问题的影响是多方面且相互关联的,对任何一个问题都不能脱离其他问题来看。因此,如果某个公司或行业具备这种改进其机械的能力,就会被许多同行作为技术变革的先进案例争相模仿。考虑到造纸业技术进步的渐进特性,造纸机生产速度的提高以及造纸机宽度的提高,这两种技术改进方向,在19世纪下半叶都显示了持续的增长,这一点儿也不奇怪。1876年,肯特郡希汀伯恩的爱德华·劳埃德有限公司,也是当时全国最大的造纸厂,订购了一台最先进的机器,其宽度达到了前所未有的126英寸。然而,到20世纪10年代末期,英国最好的机器的宽度早已超过了150英寸。无独有偶,1890年,英国机器的正常生产速度大约是每分钟100英尺,而1907年的平均生产速度接近每分钟200英尺,英国最快的造纸机的生产速度甚至达到了每分钟550英尺。在1861年到1912年间的半个世纪里,通过逐步改进机器的生产速度和宽度,使英国每台造纸机的年平均产量从322吨增加到2 063吨,增幅高达600%。[2]

---

〔1〕 就造纸机提速问题,科恩进行了大量探讨,本书部分内容节选自:Cohen,“Technological Change”,pp. 781—785。

〔2〕 Spicer, *Paper Trade*, pp. 66—67, 143 and appendices Ⅵ and Ⅸ.

造纸技术的变革也发生在造纸流程的其他方面，如找到更好的动力来驱动机器并控制机器变速运转：这在很大程度上是通过放弃变速轮来实现的。从前，造纸机的变速装置是将涂有树脂的毛毡条固定在两个驱动器上，从而使一个驱动器比另一个运转得更快。然而，这种方法有一定的风险，可能会导致机器震荡，从而对纸张的质量产生不利影响。机械工程师和机械管理人员意识到了这个风险，努力寻找消除这种风险的方法。到世纪之交，经由漫长的创新过程，人们开发出了一个新的驱动器，去除了所有的滚轮，改为装配一组大型锥滑轮，由高速引擎提供动力，造纸机除汽缸组之外的每个部分都可以按实际需求对电压进行设置。通过这种方法，机械管理员可以无风险、无困难地使机器变速。[1]

因此，造纸业的技术变革大部分可以以技术的逐步积累为特征。这种技术变革往往也是中立性的，对资本和劳动力的影响是平等的。由此，事实上造纸机的改进很少是为了节约劳动力。[2] 造纸厂雇佣劳动力数量的变化也往往只受到薪资水平变化的小幅影响，因为操作造纸机的人力需求在很大程度上取决于工厂使用造纸的实际尺寸。例如，一台典型的长网造纸机，根据它的宽度和长度，需要 5～7 个人来操作。因此，只要机器还在运转，操作机器所需的人员规模就相当固定，并且不受劳工薪资水平变化的影响。[3]

技术积累溯源

与造纸业所经历的技术积累型技术创新相匹配的创新来源有 4 种：公司内部专职部门所进行的研发；由专业研发机构和被委托机构进行的研发；大型机械制造商所进行的创新；与实践效益相关的创新（以做促学、以用促学、以学促

〔1〕 Spicer，*Paper Trade*，p. 67. 更多此类话题探讨，见 *Clapperton*，*Papermaking Machine*，*passim*。

〔2〕 相关证据请见 L. P. Cain and D. G. Paterson，"Biased Technical Change，Scale and Factor Substitution in American Industry，1850—1919"，*Journal of Economic History* 46 (1986)，153－164。

〔3〕 I. Brotslaw，"Trade Unionism in the Pulp and Paper Industry"，Ph. D. thesis，University of Wisconsin (1964)，p. 48.

学、成果促学)。在这 4 个来源中,经济学文献几乎只关注前两个决定因素,而很少尝试去理解后两个因素,特别是学习的影响。令人遗憾的是,在维多利亚时代晚期和爱德华七世时期,对技术创新的影响最大的恰恰是两种来源,因为在那个时代,没有专门从事造纸技术研究和开发的独立公司。诚然,确实有一些独立化学家可咨询,特别值得一提的是 1886 年成立于美国的 A. D. 利特尔公司(由化学家 A. D. 利特尔创办),但这些独立化学家的工作范围一般局限于检测纸张质量和强度,只有极少数被要求解决造纸业生产中的具体问题。[1] 他们负责解决的一个问题是造纸厂产生的污染。化学家们进行了各种实验,以寻找减少这种污染的方法。对于那些生活和工作在造纸厂附近的人来说,这种污染长期以来极大地破坏了他们的生活环境。[2] 然而,这些独立的化学家没有系统的研究和开发计划,因此不能被视为产业技术进步的一个稳定可靠的来源。同样,纸业公司也没有任何专门的研究部门或项目。任何源自公司内部的努力,都源自个人为在工厂中经历的实际问题寻找解决方案的努力。这种个人努力一般是在工作时间以外进行的,几乎就像业余爱好一样,而产生的解决方案往往会与工厂的日常运行相结合,从而测试效果,而不是在独立的实验室中进行测试。

与其他行业一样,造纸机技术创新在整个行业传播的最重要方式之一就是购进新机器。因此,造纸机制造商在造纸技术创新中发挥了关键作用,尤其是在通过买卖传播最佳实践技术方面。然而,机器制造商很少负责对造纸机的彻底变革——这类变革并不多见;相反,他们倾向于对其他地方首创的想法和技术进行改进和发展,而行业中的创意往往来源于造纸厂本身。造纸机制造商更多地把自己放在造纸商帮助的地位上,他们一方面为造纸商提供新技术,另一方面确保进行技术创新的造纸商(也包括他们自己)在提供了商业上可行的创意后,能获得合理回报。正如爱丁堡的造纸机厂商詹姆斯·伯特兰父子有限公

〔1〕 J. F. Magee,"Arthur D. Little, Inc: At the Moving Frontier",论文见于 Newcomen Society of the United States, 1986。

〔2〕 例如,考恩公司就曾雇佣化学家 C. J. 瓦哈布(C. J. Wahab)来做这项工作。Scottish Records Office (hereafter SRO): Alexander Cowan and Sons Ltd Collection, GD 311/7/31.

司在 1898 年发布的造纸厂目录中向读者所保证的那样：

> 任何有创新、想要开发新机械的造纸者都可以得到他们的实际帮助，他们在与造纸业长达半个世纪的密切合作中获得的经验，他们的支持对象都可以任意使用。他们从很早就开始关注每一项与造纸术有关的新发明，从随附的几页内容可以看出，一旦其效率和价值得到了证明，新的机器就可以得到引进，对机器进行微小改进的做法就可以获得采用。[1]

尽管凡事都有例外，但这种造纸商和造纸机制造商之间的合作在 19 世纪后期似乎相当普遍。造纸机制造商和造纸商的记录清楚地展示了这种相互作用的关系。[2] 正如麦克劳德（MacLeod）近期表达的观点，造纸商向机器制造商分享创意和利润（假设有盈利），利用造纸机制造商的技术和营销专长的这种策略，构成了技术创新在整个行业传播的最有效方式。从这个意义上来看，有理由相信在这一时期，英国的造纸机制造商和造纸商之间的关系良好、合作较多。[3] 事实上，如果没有这种合作，按照造纸业技术创新的高度本地化的特性，有用的技术如果要在行业内进行传播，只能依赖于企业自觉进行分享，或者依赖于商业间谍的活动。然而，造纸业的技术创新往往产生于某一个厂家，针对这个厂家的特定情况，这个创新的原理很难适用于其他厂家。因此，必须依靠造纸机厂商的专业人才，才能将某个造纸厂的创新原理泛化并普及运用于其他厂商。

在维多利亚时代晚期的英国，造纸机的制造是一个规模较小、专业化程度极高的行业。事实上，在世纪之交的时候，英国只有 6 家主要的造纸机生产

---

〔1〕 SRO：James Bertram and Sons Ltd Collection，GD 284/25/1.

〔2〕 例如，1883 年 2 月 22 日，斯普林菲尔德造纸厂的威廉·托德给乔治和威廉·伯特拉姆写了一封信。除了随信附上了造纸机的发票之外，托德还写道："我们还有一两种想法，想和贵方交流。" SRO：Messrs James Brown and Co. Ltd Collection，GD 1/575/8.

〔3〕 C. MacLeod，"Strategies for Innovation：The Diffusion of New Technology in Nineteenth-century British Industry"，*Economic History Review*，2nd series，45 (1992)，285—307.

商。[1] 这些公司都与客户保持着密切的联系。除了亲自登门拜访外,还要定期向客户发送广告、通知和产品目录,使他们及时了解公司所提供的新产品。[2] 造纸机厂商们还常常对新技术进行推荐或传播,并形成市场营销的一个重要组成部分。下文列举了一个典型的例子。1900 年 2 月,苏格兰造纸商威廉·托德(William Todd)在给迪金森造纸厂(Dickinson)的同行刘易斯·埃文斯(Lewis Evans)的信中,谈到了一种名为"通用机器"(Universal machine)的新型制浆设备的优点:

> 我刚收到一个关于"通用机器"的通告,这是贵公司的使用报告,报告没有注明日期,但内容很有意思。不知道您现在是否依然觉得这些机器物有所值、比"珂勒帮"(Kollergang)的轮碾机更好?请告知,我将非常感激。我听说贵公司还有一台"柯尼丝"(Corneth)压碎机:请问您觉得它和"通用机器"相比,是差不多还是更好?"通用机器"的马力估算在 5~6 匹,您觉得这个估计正确吗?"通用机器"或"柯尼丝"的碾碎功能是不是和"珂勒帮"的一样好?如果不是很好,是否能做到在 1 小时左右的时间里碾压充分、不遗留太多残片?[3]

造纸机制造商还会安排客户去旅行,让他们看到按自己创意制造的产品在别的工厂成功运转。甚至在发现哪个造纸商对他们的新机型有兴趣时,还愿意出借最新的机型,让感兴趣的造纸商先行试用;在试用期结束前,除非客户满意,否则他们不会要求客户付款购进。亚历山大·安南代尔(Alexander Annandale)本人是一名造纸商,还持有一项浆箱专利,他希望找到造纸机制造商开展合作。1903 年初,他联系了托德,询问他的公司是否会对他的发明感兴趣。托德显然对这个设备很感兴趣,但他需要看到一些切实的优势,才能最终采纳它。托德建议他先对这个浆箱进行试用,因为它的适用性"只能通过一段时间

---

〔1〕 Tariff Commission, *The Engineering Industries* (London, 1909), vol. Ⅳ, paragraph 1252.
〔2〕 例如,见 Bertrams Collection, GD 284/25/1—11。
〔3〕 Brown Collection, GD 1/575/8, p. 823.

的实际试验来决定,至少一个月,也许更久,至于它是否适合我们公司,最终还是由我们来决定……我们会尽可能试用这个新装置,并采取一切必要措施来使它成功运转"[1]。安南代尔欣然同意。但托德的做法并非为了拖延付款的小伎俩。第二年 4 月,托德再次写信给安南代尔,这次他带来了坏消息:

> 我们已经试用了你的浆箱专利三个月时间,我很抱歉地告诉你,我看不出这对我们有什么好处。生产的纸张太薄,会引起很多担忧,我们采用常用的材料后,无论是在产品的密度还是韧性方面,我们都很难找到任何优势。[2]

不久之后,信中所提到的装置被拆除掉并送还给了主人。正因为每个造纸厂对造纸机有特定的要求,他们使用的造纸机往往是专门定制的,因此造纸机生产商很有必要与客户保持密切联系。只有这样,他们才能充分了解客户需求,然后以合理的价钱提供客户所需要的造纸机。考虑到造纸机价格高昂,客户的期望值之高也显得顺理成章。

虽然造纸机厂商的主营业务还是整台造纸机,但他们的全部经营范围绝非仅限于此。他们的大部分业务实际上是提供修理服务或升级现有造纸机的零件。事实上,许多规模较小的公司,如肯特郡的埃德温·阿米斯公司(Edwin Amies),除了此类业务外,几乎不承担其他业务。同样的道理也适用于像伯特伦(Bertrams)这样的大公司,它也向客户提供了种类繁多的机械和零件。但即使对伯特伦来说,售出的整台造纸机也是比较少的。例如,在 1860 年到 1913 年之间,该公司仅生产出 118 台完整的造纸机用于销售——平均一年只有 2 台多一点。在生意较好的年份,比如 1876 年、1890 年和 1908 年,各生产了 5 台机器,但是年销售额在 1～3 台才是行业的常态:这种常态,很难形成大规模生产。[3]

---

[1] Brown Collection, p. 909.
[2] Brown Collection, p. 924.
[3] Bertrams Collection, GD 284/25/12.

尽管海外的保护性关税极高，美国关税甚至达到了45%，但英国造纸机制造商在出口市场上的表现似乎相当不错——这一事实也证明英国的主要制造商的确很具有竞争力。[1] 伯特伦生产的118台机器中，就有41台（约占29%）出口到海外。最大的市场是北欧地区，总计购买了21台，英国的其他附属国总计购买了9台，不过伯特伦生产的机器也销往日本、德国、俄罗斯和中国。[2] 1912年，该公司甚至在中国建立了一个设施完备的纸浆厂，每天能够生产18吨未漂白的干燥纸浆板，销往东京湾造浆和造纸公司。除了提供机器和厂房设计方案，它还派了一名工程师监督纸浆磨机的安装。他得到的指示是，只要有必要，他应当一直留在中国，直到工厂高效运转起来。[3] 除了整个工厂装机或整机出售这样的大业务，还有一些相对较小的业务，也是常态化且急需的业务。例如，埃德温·阿米斯还定期为法国、挪威、比利时和德国的造纸厂提供定制的水印辊。[4] 这里要指出的是，像纺织工程公司一样，英国的造纸机公司非常有竞争性，在世界各地积极寻找新市场，在业务拓展过程中，也把先进的造纸技术传播到其他国家和地区，特别是急缺造纸技术和知识的北欧半岛。[5]

创新的另一个源头，则是在生产过程中，即为了解决生产过程中遇到的问题而进行的研究和突破。现在来看，这种临场修补和解决问题的方式是技术进步的一个重要来源，它引发的技术进步往往是微小但频繁的，积累下来，就能提高行业内的生产率。鉴于许多工人长时间使用同样的连续生产技术进行生产，这种进步是意料之中的。1905年，加德·布里奇造纸厂的一名前雇员回忆道：

> 即使是同一台机器，不同的机械工也会按照他们自己的一套办法去运用。经常会看到这儿或那儿拴着几根绳子和各种不同的重物，在换班的前半个小时，工人们通常都是忙着把这些东西调整好。其中，

---

〔1〕 Tarriff Commission, *Engineering*, para. 999.

〔2〕 Bertrams Collection, GD 284/25/12.

〔3〕 Bertrams Collection, GD 284/25/11.

〔4〕 Centre for Kentish Studies (hereafter CKS): Edwin Amies Records, Order book, U2852.

〔5〕 K. Bruland, *British Technology and European Industrialization: The Norwegian Textile Industry in the Mid-nineteenth Century* (Cambridge, 1989).

有的工人对各种泵有独特的使用办法，但所有人都能保证机器良好运行……每个机械工都有自己的想法。[1]

许多有用的创新就诞生在工人们的奇思妙想中。同样，位于工厂内的工程车间和机械车间主要负责维修和保持机器正常运转。工人们发现，要维持机器运转，有时需要进行创新。例如，图利斯公司（R. Tullis and Co.）的戴维·拉塞尔（David Russell）就指示他的首席工程师负责改进工厂的锅炉。经过改造，研制出了一种海军式锅炉，它的塔形结构建在炉的上方，所有的炉管都向下倾斜，这样既能利用火的热量，又能节省能源。不幸的是，总工程师的英年早逝使这项工程在完成前就停顿了。不过，这个例子说明了机械车间对创新的重要性。大多数较大的工厂有这样的部门。[2]

要理解19世纪后期造纸业的技术变革，显然需要比现有文献更好地理解创新的来源。下一节，我们的讨论将围绕创新的来源开展，旨在探索创新来源的理论基础，并找到各种因素，来解释行业之间和国家之间技术积累和学习效率的差异。

实践经济和学习的效用

关于经验对生产的影响，我们有哪些了解？在某种意义上，现有现代经济学理论对于学习的好处的探讨，可以追溯到亚当·斯密的劳动分工理论。根据这一理论，应该按照生产任务进行专项分工，划分为几个连续的、全天候的简单操作，从而提升工厂的生产效率。然而，阿罗（Arrow）在他1962年的著名论文中首次明确提到了“以做促学”的概念。以做促学通常是指由于工人经验累积、

---

[1] L. Weatherill, *One Hundred Years of Papermaking: An Illustrated History of Guard Bridge Paper Company Ltd, 1873—1973* (Edinburgh, 1974), p. 33.

[2] C. Ketelbey, Tullis Russel: *The History of R. Tullis and Company and Tullis Russell and Co. Ltd, 1809—1959* (Markinch, 1967), p. 167; Weatherill, *One Hundred Years*, p. 19; J. Evans, *The Endless Web: John Dickinson & Co. Ltd, 1804—1954* (London, 1955), pp. 130, 137.

熟练度提升，导致单位生产成本直接降低的过程。以做促学只能通过某种实践来达成，工人从实践中得到的反馈会产生一种反应或刺激，从而提升执行该活动的效率。通过实践，可能获得能力的累积，从而既提高工人的技能水平，也提高工厂的生产组织能力，还可以通过纯粹的技术积累，提高生产设备的水平。阿罗对这种现象的描述影响了多位学者的研究。赖特（Wright）的一项实证研究发现，一个机身工厂产量翻倍后，平均直接劳动需求反而减少了约 20%。兰德伯格（Landberg）观察了瑞典的霍恩德尔钢铁厂（Horndal），发现在未获得新资金注入的情况下，其生产效率在长达 15 年左右的时间里，依然保持了大概年均 2%的增长率。由于生产方法没有显著变化，阿罗认为，在这些情况下，“生产效率的提高……只能归因于从经验中学习”[1]。在自己的理论模型中，阿罗将累计投资总额作为经验指数，因为他认为每一台新机器的生产和使用都能够改变生产环境。而且阿罗还假设，一旦安装了新机器，不会专门用来学习，所有的学习都是生产过程中不需要付出成本的副产品，而且完全是企业内部独有的一个过程。

这些理论非常扎实，但没有提及机器制造商和生产商之间的互相作用。这种关联在本书前文中已经指出，而且在造纸行业，还存在其他形式的学习，以及产业内的合作和集体发明：本章后续的部分会继续研究这些因素。阿罗的假设如此严苛，可能因为他想要设计一个把技术变革作为企业内生因素的理论框架。

在阿罗之后的研究还引证了其他有趣的“以做促学”案例，比如 Rapping 对第二次世界大战期间船舶生产的研究结论，支持了阿罗的理论，还涉及一些其他案例，这些案例中出现了其他的技术学习方式。[2] 其中包括：“以用促学”，即通过使用特定机器的经验来改进它；“以学促学”，即通过以往的创新经验和其他类型的学习，能降低进一步创新的难度；“成果促学”，即通过对一项技术的

[1] K. Arrow, “The Economic Implications of Learning by Doing”, *Review of Economic Studies* 29 (1962), 156.

[2] L. Rapping, “Learning and World War Two Production Functions”, *Review of Economics and Statistics* 47 (1965), 81—86.

熟悉,可以减少其收益的不确定性,从而降低进一步创新的风险。[1] 综合起来,这些被称为实践效益的学习效应[2],都有一个共同的特点,那就是带来的技术变革既是局部性的,又是中立性的:具有局部性,是因为它们只能解释渐进性的和适应性的变革;而具有中立性,则是因为它们没有改变原有的生产要素分配比例。

研究学习路径的好处,除了对企业有影响,还会对经济理论产生强烈的影响,包括非凸性、不完全竞争、多重均衡、短视的最大化行为的次优性,以及幼稚产业保护论的潜在正当性等经济学理论均能得到启发。研究产业发展史也很重要,因为企业学习和发展的能力在很大程度上取决于现有的技术。因此,一个企业最初对技术的选择,会影响未来的结果。作出正确的选择,会给一个国家或公司带来明显的"先行者"优势;而作出错误的选择,则可能会把他们带入技术发展的死胡同。[3] 此外,在存在网络外部性的情况下,无法事先预测所选择的路径是否为最优路径。[4]

实践效应还能带来一个关键的启发,如果一个公司可以增加其劳动力在生产过程中的经验,那么它就能够提高其生产力,从而降低成本。生产活动不仅产生物质意义上的产出,而且还产生能够改善生产的信息。换句话说,生产得越多,从学习中获得的好处就越大。虽然把创新和生产关联起来这一研究方向无疑是正确的,但它没有办法帮助我们预期成果的量级。事实上,大多数理论

---

〔1〕 N. Rosenberg,"Learning by Using",in N. Rosenberg,*Inside the Black Box: Technology and Economics* (Cambridge,1982); J. E. Stiglitz,"Learning to Learn,Localized Learning and Technological Progress",in P. Dasgupta and P. Stoneman (eds.),*Economic Policy and Technological Performance* (Cambridge,1987); and for learning-about-payoff, see R. Cowan,"Nuclear Power Reactors: A Study in Technological Lock-in",*Journal of Economic History* 50 (1990),541—568.

〔2〕 这个说法源自:K. G. Persson,*Pre-industrial Growth: Social Organization and Technological Progress in Europe* (Oxford,1982),pp. 7—13。

〔3〕 A. B. Atkinson and J. E. Stiglitz,"A New View of Technological Change",*Economic Journal* 79(1969),5738; and Stiglitz,"Learning",*passim*. 戴维在 1975 年出版的经典著作中,解读了 19 世纪伴随着本土和彼此之间的变化,英美两国技术进步的整体速率和方向。H. Johnson,"A New View of the Infant Industry Argument",in I. McDougall and R. Snape (eds.),*Studies in International Economics: Monash Conference Papers* (Amsterdam,1970).

〔4〕 W. B. Arthur,"Competing Technologies, Increasing Returns and Lock-in by Historical Events",*Economic Journal* 99 (1989),116—131; P. A. David,"Clio and the Economics of QWERTY",*American Economic Review* 75(1985),332—337.

模型认为"以做促学"是一种自动化的过程，无论是高效还是低效的企业，都能从生产经验中获得同样的好处。这似乎是许多现有文献的缺憾，说明我们在这一领域的知识仍是空白的，这种空白削弱了理论的有效性及其对政策制定的导向性。比如说，如果在两个不同的地点分别建立其完全相同的生产流程，并要求在相同的时间内生产完全等量的同样产品，那么在这两个地方生产中学习所获得的效益的数量和性质是否也完全相同？虽然两家公司所面临的问题本质几乎相同，因此可能有相当多的相似之处，但人们也有理由相信它们之间会出现较明显的差异。这些差异产生的根源又是什么？除了斯蒂格利茨(Stiglitz)曾简单提到的文化和心理态度等因素，其他经济学文献似乎都无法回答这个疑问。〔1〕

正如前文所述，学习的益处在直接参与和熟悉生产的过程中产生。也就是说，对于工人、工程师和管理者来说，他们实际上是在日常的生产运行中和这些动因之间的相互作用中寻找创新方法的。特别值得注意的是，他们所处的制度环境特别重要。

为了教学目的，从学习开始，将创新过程分解为 5 个阶段是有用的。最开始仅仅是生产行为，以及工作人员在生产行为中使用技术和产品时获得的宝贵经验。在这种经验或学习的基础上，工人们对生产流程中存在的问题和具备的潜力也熟悉起来，并随着时间的推移，开始设想改进生产流程的解决方案和方向。但是在实施之前，需要将构想付诸行动并进行发展。只有实施了这些想法，技术变革才可以说已经发生了。简言之，下面这个流程概括了通过学习产生创新的完整过程：

生产—经验—创意—应用—创新

它还指出，通过这个流程能分析出创新过程中容易产生分流、阻塞或加速之处。在以下 3 种情况下，学习的效果会打折扣：(1)生产的性质和规模不足以推动创新过程的开启；(2)生产过程不能促进学习和经验的获取；(3)由于无法

〔1〕 Stiglitz, "Learning", p. 143.

产生新创意,不能或不愿意把创意付诸行动,经验无法转化为创新。

虽然实践的效益与所有的生产行为密切相关,但某些类型的生产似乎比其他生产更容易产生学习效益。这些生产形式中,工人往往需要与生产过程的某些方面产生更强烈、更常规化且更专业化的接触。使用一种技术的劳动者人数越多,劳动者使用这种技术的次数越多,发现改进方法的可能性就越大。具有高产量和劳动分工的连续生产线技术,特别容易受到实践效益的影响。这里要强调的是,在需求水平允许的情况下,任何阻止企业发展大规模生产的行为也会削弱学习带来的好处。

这一进程可能偏离或加强的第二个转折点,在于如何将生产经验转变为学习。显然,这在很大程度上取决于相关工人的记忆、感知和内在的学习能力。虽然这些问题显然是创新过程的重要组成部分,但远远超出了本书研究的范围,本书中不多加讨论。但仍需要指出,正如生产经验可以提高生产效率,学习经验也可以提高学习效率。换句话说,一个人可以学会如何学习,因此我们可以期待一个人从生产中学习的能力会随着时间的推移而增强。

斯蒂格利茨指出:"通过给员工分配各种各样的任务,可以提高他们的学习能力……这样他们的学习能力就会更加灵活,能够更好地适应更广泛的各种环境。"[1]然而,前文所述的公认观点则是,应该由工人专门化从事某项工作,并由此熟悉该工作,从而产生进行创新的必要理解,斯蒂格利茨与这一观点背道而驰。这并不意味着斯蒂格利茨的观点是错误的。拓展员工的经验能产生的益处是公认的,但更广泛的经验和更专业的经验之间似乎存在一种权衡。即使在最乐观的情况下,调整这两种经验的最佳构成比例也一定是极其困难的。此外,假设这种所谓的最优平衡存在并寻求达成这种平衡,就预先假定了企业方面具备对实践效益的认知,而这种认知在维多利亚时代晚期和爱德华七世时期可能并不存在。另一个可能影响学习能力的方面是员工的流动率。员工执行特定操作的时间长度似乎与学习能力的强度是密切相关的。如果员工从来没

[1] Stiglitz,"Learning",p. 131.

有在一个地方待足够长的时间来学习，那么就完全无法获得足够经验来创新。长期失业和就业不足、临时和兼职工作，以及为满足短期需要而频繁将劳动力重新分配到工厂内不同的工作岗位，均可能会影响宝贵经验的获得。

企业扩大学习的另一种方式是，同其他类似或关联企业交流自己的经验。正如前文所述，造纸业中，造纸机制造商和纸张制造商经常相互合作，以达到全方位的效益。行业内的合作也为获取类似的共同利益提供了充足的空间。根据艾伦（Allen）的说法，19 世纪许多美国钢铁生产商自愿将他们的创新成果与竞争对手分享，他们相信通过这种坦率的思想和问题交流，相关各方都会从中获利。如果通过展示成熟的技术可以获得贸易和竞争的优势地位，或者如果保持贸易和技术秘密的代价较高，又或者公开技术信息也会增加同一个公司所持有的资产和原材料的价值，甚至在行业中每个个体都有一些珍贵的知识储备时，这种信息公开就有了强烈的动机。[1] 艾伦认为，这种集体发明的行为是现象级的，对行业技术的逐渐积累发挥着至关重要的作用，尤其是在类似造纸工业等行业，因为常用技术的相似性，导致所有企业在某种程度上都面临难以创新的困境，才会出现企业间联手创新的局面。企业间的联系往往是由行业协会、行业大会和行业期刊促进的。这些组织和出版物在创建讨论共同问题及其解决方案的论坛方面，发挥了关键性的作用。因此，它们也算学习经验和专业知识的一个潜在的宝贵来源。

将学到的知识转化为工作中的创新，与产生创新的速度同样重要。以下两种阶段下，知识转换为创新的过程可能遭到破坏：(1)创意产生的阶段；(2)将创意发展和实施的阶段。大量的因素，其中许多与个人心理有关，影响着技术理念的产生和实施。这也是技术创新和变革中过程不确定性的来源之一。然而，本书我们讨论的范畴仅限于影响创意产生和执行的经济、技术和制度环境等。

从这个角度出发，劳动力的素质是一个重要因素。要改变生产流程，首先必须对它有充分的了解。工人所负责的任务必须赋予他们机会，获得这种对生

---

〔1〕 R. C. Allen, "Collective Invention", *Journal of Economic Behaviour and Organization* 4 (1983), 16—21.

产流程的全盘了解。但当完成任务需要复杂的知识储备，超出工人的能力范围时，只能教会工人固定的工艺，来保证任务的完成。又或者，工人负责的任务是孤立于生产流程之外的，无法把任务放在一个合适的大框架下来看待，那么工人对生产流程产生全面理解的可能性就大大降低了。某种意义上，普通工人受教育的水平可以提高其对生产流程的理解程度，但是就大多数生产流程而言，特别是在 19 世纪，正规的科学教育似乎在加快或提高学习能力方面显得性价比不高。从工作中获得的实际经验通常更有用。尽管如此，教育仍不失为一种有价值的资产，因为它不仅可以提高个人学习的能力，而且可以提高理解和推理的能力。技术教育尤其如此，它可以使工人具备良好的实践知识，并加深对其职业的理解。接受过技术教育的员工更有可能发现并解决公司日常运营中出现的问题。但是可以肯定的一点是，教育对学习效果的重要性可能因行业而异，在同一个行业内部，情况也往往因任务差别而异。

劳资关系和员工的工作制度环境也可能对技术创新产生较显著的影响。如果工人工作的环境中，劳资双方存在冲突，劳资双方互相对抗，工人对老板敌意明显，工人可能无意通过改进机器来帮助老板摆脱困境；至少在没有回报的情况下，不会主动去做。这就产生了一个有趣的问题。在几乎所有技术进步的相关理论中，一个公认的观点是，对创新活动的回报进行调整的能力是实际创新水平和速度的重要决定因素。[1] 这建设在创新有明确指向的受益者的假设上：某个人或某家公司可以声称自己是该项发明的源头和改进者，并拥有该项发明的所有权。在“学习促进创新”的大图景下，发明创造的受益人应该是谁还不是很明确。大多数情况下，工人才是真正看到问题并找到解决办法的人。因此，尽管工人似乎是所有者，但雇主可能会声称，如果没有公司提供的设施和刺激，是不可能发展的。此外，雇主会辩称，这些活动是工人工作的一部分，他们已经由此获得了报酬。然后，问题转而围绕着工作划分和岗位职责的描述来展

---

〔1〕 例如，R. C. Levin, W. M. Cohen, and D. C Mowery, “R&D, Appropriability, Opportunity and Market Structure: New Evidence on Some Schumpeterian Hypotheses”, *American Economic Review* 75 (1985), 20—24, and Dosi, “Technological Paradigms”, pp. 229—231。

开。假设各方都认识到学习的益处,显而易见,这种学习产生的创新将成为劳资纠纷中的谈判筹码。这一点尤其会影响到薪资水平的谈判。谈判的结果将取决于工会及雇主协会的实力和凝聚力对比情况。然而,值得注意的是,即使是那些倾向于反对技术创新的工会,也不太会对这种形式的技术变革过于抵触,因为它既不取代劳动力,也不取代传统技能。相较而言,它往往是这些技能的副产品。为了促进实践效益的发展前景,我们或许可以看到工会鼓动实行计件工资制,因为实践效益将帮助工人在同样的工作强度下获得更高的产出,从而获得更高的报酬。除了因生产率上升而带来的工资上涨,这可能是让工人获得创新成果、让管理者鼓励更多创新成果的最好方式。

当然,一些雇主可能会抵制上述做法,他们更愿意支付固定的时薪或日薪,而且一旦实行计件工资的话,随着产量的增加,计件工资很有可能会相应下降。在劳工组织混乱、分工分散或对待遇问题一无所知的地方,这些雇主才有可能得逞。这种情况下,雇主将学习的益处算作正常工作的一部分,并侵占由学习带来的生产力增长所产生的全部收益。一旦劳动方需求所导致的问题特别严重时,公司的另一个选择是绕开这个问题,雇佣工程师、科学家、技术人员等“专业人士”来改善产品和生产。这些新员工比普通工人技术更熟练,薪水也更高,他们更像初级管理人员,而不是普通工人,他们将独立于工会,代表公司内部独立研发职能的雏形。但是,如果阻碍了工人学习和创新,实施这种对抗主义策略的效果往往会适得其反。因此,如果实践效益对公司的重要性得到雇主的认可,雇主可能会选择对员工有利的薪酬计划,从而激励进一步的本土创新。除了计件工资,其他可以采用的激励型薪酬政策还包括给予分红、发放奖金以及提拔那些引进或提出创新想法的员工。[1]

企业、行业内的管理结构及研究创新组织对创新思维的产生和实施也有很

〔1〕 相关文献见 D. G. Blanchflower and A. J. Oswald,“Profit Sharing-Can It Work?”,*Oxford Economic Papers* 39 (1987),1—19; S. Estrin,P. Grout,and S. Wadhwani,“Profit-sharing and Employee Share Ownership: An Assessment”,*Economic Policy* 4 (1987),13—52; and O. Wicken,“Learning,Inventions and Innovations: Productivity Increase and New Technology in an Industrial Firm”,*Scandinavian Economic History Review* 33(1985),152。

大的影响。除了最基础的技术调整外，考虑到技术进步和生产流程的相互作用，生产流程的改进往往需要作出影响正常生产的改变，甚至有可能使生产暂时停滞。为了调整机器，也可能需要进行试运转。[1] 综上所述，除了开发成本，在生产中引入新想法，还可能需要付出巨大的成本，因此任何基于工人想法的行动都必须得到管理部门的批准。然而，公司的内部结构和组织结构可能使这一目标难以实现。从某种意义上说，这个例子反映了生产创新普遍需要沟通渠道的存在，帮助车间和管理层之间进行信息交流。阻碍上下沟通的一个潜在的（当然也不是完全不为人知的）障碍是工头，他可能是出于嫉妒或过度的自我保护意识，故意不让手下告诉管理层如何才能更好地运作，以免给自己带来不好的影响。

与员工失去沟通渠道的决策者可能会错过很多有潜力的创意，这毫无疑问是一种失败，会影响到企业的竞争力，最终会让企业付出极其高昂的代价。这听起来可能有些天方夜谭，但可以想象，也许是因为认为推进内部研发的成本过高，也许是因为对实践的益处一无所知，抑或只是过度自大，有的公司决定仅仅依靠市场提供给他们的技术或专业的研发公司，而完全不考虑内部创新。因此，公司组织结构和制度结构与实践效益的实现极其相关。

造纸业技术创新概况

按照造纸业技术变革的特性，哪些类型的个人会参与到创新活动中？他们主要关注的又是哪些创新项目呢？想要回答这些问题，可以参考专利方面的数据。《专利发明规格摘要——第 96 类：纸张和造纸》（*Patents for Inventions. Abridgments of Specifications. Class 96: Paper and Paper-making*）是由专利

[1] 造纸业的情形显然如此。例如，1909 年，曾有一位美国造纸商在一次行业大会上说："我们肯定试验了几次亚硫酸盐制纸工艺，但结果并不理想，这使得原本用于商业生产的工厂在进行试验研发，导致一些成本超支的情况。这也是现在造纸业没有选择继续在这条路上走下去的原因。" *Pulp and Paper*, p. 1461.

局发布的年度出版物，它列出了每年申请的与纸张制造有关的所有专利的清单。这些清单还简要描述了每项申请专利的作用：依照这一要素，可以按照专利类型或专利性质，将每项专利匹配到生产过程的某一特定部分。从 1855 年到 1875 年这段时期的摘要中，我们可获得的信息比上述内容更为详细。1855—1868 年的《发明专利时间索引》（*Chronological Index of Patents of Invention*）中，不仅所列的每一个发明条目都附有一个简短描述，还由申请人提供了专利权所有者的详细姓名、地址和职业等信息。1869—1875 年，这一出版物被更替为《专利申请和专利批准的时序性和描述性索引》（*Chronological and Descriptive Index of Patents Applied for and Patents Granted*），依然提供上述信息。令人遗憾的是，这个出版物到 1875 年就不再发行了，原本由索引提供的信息也无法获得了。尽管如此，将上述两个索引合并，我们得以汇编 1855—1875 年间英国造纸业创新活动的基本概况。

但是，应该指出的一点是，专利充其量只是对全部发明的不完全统计。要利用专利索引提供的数据来研究创新活动，其局限性是显而易见的。[1] 其中最明显的一点就是，并不是所有的发明都有专利，有的发明创造甚至无法提交申请。事实上，还有许多难以实施专利保护或难以获得专利权的发明根本就不在索引中。通常来说，难以获得专利的创新，包括生产组织变革、细小的流程改革，以及能明显提高生产力，但无法以机械或其他物理形式呈现出来的创新。发明者获取专利的倾向性在不同的情况下也可能不同。对于那些致力于研究跨部门、跨国家或长期专利活动的研究者来说，这是一个特别令人困扰的问题。这个问题直接源于潜在专利所有人在不同国家、行业或时代所处的不同环境。制度、技术和文化因素可以在决定最终获得专利的发明的比例上发挥很大作用。例如，在获得专利的过程相对更直接且成本更低、专利权人的权利得到法院更有力的支持的国家或时期，创新者获取专利权的积极性就更大。技术的性质也很关键。当专利发明涉及设备或实物产品时，专利权更容易受到保护，这

---

〔1〕 K. Pavitt, "Patent Statistics as Indicators of Innovative Activities: Possibilities and Problems", *Scientometrics* 7 (1985), 77—99.

类发明活动获取的专利数量也比其他类型的发明更为显著。专利数量也无法揭示某项获批专利发明的实际价值，一个重大突破和一个可笑的无用之物在专利计数上并无区别。因此，通过研究专利记录来研究造纸业创新成果，是一件非常复杂的事情。

因此，基于专利的研究有严重的局限性。然而，一旦研究者意识到了这些问题，并有意识地试图遏制它们的影响，专利数据仍不失为一个有意义的信息来源。本研究中，我们使用的专利数据仅限于单一国家的单一行业，且局限在一个相对较短的时间段内(58 年)，因此专利倾向不同的问题被绕过去了。在这一时期，对英国已有专利法最重要的改变是 1883 年出台的《专利和外观设计法》(Patents and Designs Act)。该法案引入了一种全新的、更经济的申请程序，此外，还在一些细节上对法律进行了修改，使得整个流程更有利于潜在专利权人。例如，1883 年的法案第一次允许专利申请人在提交正式专利申请之前，可在由英国贸易委员会认可的国际和行业展览会上展示他们的发明，而不用担心危及他们的申请。该法案也保护专利权人采取“威胁行动”，即专利权人，在有理由相信自己的专利权受到侵害时，可以威胁对涉嫌侵权行为提起诉讼，即使被诉对专利权人的威胁感到愤愤不平，专利权人也不用担心遭到反诉，同时专利权人也不用再担心因为无法开展相应的调查而失去诉讼的权利。专利法案的变化和申请程序的简化使得英国专利申请数量激增。[1] 然而，对于那些申请造纸专利的人来说，这些显然不是他们最关心的问题；我们稍后分析数据时会看到，造纸业并没有出现上述专利申请激增的情况。英国专利法的另一个主要变化是 1907 年的立法，要求所有提出专利申请的项目必须是英国制造。[2] 这虽然影响了外国在英国的专利行为，但对英国的专利行为没有影响。因此，我们认为，制度的变化或获得专利的成本的变化对从业者申请专利倾向的改变不大，不足以扭曲专利数据中有关可申请专利发明的时间或结构模式等信息。

---

〔1〕 Mitchell, *Historical Statistics*, p. 439.

〔2〕 Tariff Commission, *Engineering*, para. 1254.

如果我们把专利行为的变化看作投入创新活动的资源或精力的变化,而不是对创新折现率的衡量,那么"价值问题"就变得不那么显著。这一假设的前提是,在对创新资源的使用和对专利的渴求之间存在着一种相当稳定的关系。毕竟,如果不是为了创新,也很难相信哪个公司或个人会将资源投入到专利活动中去。此外,即使专利只反映了实际发生创新活动总量的一小部分,我们也有理由相信专利数量的变化可以反映出投入发明的资源的变化。因此,在本节中,专利数量随时间推移发生的变化被视为对创新速度和方向变化有意义的指标。这种解读方式在专利使用相关文献中获得了普遍的接受和采纳。[1]

从实际数据出发,很容易看出,尽管有较大的波动,但造纸专利申请似乎在1855—1913年间一直保持着增长趋势,年平均复合增长率为0.58%。表2.1列出了每10年的年平均专利申请的数量。从表2.1中可以看出,除了1875—1884年这段时期外,每10年的年平均专利申请数量均随着时间的推移而增加。但是,同时期英国所有行业的专利申请增长速度更快,在1855—1913年间复合增长率约为4%,与此相比,造纸业专利申请数的上涨是相对缓慢的。

表2.1　　1855—1913年每10年专利总数及年平均数　　单位:项

年份	总数	年平均数
1855—1864	472	47.2
1865—1874	513	51.3
1875—1884	463	46.3
1885—1894	578	57.8
1895—1904	599	59.9
1905—1913	566	62.9

资料来源:*Patents for Inventions*(1855—1913)。

〔1〕 例如,见 K. Pavitt,"R&D,Patenting and Innovative Activities: A Statistical Exploration",*Research Policy* 11 (1983),33—51; R. J. Sullivan,"The Revolution of Ideas: Widespread Patenting and Invention during the English Industrial Revolution",*Journal of Economic History* 50 (1990),349—362; K. L. Sokoloff and B. Z. Khan,"The Democratization of Invention during Early Industrialization: Evidence from the United States, 1790—1846", *Journal of Economic History* 50 (1990), 363 — 378; K. L. Sokoloff,"Inventive Activity in Early Industrial America: Evidence from Patent Records,1790—1846",*Journal of Economic History* 48 (1988),813—850。

此外,造纸专利不仅增长速度较缓慢,而且在当时英国提交的所有专利保护申请中只占很小的比例。如表 2.2 所示,这一比例始终不到总比例的 2%,在 1870 年达到的峰值也仅为 1.64%。1870 年后,造纸专利在全部专利申请中的占比稳步下降,直到 1913 年造纸专利仅占 0.2%。造纸专利申请数未能跟上英国工业整体平均水平,没有什么特别明显的原因。从这个比较中仅能看出,从 1883 年法案在 1884 年开始实施之后,尽管全行业专利申请数量出现了巨大的增幅,但造纸专利申请数量并未呈现同样巨大的增幅。在 1875—1884 年和 1885—1894 年这两个 10 年中,英国整体专利申请的平均增幅超过 200%,造纸业专利申请数只增加了 25%。由于某种未知的原因,纸面上看,1883 年法案对造纸业的影响似乎远不及其对其他行业的影响深远。发现这一奇特现象的重要性在于,尽管 1883 法案带来了种种变化,鉴于本书的研究对象是造纸业,我们仍然可以将上述专利数据视为连续的系列。

表 2.2　1855—1913 年英国造纸业专利在专利总申请量中的占比

年　份	占比(%)
1855	1.56
1860	1.85
1865	1.54
1870	1.64
1875	0.75
1880	1.05
1885	0.32
1890	0.35
1895	0.22
1900	0.25
1905	0.22
1910	0.15
1913	0.20

资料来源:Mitchell,*Historical Statistics*, p. 439; *Patents for Inventions*。

表 2.3　1860—1913 年英国造纸专利影响因素

	LALL (1)	LALL (2)	LRAW (3)	LRAW (4)	LRAW (5)	LRAW (6)
CONSTANT	1.53	3.00	5.19	6.37	4.65	4.63
	(3.47)*	(3.25)#	(6.97)*	(3.99)*	(14.36)*	(13.81)*
LCOST	0.261	0.149	0.576	0.486	0.666	0.651
	(2.63)*	(1.29)	(3.44)*	(2.43)#	(5.38)*	(4.86)*
LOUTPUT	0.243	0.097	−0.060 1	−0.178		
	(5.47)*	(1.05)	(−0.80)	(−1.12)		
DUMMY		0.196		0.158		−0.027 4
		(1.80)		(0.84)		(−0.31)
R^2	0.399	0.437	0.379	0.388	0.371	0.372
SEE	0.173	0.109	0.291	0.292	0.290	0.293
F	15.91	12.18	14.07	9.95	28.90	14.23
DW	1.75	1.76	1.95	1.93	1.94	1.95

注:LALL 为全部专利的对数;LRAW 为全部原材料专利的对数;CONSTANT 为回归系数;LCOST 为造纸业原材料平均相对价格的对数;LOUTPUT 为行业产出的对数;DUMMY 代表 1883 法案变化。圆括号中为 t 统计值,标 * 号的数字代表显著性水平为 1,标 # 号的数字代表显著性水平为 5。Durban-Watson 回归统计结果表明,回归方程(1)和(5)无自相关,两者的解释变量残差平方回归统计上均无显著相关,因此无法证实其异方差性。对残差和残差平方的检验同样无法证明自相关性和异方差性。多重共线性检验也为负数。邹氏检验下,回归方程(1)和(5)产生的 F 值分别为 2.84 和 1.39,两者均证明 1884 年后,没有出现水平达到 5%的结构突变。普法战争及其余波大力推动了英国造纸业在国际市场上的两大竞争对手,即德国和法国造纸业的发展,因此尽管持续的时间较为短暂,普法战争对英国造纸业的影响是极为深远的。为抵消这一小段时间带来的影响,本回归检验未统计 1871 年和 1872 年的数据。

资料来源:Hoffmann,*British Industry*,T 54; *Patents for Inventions*; *Annual Statement of the Trade and Navigation*; Mitchell,*Historical Statistics*,pp. 722—724。

这样做的一个目的是,可以看每年申报的专利申请数量是否以任何方式与当时的行业状况相关联。虽然无法获得行业数据,但表 2.3 所示的对专利申请活动的回归分析表明,每年的专利申请数确实与行业状况相关。回归方程(1)的结果表明,英国造纸业的整体专利行为水平似乎确实与行业产出呈正相关,这表明了行业内需求引发的或顺势循环的创新行为,有其他学者在其他研究中也提到了这种行为。[1] 专利申请数量似乎也与相对英国一般物价的造纸材料平均价格水平相关。事实上，LOUTPUT 和 LCOST 的弹性近似相等，意味着需求和供给两方面因素对专利活动的影响是相同的。这一发现与大多数其他研究形成了鲜明的对比，这些研究通常试图论证的是，相对其他因素，某个因素对创新活动呈现主导性的影响。然而，在现实中，技术变革现象的多样化程度令人惊讶，包含了大量的新创意、技能和活动，因此不太可能被单一因果性的解释充分阐明。事实上，把这些因素综合起来，也只能解释英国专利行为 40%左右的变化。即使考虑到数据的不完整，这个解释度之低也说明，即便这些因素可能对行业创新带来重大影响，也不能把它们看作能影响技术积累速度的全部因素。根据回归分析的结果，英国造纸业原材料平均相对价格和需求每增加 2%，所产生的造纸专利数量就会增加 1%，这也从某种程度上反映了上述因素的影响力强度。

回归方程(5)中，原材料相关专利从统计上也与原材料的相对价格相关，也证明了当代学者的观点，即行业内已经认识到了原材料的严重短缺，刺激从业者大力寻找纤维素的新来源。在英国，造纸材料的价格相对于一般价格水平上涨 1%，可以引发原材料相关的专利申请数量增加约三分之二。回归方程(5)解释了 1860—1913 年间这类专利中约 37%的变化。不过，回归方程(3)表明，与所有造纸专利加在一起不同，材料相关的专利不受需求水平的显著影响。需求对造纸机或新产品开发方面的专利的影响更为明显。回归方程(2)、(4)和(6)似乎也能证实，1883 年专利法的修改并没有对英国的造纸专利申请产生显著影响。这可以通过以下事实证明：在每个回归方程中，DUMMY 系数接近 0，没有显著性，并且对回归方程(1)和(5)的邹氏检验表明，1884 年后没有结构突变。

根据专利影响的生产流程或专利类型，可以将全部专利数据进行分类。在表 2.4 中，按照专利内容影响的是生产流程中的备料阶段、生产阶段还是整饰阶段，将英国造纸业全部专利进行了分类。在表 2.5 中，则按照专利影响的是

---

〔1〕 例如，Sokoloff and Khan，“Democratization”，pp. 366—367。

重要机械组件还是非机械性质的（如化工品专利），对同样的数据进行了不同的分类。备料阶段相关专利包括所有用于造纸的新原料、使用已知原料的新工艺、在备料阶段中处理纸浆的新方法（如漂白、染色），以及回收生产过程中使用的化学物质的新方法。此外，还包括所有影响原料转化为纸浆的机械发明和改进：从碎布处理间的除尘器、洗浆机和清洗机，到锅炉房的蒸煮器和锅炉，以及发动机室的打浆和研磨设备。生产阶段的专利包括所有与造纸机功能有关的专利，无论是在机器的“湿段”还是“干段”。就其本身而言，它包括网布、毛毡、脱模器、报警装置、纸浆接收和储存盘、吸湿箱、干燥圆筒、研光机、切割机、轧辊和卷绕设备等方面的创新。在这一分类中也囊括了与造纸机驱动机制相关的专利，从原动机到机器中的传动装置等。第三个类别，即整饰阶段的相关专利，在这一过程中，可以在原纸中进行添加，使其成为一个独特的产品。这种整饰通常是在造纸完成后进行的，但在某些情况下可以在较早的阶段开展。这组专利包括所有整饰和施胶工序的改进，也包括那些可以改变纸张，赋予其某种特性的特殊混合剂和化合物。这组专利中，还包括那些制作更高品质的安全纸、大理石花纹纸或吸墨纸的方法。全新的纸制品也包含在这一类别中，但前提是这种全新纸品的整饰工序由造纸商在自己的工厂里完成，新的整饰工序仍然是造纸过程的一部分。如果这道工序是由用纸行业来执行，那就不属于造纸行业的专利了。

表 2.4　1855—1913 年基于生产流程分类的英国造纸业专利　单位：项，%

年份	备料阶段	生产阶段	整饰阶段	总数
1855—1864	202(59.2)	45(13.2)	94(27.6)	341
1865—1874	244(66.3)	65(17.7)	59(16.0)	368
1875—1884	155(48.7)	83(26.1)	80(25.2)	318
1885—1894	246(51.4)	127(26.5)	106(22.1)	479
1895—1904	192(37.9)	155(30.6)	160(31.6)	507
1905—1913	186(36.7)	137(27.0)	184(36.3)	507
1855—1913	1 225(48.6)	612(24.3)	683(27.1)	2 520

资料来源：*Patents for Invention*。

表 2.5 **1855—1913 年英国造纸专利分类统计** 单位:项,%

年份	机械性	非机械性
1855—1864	128(37.5)	213(62.5)
1865—1874	182(49.4)	186(50.6)
1875—1884	176(55.3)	142(44.7)
1885—1894	310(64.7)	169(35.3)
1895—1904	297(58.6)	210(41.4)
1905—1913	250(49.3)	257(50.7)
1855—1913	1 343(53.3)	1 177(46.7)

资料来源:*Patents for Invention*。

另一种分类方法是将专利划分为机械性专利和非机械性专利,这两者的区分是不言自明的。唯一的问题是,在许多情况下,专利同时包含对机械组件和非机械组件的改进。当这种情况发生时,将按照该专利影响较大的部分进行划分。例如,在一项专利包括一些原材料相关专利的同时,也包括了对现有制浆机的一些轻微改进,但这种改进是为了提高从新原料中提取纤维素的效率。在这种情况下,由于专利的本质是新原料,而专利中机械性的部分只是对现有机器技术进行了相当小的修改,因此该专利被列为非机械的。毫无疑问,虽然涉及的专利数量很少,这种分类存在一定程度的错误是可以预料的,但没有理由认为,这些错误分类会特别偏向某一类。

由表 2.4 可以看出,在维多利亚时代晚期和爱德华七世时期,英国造纸业的专利活动中,大约有一半是与备料阶段相关的。这一时期造纸厂致力于寻找商业上可行的纤维素来源,在很大程度上形成了备料阶段专利的优势。然而,备料阶段专利的占比在 19 世纪的最后 25 年里稳步下降。从 19 世纪 90 年代中期开始,随着廉价有效的木材造纸方法的普及,这一比例显著下降。与此相反的似乎是造纸机相关专利和整饰阶段的专利申请情况。这两类专利,无论是申请数量还是它们在所有专利中付诸应用的比例,都在增长。

从专利的性质来看,你会发现在这段时间内,机械性专利和非机械性专利的占比大致相同。如表 2.4 所示,作为研究对象的这 58 年内发生的变化没有得到凸显。最初为了寻找新的原材料，非机械性专利的重要性也特别突出，在1855—1864年间，非机械性专利申请数占所有英国造纸专利的比重达到峰值，而随后作为造纸原料的碎布的替代品被找到后，在接下来的30年中，非机械性专利的比重在不断下降。这一时期，非机械性专利的实际数量也有所下降。从1895年开始，造纸业专利的数量和份额确实出现了某种程度的恢复，但这主要是由于第一次世界大战前几十年出现的新整饰和纸制品的激增，而不再归因于行业对新材料的追寻。与此同时，机械性专利的数量和份额从20世纪中叶开始增长；这在很大程度上是由于各类造纸商越来越希望机器运行得更快、更有效率、故障更少。

外国造纸商在英国申请的专利也呈现出类似的模式。无论是本土还是外国公司申请的专利，涉及每个生产阶段的专利数量的比例大致相同。外国公司申请的专利中，与备料阶段相关的专利数量同样在19世纪下半叶出现了下滑。类似地，整个时间段里，外国公司申请的机械性专利和非机械性专利数量也基本是对等的。然而，机械性专利随着时间的推移变得越来越重要，唯一的例外是1904年之后，机械性专利的数量出现了急剧下降。这种下降似乎与新的专利法有关，新专利法要求所有获批专利必须在英国生产。这项法律的变化，在整体减少外国专利申请的同时，对外国人申请机械相关创新专利的影响似乎比对化学品或整饰工艺相关专利的影响更为明显。无论如何，在1905年之前，外国公司在英国申请专利的数量和其在造纸业所有专利中的份额都在下降。尽管如此，在1855—1913年间，外国专利申请数占造纸技术的全部专利申请数的比例仍达到了20%——这一比例并非微不足道。在所有备料阶段专利(22.9%)和非机械性专利(23.6%)中，外国专利所占比例明显偏高。这在很大程度上反映了这样一个事实，即为造纸业寻找新的原材料来源是一项国际性的工作，潜在的解决办法可能出现在世界任何地方。1855—1875年间，在英国申请专利的外国公司分别来自16个其他国家，尽管其中超过90%的申请只来自4个国家。这些国家按专利数排序，分别是法国、美国、比利时和德国。在这一时期，法国和美国是外国专利人的主要来源国，总共获得了约80%的外国专利。

同时期内，英国的其他附属国似乎并非主要的专利行为来源国。在所有非英国专利中，只有8项（占比2.7%）来自英国治下的其他领土。

表2.6　　1855—1913年在英国申请的基于生产流程分类的外国造纸专利　单位：项，%

年份	备料阶段	生产阶段	整饰阶段	总数
1855—1864	94(31.8)	14(23.7)	23(19.7)	131(27.8)
	[71.8]	[10.7]	[17.5]	
1865—1874	90(26.4)	17(20.7)	38(39.2)	145(28.3)
	[62.1]	[11.7]	[26.2]	
1875—1884	86(35.7)	32(27.8)	27(25.2)	145(31.3)
	[59.3]	[22.1]	[18.6]	
1885—1894	54(18.0)	20(13.6)	25(19.1)	99(17.1)
	[54.5]	[20.2]	[25.3]	
1895—1904	25(11.5)	41(20.9)	16(9.1)	82(13.9)
	[30.5]	[50.0]	[19.5]	
1905—1913	15(7.5)	12(7.4)	32(14.8)	59(10.4)
	[25.4]	[20.3]	[54.2]	
1855—1913	364(22.9)	136(18.2)	161(19.1)	661(20.8)
	[55.1]	[20.6]	[24.4]	

注：圆括号中数字为某类别外国专利占英国同类专利总数的百分比，方括号中数字为该类别外国专利占外国专利总数的百分比。

资料来源：*Patents for Invention*。

表2.7　　1855—1913年外国专利分类统计　单位：项，%

年份	机械类	非机械类
1855—1864	42(24.7)[32.1]	89(29.5)[67.9]
1865—1874	56(23.5)[38.6]	89(32.4)[61.4]
1875—1884	74(29.6)[51.0]	71(33.3)[49.0]
1885—1894	52(14.4)[52.5]	47(21.8)[47.5]
1895—1904	53(15.1)[64.6]	29(12.1)[35.4]
1905—1913	21(7.7)[25.4]	38(12.9)[64.4]
1855—1913	298(18.2)[45.1]	363(23.6)[54.9]

注：圆括号中数字为某类别外国专利占英国同类专利总数的百分比，方括号中数字为该类别外国专利占外国专利总数的百分比。

资料来源：*Patents for Invention*。

1855—1875 年间,提交申请的专利所有人的地址和职业等信息都可以查询到。这些信息能够帮助我们了解参与专利申请活动的人员类型和地理位置。未达成这一目标,本研究将英国工业按照其地理位置划分为八大地区,这些地理区域能很好地代表全国的造纸分布情况,这八大地区包括:(1)东南部地区(含汉普郡、苏塞克斯郡、肯特郡、埃塞克斯郡、赫特福德郡、白金汉郡、伯克郡、米德尔塞克斯郡、萨里郡和伦敦);(2)西南部地区(含康沃尔郡、德文郡、萨默塞特郡、多塞特郡和威尔特郡);(3)东安格利亚地区(含剑桥、诺福克郡和萨福克郡);(4)东米德兰地区(含德比郡、诺丁汉郡、林肯郡、沃里克郡、莱斯特郡、拉特兰郡、北安普敦郡、亨廷顿郡、牛津郡和贝德福德郡);(5)西米德兰地区(含蒙茅斯郡、格洛斯特郡、赫里福德郡、伍斯特郡、什罗普郡、斯塔福德郡和柴郡);(6)北部地区(含约克郡、诺森伯兰郡、达勒姆郡、兰开夏郡、威斯特摩兰郡和坎伯兰郡);(7)威尔士地区;(8)苏格兰地区。专利申请行为按地区分布情况可参见表 2.8。如果同一项专利的多名申请人是来自不同地区的,该专利则按照专利所有人来源地的百分比在每个地区进行分配。例如,如果同一项专利有 4 名申请人,其中 2 名申请人提供的地址在东南部,另外两名申请人中,一个来自苏格兰地区,另一个来自东安格利亚地区,则上述 3 个地区的专利计数中分别增加 0.5、0.25 和 0.25 项。在缺乏有关不同个人贡献度的重要内部信息的情况下,这似乎是在多名专利权人之间分配创新成果的唯一公平方式。表 2.8 还列出了 1855—1875 年间,各地区造纸厂的平均数量及其占全国造纸厂总数的百分比。在已知造纸厂在英国各地区占比的情况下,这些数据被用来计算来自英国每个地区的专利申请数量。人们也许预期,造纸业专利申请行为的分布可以反映该行业在地域上的分布。但是表 2.8 所呈现的数据表明,情况并非如此。它产生的卡方检验数值为 113.32,使我们有 99%的信心否认上述假设,数据呈现的专利数量分布与预期的情况不符,并不符合造纸厂地域分布的特点。[1] 仔细研究表 2.8 中的数据可以看出,很明显,东南部地区的专利申报比例大大

〔1〕 卡方检验的具体结果请见 M. Hamburg, *Basic Statistics* (London, 1985), ch. 9。

超过了其纺织厂所占的比例，而北部地区和苏格兰地区的比例与预期水平相符。而其他地区在 1855—1875 年之间的专利申报数量远远少于相应的纸厂分布比例所产生的预期数量。其中表现最差的是西南地区，该地区造纸厂数量占全国的 8.4%之多，却只产生了 2.2%的专利申请。对创新活动的这种模式，该如何进行解释呢？

表 2.8　　1855—1875 年英国造纸厂和造纸专利实际及预期地区分布　　单位：项

地区	造纸厂数量	占全国比例	实际专利数量	预期专利数量
东南部地区	94.5	26.8%	179.7	99.2
西南部地区	31	8.8%	8.3	32.6
东安格利亚地区	6	1.7%	2.0	6.3
东米德兰地区	28.5	8.1%	8.5	30.0
西米德兰地区	25	7.1%	12.5	26.8
威尔士地区	10	2.8%	4.0	10.4
北部地区	98.5	27.9%	99.5	103.2
苏格兰地区	59	16.7%	55.5	61.8

资料来源：*Chronological Index of Patents of Invention*；*Chronological and Descriptive Index of Patents*；*Paper Mill Directory*（1855—1875）。

表 2.9　　1855—1875 年造纸厂专利实际和预期地区分布情况

地区	实际专利数量	预期专利数量
东南部地区	44	39.5
西南部地区	4	12.9
东安格利亚地区	0	2.5
东米德兰地区	7	11.9
西米德兰地区	11	10.5
威尔士地区	44.5	41.1
北部地区	32.5	24.6
苏格兰地区	4	4

资料来源：*Chronological Index of Patents of Invention*；*Chronological and Descriptive Index of Patents*；*Paper Mill Directory*（1855—1875）。

表2.9列出了由造纸厂提出专利申请的实际和预期分布情况。这些数据生成的卡方统计结果为14.01，这一结果不足以让我们否认原假设。换句话说，统计结果显示，不同地区造纸厂申请专利的实际频次与人们根据造纸厂各地区分布情况所预期的频次没有出现很大差别。苏格兰造纸厂表现最好，西南地区则最差。不过，总体而言，造纸厂较多的地区在1855—1875年间的创新活动与预期水平相当。尽管没有达到表2.8所示的程度，但东南部地区的表现依然更为出色。这一发现有力地表明，东南部地区占据主导地位的关键在于，其专利份额来自非造纸企业的专利。事实上，来自造纸业以外的所有专利申请中，有59.3%是由东南部的申请人提出的。出现这一现象的一个重要原因是，与人口和造纸业稀少的其他地区相比，英国东南部地区的造纸厂靠近庞大的伦敦市场，现金充裕，对造纸感兴趣的人才储备充足，为创新活动提供了更富有成效的环境。除了这种聚集效应，伦敦作为国际贸易和金融中心，也居住了大量对世界其他地区有充分了解的人，因此，他们能为造纸业寻找新的原材料来源，是创新的主力军。伦敦及其周边郡县也因此成为20世纪中期创新活动的重要发源地。学界普遍认为在维多利亚时代，英国东南部已经是英国经济最发达、最具活力的地区之一，这一观点在造纸业专利分布数据上也得到了支撑。[1]

分析创新活动的另一个切入点是研究专利申请人的职业分布。大约60%的专利申请人填报了他们的职业。他们按从事的职业可分为以下五大类：造纸业从业者、机械师、化学家、相关行业从业人员和非相关行业从业人员。造纸业从业者包括造纸厂所有人和其他在造纸厂、纸板厂、卡片厂或墙纸厂工作的人；机械师包括所有造纸机生产商以及其他各类工具的生产商或工程师(土木建设、咨询行业等)；化学家包括所有接受过化工培训的专家，或在其他实践科学领域具有实验、制造、学术或咨询能力的人；相关行业从业人员由报业人员、出版业人员、文具业人员、碎布商、施胶和网布生产商等组成；而非相关行业则包含以上分类中没有的其他所有行业人员。在大约5%的专利中，申报人的职业

〔1〕 C. H. Lee, "Regional growth and structural change in Victorian Britain", *Economic History Review*, 2nd series, 34 (1981), 438—452.

也并非同行业。这种申报人职业跨行业的情况，专利也按照表2.8和表2.9中处理跨地区申报人专利的方式来进行分配。值得一提的是，在这些跨行业的专利中，约75%为造纸厂与机械师或化学家联合创新的成果(40.9%和31.8%)，只有13.6%的专利不涉及造纸业从业人员。所有专利都有至少一名造纸业从业人员或机械师作为联合专利所有人。

表2.10　1855—1875年英国造纸专利申请人职业分布及专利类型记录　单位:项,%

职业	备料	生产	整饰	机械性	非机械性	总计
造纸业从业者	86	40	27	96	57	153
	[56.2]	[26.1]	[62.7]	[62.7]	[37.3]	
	(28.9)	(45.5)	(30.3)	(39.8)	(24.4)	(32.2)
机械师	77	25	8	83	27	110
	[70.0]	[22.7]	[7.3]	[75.5]	[24.5]	
	(25.8)	(28.4)	(9.0)	(34.4)	(11.5)	(23.2)
化学家	49	2	18	12	57	69
	[71.0]	[2.9]	[26.1]	[17.4]	[82.6]	
	(16.4)	(2.3)	(20.2)	(5.0)	(24.2)	(14.5)
相关行业从业人员	5	7	5	9	8	17
	[29.4]	[41.2]	[29.4]	[52.9]	[47.11]	
	(1.7)	(8.0)	(5.6)	(3.7)	(3.4)	(3.6)
非相关行业从业人员	81	14	31	41	85	126
	[64.3]	[11.1]	[24.6]	[32.5]	[67.5]	
	(27.2)	(15.9)	(34.8)	(17.0)	(36.3)	(26.5)
全部职业人员	298	88	89	241	234	475

注:圆括号中所列数字代表全部专利中各个类别的百分比,方括号中所列数字代表该职业专利人占全部专利人的百分比。“备料”统计的是备料阶段相关专利的数量,“生产”统计的是生产阶段相关专利的数量,“整饰”统计的是整饰阶段相关专利的数量,“机械性”统计的是机械相关专利的数量,“非机械性”统计的是非机械性质专利的数量。

资料来源:*Chronological Index of Patents of Invention*; *Chronological and Descriptive Index of Patents*; *Paper Mill Directory* (*1855*—*1875*)。

表2.10中将专利按照职业和类型进行了划分。很明显,专利行为的来源是多种多样的。造纸厂从业人员是最重要的创新者来源,他们的创新中一半专

利为备料阶段专利,另一半专利则平均分布在其他生产阶段。

超过60%的专利是机械性的,与造纸机有关的所有专利中有45.5%是由造纸业实际从业者申请的。机械师作为第三大群体的代表,自然也专注于机械方面的创新(75.5%),他们的创新点主要集中在打浆设备和造纸设备上。这些专利加起来占专利总数的92.7%。化学家也把注意力集中在备料阶段,但主要从事的是非机械性(化学)的创新。化学家参与了整饰阶段的创新,但产出相对不成比例。令人惊讶的是,在相关行业中,极少有人试图在造纸方面作出任何创新。造纸相关行业的创新占比极低,仅占这段时期所有专利的3.6%。相关行业的专利,无论是在机械性专利和非机械性专利之间,还是在生产过程的不同阶段之间,都是平均分配的。它们的大部分活动似乎是为了改进造纸机,这种改进在生产阶段的所有相关专利行为中占了不容忽视的8%。最后,申请造纸专利的第二大集团(占总数的26.5%)似乎与造纸业本身没有明显联系。这一分类下的各项专利中大部分的主要关注点是备料阶段的非机械性专利。尽管有不少纯属胡思乱想的创意,但造纸业原材料的很多创新性思维正是源于这些不相关的行业。他们还积极提出建议,参与到纸张整饰工序的改进中,但似乎在改进造纸机械方面的贡献相对较小。

虽然造纸业从业人员积极参与到技术变革中,涉及从机械到寻找纤维素新来源等多项创新,但从专利数据可以明显看出,许多来自其他不同行业和背景的人也参与了能对造纸业产生直接影响的创新活动。这一事实表明,人们对该行业面临的问题有相当普遍的认识。外来者对行业的影响主要体现在备料阶段的非机械性创新方面。如前文所述,在1855年到1875年这段时期,人们一直在寻找新材料来替代造纸业传统的原材料碎布。在寻找替代品所产生的创新方面,造纸厂没有任何特别的优势。反之,从业人员的优势在于,能够察觉一个替代方案是否可以付诸实践、是否在商业上可行。大多数其他行业人员则欠缺这种远见。

然而,造纸业生产率增长的最重要来源——机械创新——似乎一直是造纸从业人员、专业机械师和工程师的专利。这一时期的所有造纸机专利中,

81.9%是由机械师、造纸行业从业人员和相关机械行业——如线材制造——人员的活动创造的。这一发现是顺理成章的，因为只有通过直接接触和熟悉实际的机器，才能获得足够的细节信息，对造纸机进行复杂精细的改进。这一因素使得由此产生的创新本质上是累积和递增的。

本章小结

要了解一个行业的发展，首先必须了解它的技术。因此，本章考察了维多利亚时代晚期和爱德华七世时期造纸业的技术变革过程。研究发现，这一时期的技术变革主要源于两种创新行为：(1)寻找和开发新型原材料；(2)对造纸机和其他辅助造纸设备循序渐进的改进。本章对第一类创新未进行详细探讨，因为这将是我们在第四章关注的焦点。另一类创新活动，即对造纸机的改进，在当时被认为是工业生产力增长的重要因素和宝贵动力。这一领域的技术进步主要来自对现有技术的扩展和改进，这是通过不断学习和积累在生产活动中获得的技术知识来实现的。从本质上讲，这是一个不断演变的过程。这种变革是渐进型的，往往是公司特有的，倾向于提升造纸机的速度和宽度。

造纸机的变革，经由两种途径产生并传播到整个行业。第一种变革途径是，造纸机生产商在吸收单个造纸厂改造本厂造纸机的宝贵经验的基础上，添加自己的创意和改进，使先进的技术体现在他们的新产品中，再贩卖到其他客户手中。第二种变革途径是造纸商从本身的生产经验中学习并改进。鉴于造纸业的技术变革往往具有渐进性和累积性的本质，第二种变革途径显然是该行业技术进步的重要来源。然而，在理论文献中，学习对技术变革的影响并没有得到很好的解读。尤其是经济学和经济史很少关注实践的益处对技术变革的决定性作用。本章通过探索“以做促学”对技术变革的影响程度，首次提供了一种研究实践效益的新思路。结论是，如果要理解某个行业的技术积累速度，必须研究有哪些因素可以影响该行业从实践中学习的机会、能力和意愿。此类分析需要考虑各种各样的因素,无论是公司体制和组织环境,还是技术教育和劳资关系。在第八章,我们将再次对这些因素进行合理的审视,看看它们能否为19世纪后期美国和英国造纸业之间不断扩大的技术鸿沟提供一些解释。

本研究把专利数据作为研究创新活动的替代品,也建立了我们研究的时间段里技术创新活动的基本概况,研究的重点为1855—1875年这段时期。专利数据证实,技术创新与造纸原材料的需求水平和价格水平相关,呈现长期增长趋势。随着时间的推移,19世纪造纸专利申请的重点也有了变化,创新者的注意力似乎从寻找原材料和备料阶段转移到了造纸机的机械改进上。在英国申请的外国专利也出现了类似的趋势。1855—1875年间,即使在北部地区、东南部地区和苏格兰地区等英国造纸厂集中的地区,产生的创新行为也不成比例。其中,东南部地区的创新尤为显著,这是因为该地区靠近伦敦,享受其带来的聚集效应。在这一时期,申请造纸专利的人员来自各行各业。在他们中,造纸业从业者毫无疑问是最多的,特别是当专利涉及对造纸机的改进时,鲜有其他行业的人员介入。但是其他行业人员,甚至包括许多与造纸业没有明显联系的人,也积极参与了造纸业的创新。这些“外人”的贡献往往集中在备料阶段的非机械性创新。

第三章

生产绩效

在19世纪的整个过程中，英国的造纸业从世界的领头羊变成了落败者。然而，仅凭这一点就断定英国造纸业的绩效低还为时过早。事实上，研究维多利亚时代晚期和爱德华七世时期的学者鲜少提到造纸这一行业，即使偶尔说起，也基本持赞许的态度。例如，阿什沃斯（Ashworth）将其描述为一个"快速扩张的"行业[1]，而雷伊（Wray）则认为19世纪的最后25年以及第一次世界大战前的一个时期是"造纸业的扩张和繁荣时期"[2]。同样，霍夫曼（Hoffmann）在对1700年以来英国工业的调查中，将其称为一个"非典型"的、几乎从最早的产出统计数据开始其年产量就呈现平稳增长的行业。[3] 根据他的数据，从1865年到1913年，只有两个时期（1876—1880年和1901—1905年）造纸业产量增长率低于4%。撇开这些时期不提，总体的长期趋势是，增长速度在1900年前不断攀升，然后逐渐放缓。[4] 至少以英国的标准来衡量，造纸业产量的增长率令人印象深刻。尽管如此，即使就产出增长而言，英国造纸业仍逐步失去了它原本的国际领先地位。事实上，到世纪之交时，英国造纸业的产量已降至第三位，落后于他的两个主要竞争对手——美国和德国，且英国与后两者之间的差距不断扩大。英国和美国之间的差距在表3.1中得到了清晰的体现。[5]

---

〔1〕 W. Ashworth, *An Economic History of England, 1870—1939* (London, 1960), p. 78.

〔2〕 Wray, Study, p. 34；另参见 Bartlett, "Alexander Pirie & Sons", p. 30。

〔3〕 科尔曼也认为，造纸业的增长模式是"非典型"的（即增长曲线的形状不符合逻辑分布）。他认为，造纸业在这一时期之所以有稳步且持续的增长，是因为新发明和原材料的发展。D. C. Coleman, "Industrial Growth and Industrial Revolutions", *Economica* 89 (1956), 6—11.

〔4〕 Hoffmann, *British Industry*, table 54.

〔5〕 Spicer, *Paper Trade*, p. 230; Hills, *Papermaking*, p. 187.

表 3.1　1860—1914 年英美纸张和纸板产量　单位:吨

年份	英国	美国
1860—1861	111 905	113 400
1870—1871	169 023	344 600
1880—1881	229 636	403 600
1890—1891	411 483	834 800
1900—1901	699 404	1 935 700
1905—1907	899 900	3 765 200
1912—1914	1 085 243	4 705 400

资料来源:Hoffmann,*British Industry*,T54; Frickey,*Production*,p. 16。

英国造纸业逐步落后的另一个迹象是,英国纸张进口量呈现出持续增长的趋势。从 1875 年到 1895 年,纸张进口从 41 000 吨上升到 543 000 吨,进口纸张占国内纸张总消耗量的百分比从 27.7%上升到 52.9%。虽然这一百分比在随后的几十年里有所下降,但 1900 年以后,英国纸张进口额仍然是一个令人关切的主要问题,甚至在 1907 年仍占总消费的 32%以上。从 19 世纪 80 年代后期开始,尽管出口也同样持续增长,但从表 3.2 中的纸张贸易差额来看,英国逐渐处于不利位置。在第一次世界大战前 15 年左右,英国纸张贸易逆差的规模几乎翻了一倍,到 1913 年,进口纸张和纸板的价值比出口纸张和纸板的价值高出 400 万英镑之多。[1]

然而,如果仅从这些发展情况推断英国造纸业表现不足或士气低迷,是极其武断的。事实上,正如造纸行业协会的官方历史记录对这段时期的评价:"行业协会年度报告中几乎充满了欢欣鼓舞的气氛。"[2]或许对当时英国造纸业最乐观的当代评价者是自由贸易的倡导者斯派塞,他极力否认行业整体有任何失败之处,也因此否认了对英国造纸业实施保护的必要性:

〔1〕 Wray,*Study*,pp. 34,219—220.

〔2〕 A. Muir,*The British Paper and Board Makers' Association,1872—1972:A Centenary History* (London,1972),p. 26.

尽管外国纸张的进口量大幅上涨，英国纸张的出口量大幅下降，但英国工厂的产量在10年内增加了64%。面对这一记录，似乎没有太多理由对来自其他国家的竞争者产生抱怨。然而，有人可能会说，尽管英国造纸厂的业务规模比以往任何时候都大，但它们的利润可能过低，甚至可能亏损。也许从某种意义上来说，这的确是事实；但另一方面，有很多证据表明，造纸厂的业绩其实相当不错。私人造纸商的遗嘱、造纸企业的分红、与造纸业相关的私企或有限公司在金融方面的可靠名声都是有力的证据。这说明，尽管英国造纸业面临外来者的竞争，但从厂商角度而言，仍不失为回报较高的行业。[1]

表3.2　　1861—1913年英国纸张贸易收支　　单位：千英镑

年份	收支	年份	收支
1861	189	1889	−305
1865	80	1893	−873
1869	167	1897	−1 957
1873	381	1901	−2 673
1877	303	1905	−3 316
1881	56	1909	−3 088
1885	14	1913	−4 010

资料来源：*Annual Statement of the Trade and Navigation*（1861—1913）。

斯派塞所言也许属实，但造纸厂"业绩相当不错"和回报较高，并不能说明整个行业的潜力得到了充分挖掘和发展。事实上，这些词既可以解释为行业表现上佳的体现，也很容易解释为自满情绪的反映。正如许多评论家所指出，正是这种自满情绪，使得英国造纸业在这一时期逐步走向衰落。无论如何，把一个行业的发展同过去的成绩相比，并由此对该行业的表现进行评价，似乎是一种很危险的做法，这种做法的危险性尤其体现在，它没有考虑到在此期间经济

〔1〕 A. D. Spicer, "The Paper Trade", in H. Cox (ed.), *British Industries under Free Trade* (London, 1904), pp. 204—205.

环境可能发生的任何根本性变化。

后来的学者们对该行业的乐观评价可能同样靠不住。霍夫曼给英国造纸业的标签——“非典型性”,揭示了这种利好条件的问题。为了更清楚地理解这一点,有必要提出一个问题:该行业增长的“非典型性”究竟体现在哪些方面?只有对比当时英国其他行业的表现,造纸业才能被认定是“非典型性”的。从观察到的结果来看,这个标签是相当正确的,但如果不首先考虑行业差异和潜在的内因,就将一个行业的表现与另外一个完全不同的行业相比较,似乎不太合适。毕竟,有些行业表现出快速增长,只不过是因为它们起点低,而另一些行业增长缓慢,不是因为行业绩效低,而是因为它们是成熟的、历史悠久的行业,它们的技术潜力和潜在市场已经得到了充分的挖掘。

比较外国造纸业和英国造纸业的行业绩效差距,才是更为明智的衡量方式,因为只有这样,才能看出行业对潜在机会的挖掘是否充分完全。产量可能也不是我们应对关注的最合适的变量。一味地认定处于快速增长阶段的行业,生产率也在大幅提高,这种假设本身就是一种谬论,它无法全面衡量所有要素投入所带来的变化。正如克拉彭(Clapham)在 1938 年对美国经济发展的评价:“随着时间推移,半个大陆能比一个小岛产出更多的煤和更多的钢,尽管在 1890 年到 1910 年间仍有不少人为此感到惊讶,但这是没有争议的事实。”[1]这一点不仅适用于整个经济体,也适用于个别行业。因此,不能假定产量增长、出口增长或进口产品渗透率下降之间存在必然的相关性。造纸业的发展很有可能正是如此。

劳动生产率

因此,为了得出一些有价值的结论,必须从实际和潜在发展的角度来审视

〔1〕 J. H. Clapham, *An Economic History of Modern Britain* (Cambridge, 1938), vol. Ⅲ, p. 122.

造纸业,即可利用的机会被开发到了何种程度。为达成这一目的,需要观察不同国家在不同时期的劳动生产率。这通常是通过测量实际人均产量来实现的;换言之,就是这些国家每单位产出(在本书中是每吨纸)所需的劳动力数量。随后利用这一方法,对所有国家生产同质产品的行业的生产效率进行粗略比较。这种方法是比较粗糙的,因为它只关注生产单位数量的产品所需的直接劳动力,忽略了可能降低劳动生产率的质量因素。虽然必须牢记质量因素对生产率存在影响,但生产率较低并不一定代表产品必然是高质量的。通过观察劳动生产率来研究行业绩效,容易产生的另一个问题是,这种衡量方法在精确度上相当欠缺,因为劳动生产率实际上反映的是影响生产的种种因素所产生的联合作用力。所有利用部分要素对生产率进行衡量的方法都存在同样的问题。例如,劳动生产率的计算没有考虑到资金总量或能源使用的变化,因此人均产出产量提高有可能意味着使用了更多的机器,并不意味着普通劳动者的生产率一定有所提高。[1]

表 3.5 列出了英国和美国造纸业的劳动生产率对比情况。这些数字是用两国生产的所有纸产品的总产出(但不包括那些以纸张为原材料的工业产品,如壁纸印刷或制盒制袋产品)除以生产这些产品的劳动力总人数计算出来的。因此,它可以非常宽泛地衡量劳动生产率。

要进行生产率的估算,面临的一大问题是数据的匮乏。因为在大多数对英国工业的定量研究中,造纸业一般同印刷业或其他附属行业一起打包统计了,所以对 19 世纪末纸张和纸板产量,当时的英国人几乎没有留下什么信息。但是,研究该行业的学者曾试图追溯该行业从 1850 年开始的扩张过程。有 3 个可用的纸张生产指数:斯派塞指数、霍夫曼指数和科尔曼指数。[2] 如前所述,要估算 19 世纪下半叶英国产出水平和增长,所面临的主要问题是需要找到一种替代品,以弥补缺失的直接数据。1861 年,纸张税被废除,因此无法再将纸张

〔1〕 L. Rostas, *Comparative Productivity in British and American Industry* (Cambridge, 1948), chs. 1 and 2.

〔2〕 Spicer, *Paper Trade*, appendix Ⅸ; Hoffmann, *British Industry*, table 54; Coleman, "Industrial Growth", 8.

税的官方报表(19世纪上半叶所有纸张生产指数的基础)作为数据来源了。从那时起,现有的3个纸张生产指数都是在英国造纸材料净进口量的基础上建立起来的。由于在这一时期,英国造纸业的绝大多数原材料依赖进口,因此基于材料进口来计算纸张生产指数是合理的做法。由此,原材料净进口的变化也可以反映纸张产量的变化。当代学者的研究也证实了这一点,他们中的许多人同样相信原材料进口量的增加可以直接导致成品纸的相应变化。现有数据也证实了这一点。[1] 1907年和1912年生产普查提供的信息显示,在这两次普查之间,原材料的消耗量和纸张的产量都出现了大约20%的增长。[2] 霍夫曼的研究中也有类似的较早时期和较晚时期的平行对比。[3]

考虑到构建基础的相似性,难怪上述3个指数所描绘的19世纪下半叶的图景十分雷同。3个指数均显示,造纸业在19世纪下半叶维持了稳步快速的扩展。3个指数中,霍夫曼指数的估算结果似乎是最好的,主要是因为斯派塞的数据中产量出现了剧烈的波动。科尔曼指数直到1903年都与斯派塞的极为相似,也出现了剧烈的产量波动,而这种波动既没有得到同时代人的证实,也没有得到其他行业生产统计数据的证实。此外,因为斯派塞的数据明显高估了英国本土生产的原材料数量,在霍夫曼指数中,这一点已经得到了修正。[4]

本研究在计算中使用的美国造纸业产量数据来自弗里奇对1860年至1914年间美国造纸业的系列研究。这些研究是基于美国农业部森林经济司提供的材料开展的。弗里奇的研究提供了新闻纸、书刊、纸板、包装纸、细纸等所有纸张的产量总数据,而这些数据是由林业局根据人口普查和其他数据进行整理和估算得出的。[5] 两组数据之间唯一明显的不同是,与英国的数据不同,美国的数据中包含裱贴墙纸的产量,但由于墙纸只占造纸行业总量的很小一部分,这

---

〔1〕 J. Kay, *Paper, Its History* (London, 1893), pp. 40ff.; Mulhall, *Dictionary*, pp. 436－437; S. J. Duly(ed.), *Timber and Timber Products, including Paper-making Materials* (London, 1924), p. 49; *Final Report of the Third Census of Production of the United Kingdom*, part 4, p. 286; Report of the Committee on Packing and Wrapping Paper, PPXV (1924—5), 637.

〔2〕 *Final Report of the Third Census of Production*, p. 282.

〔3〕 Hoffmann, *British Industry*, p. 279.

〔4〕 Hoffmann, *British Industry*, p. 280.

〔5〕 E. Frickey, *Production in the United States, 1860—1914* (Cambridge, MA, 1947), p. 16.

点差异造成的影响在研究美国生产率时可以忽略不计。关于德国产出和就业的信息来自霍夫曼的造纸和整饰工业指数。将纸张整饰行业纳入指数并没有给估算德国造纸工业的增长率带来任何麻烦，因为霍夫曼实际上没有提供纸张整饰的数据，他只是假设了纸张整饰行业的增长率应与造纸业的相同。[1]

美国和英国投入造纸业的劳动力数据来自各自的人口普查。这些数据统计了所有从事该行业的工薪阶层。仅有的一个问题是，在1900年之后，美国的人口普查数据不再将造纸行业和纸浆生产行业的就业情况分开统计了。然而，在1880年，美国从事纸浆生产行业的就业人数还不到造纸业就业人数的5%。[2] 尽管这一比例在接下来的几十年里肯定会增长，但将纸浆厂工人纳入其中不应过度影响我们对劳动生产率的计算。无论如何，1900年后的数据偏差将产生我们对美国生产率的低估，实际上强化了本书随后提出的一些论点。

表 3.3　　1870—1913 年英国、美国和德国每人每年工作时数　　单位：小时

年份	英国	美国	德国
1870	2 984	2 964	2 941
1890	2 807	2 789	2 765
1913	2 624	2 605	2 584

资料来源：Maddison, *Dynamic Forces*, Table C9。

除了雇佣的工人数量，工人实际工作的小时数对统计劳动力使用情况也有显著影响。然而，有关19世纪工业工作时间的信息很少，而且也是出了名的不可靠。麦迪逊的数据（见表3.3）显示，1870—1913年期间，英国、美国和德国这三个经济体中，平均年工作时间非常接近，且发展趋势也大同小异。这些宽泛的结论得到了来自造纸业的证据支撑。将这两国的年平均工作天数乘以日平均工作时数（该数据来源于当地劳动力报告中的日工作时数），我们可以大致得出两国的年平均工作时数。统计结果呈现在表3.4中。即使考虑到误差存在的可能性，我们对19世纪下半叶美国和英国的年平均工作时间的估算也是非

〔1〕 W. G. Hofmann, *Das Wachstum der deutschen Wirtschaft seit der Mitte des 19. Jahrhunderts* (Berlin, 1965), p. 375.

〔2〕 *Tenth Census of Manufactures* (1880), p. 12.

常相似的。由于美国和英国造纸业在工作时间上似乎没有显著差异,这一因素对我们的研究结果没有实质性影响,因此被排除在我们的生产率计算之外。同样令人瞩目的是,造纸业的平均工作时间总是超过了英国和美国所有行业的平均工作时间。这一点也不奇怪,因为造纸厂有足够的动力开足马力生产,以保持他们的厂房 24 小时运转。为了实现这一目标,两国的工人经常被要求加班加点工作:这种做法可以让他们一班工作时长达到 36 小时,一周工作时长达到 144 小时。[1]

表 3.4　　1860—1907 年英国和美国造纸业每人每年工作时数　　单位:小时

年　份	英　国	美　国
1860	3 350	3 336
1870	3 371	3 371
1880	3 340	3 384
1890	3 202	3 228
1901	3 212	3 179
1905—1907	2 873	2 856

资料来源:*RC Labour*, pp. 507—511; *Hours and Earnings*, p. 310; *Eighth to Fifteenth Census of Manufactures* (1860—1914); *First Report of the Commissioner of Labor*, pp. 388—391; UK censuses (1860—1912)。

通过观察英国和美国工业生产率的历史数据,可以发现一个有趣的现象,即英美两国的劳动生产率水平的差距一直存在。表 3.5 显示了这个差距有多大,并同时列出了德国和英国造纸业生产效率的相对水平。尽管由于各国处在行业发展周期的不同阶段,因此数据上有些许波动,但从这些比较的结果整体来看,美国造纸业生产率一直是英国的两倍。而除了 1890 年出现前文所述的这种例外,德国的生产率也同样一直略低于英国。这种长期存在的英美生产率差距,在某种程度上是一个不解之谜;最近的文献也发现,英国制造业整体同美国相较,普遍存在着这种差距。研究由此产生的结果,可能大大增进我们对 19

[1] Royal Commission on Labour—Textiles, Clothing, Chemical, Buildings and Miscellaneous Trades (Group C), *PP* XXXIV (1893—1894) (hereafter *RC Labour*), 508.

世纪后半叶英美经济发展的了解。[1]

再看看劳动生产率的平均增长率,可以发现维多利亚时代晚期英国生产力水平的另一面。在整个时期,特别是在1880年到1912年之间,英国的劳动生产率增长水平其实与美国的相当。唯一在英国似乎已经严重落后于美国的,是第一个15年内的较量,我们将在第七章对此展开进一步探讨。这15年内,劳动生产率的增长率之所以不同,很大程度上关乎原材料的选择和每个国家造纸厂对劳动力的需求不同,而并非单纯因为英国造纸厂的水平欠佳。[2]

表3.5　　1860—1912年英/德和美/英劳动生产率对比

年　份	英/德	美/英
1860—1861		169.0
1870—1871		269.8
1880—1881	117.7	195.0
1890—1891	183.8	192.8
1900—1901	139.8	181.6
1907	134.1	192.2
1912	117.4	199.7

注:水平基准来自1912年人口普查和查普曼(Chepman)的《工时和工人收入》(*Work and Wages*)第237页。德国部分缺失的数据,是基于最接近两年的数据,利用插值法填充的。

资料来源:Hoffmann,*British Industry*,T54; Frickey,*Production*,p.16; Hoffmann,*Wachstum*,T15—16; UK and US censuses (1860—1914)。

事实上,在19世纪的最后20年里,英国——至少在劳动生产率增长率方面——似乎比美国表现得更好。与德国平均劳动生产率增长率的比较也显示

〔1〕 S. N. Broadberry,"Manufacturing and the Convergence Hypothesis: What the Long Run Data Show",paper presented at the ESRC Quantitative Economic History Conference at St Antony's College, Oxford,September 1992.

〔2〕 这是很有可能的,因为将不同的造纸原材料转化成适合造纸的纸浆,需要的劳动力水平是截然不同的。英美两国在这一方面的做法差异似乎在1870年左右达到了顶峰,如表3.5所示,两者之间的劳动生产率差距大约在2.5∶1左右。有关这一问题的详细讨论,请见第七章。

出类似的情况。英国在1880—1900年间较快的经济增长，以及1900年后相对较慢的经济增长，使得英国和德国在第一次世界大战之前的30多年时间里，平均劳动生产率增长速度几乎相同。基于这些初步发现，至少在同它最强大的竞争对手比较时，英国造纸业的绩效看起来还算令人满意。本研究关注的时期内，法国造纸业的平均劳动生产率的增长率仅为1.9%，因此英国3.3%的数据看起来就相当可观了。[1]

表3.6　　1860—1912年英国、德国和美国的劳动生产率年平均增长率

年份	英国	美国	德国
1860/1861—1880/1881	1.62	2.26	
1880/1881—1900/1901	4.46	4.09	3.56
1900/1901—1912	1.39	2.20	2.66
1880/1881—1912	3.30	3.38	3.31
1860/1861—1912	2.65	2.98	

资料来源：Hoffmann, *British Industry*, T54；Frickey, *Production*, p. 16；Hoffmann, *Wachstum*, T15—16；UK and US censuses (1860—1914)。

总生产率

如前文所述，通过计算劳动力生产率来研究产业绩效是有缺陷的；最重要的是，它们只是衡量生产率的部分指标。虽然存在争议，但全要素生产率（TFP）是检验某行业对所有可用资源使用效率的更好的方法。这种计算方法排除了增加投入对产能造成的影响，从而计算产出的增长率。排除投入的影响后，剩下无法解释的部分，就是生产率的增长；或者换句话说，是生产或成本函

[1] 该数据是1855/1864—1905/1913年的情况。法国产量数据来源于T. J. Markovitch, "L'industrie française de 1789 à 1964—sources et methods", *Cahiers de L'ISEA* AF 4 (1965), Table 1；劳动生产率数据来源于J. C. Toutain, "La population de la France de 1700 à 1959", Cahiers de L'ISEA AF 3 (1963), Tables 106—110。

数的转移。因此，除劳动力和资本之外，TFP 代表了影响产出的所有因素的总和。[1] 假设所有机会既可以被当地生产商合理感知和利用，也同样被他们的外国竞争对手所知所用，甚至为他们带来更快的生产率增长，那么跨国比较造纸业的全要素生产率也许比利用劳动生产率能够更精准地计算出英国造纸商可实现的发展潜力。由此，我们才能够比较资本、劳动力和资源存在较大先天差异的两个或两个以上国家的表现。在本章中，TFP 的计算借助柯布—道格拉斯(Cobb-Douglas)的标准方程式：

$$TFP = \dot{Q} - \alpha\dot{K} - \beta\dot{L} - \psi\dot{R} \tag{3—1}$$

其中，$\dot{Q}$ 为产出增长率，$\dot{K}$ 为资本增长率，$\dot{L}$ 为劳动力增长率，$\dot{R}$ 为原材料增长率。α、β 和 ψ 代表产出的弹性，假设竞争存在，则代表每项投入的成本份额。这个特定参数的另一个特征是：规模报酬恒定不变。假设 $\dot{R}$ 的增长速度和 $\dot{Q}$ 一样快，正如我们在所有当代文献和次级引用中看到的，我们可以把公式(3—1)改写为：

$$TFP = (1-\psi)\dot{Q} - \alpha\dot{K} - \beta\dot{L} \tag{3—2}$$

公式(3—2)可用于计算表 3.7 和表 3.8 中的全要素生产率数据。虽然在假设规模收益不变的前提下，会有人质疑柯布—道格拉斯函数的严格条件是否适用于我们对这一时期造纸业绩效的研究，我们的计算方法至少能够让我们对维多利亚时代晚期和爱德华七世时期英美造纸业生产力变化的程度和周期有一个较为近似的了解。如果造纸业的规模回报实际上是增加而非恒定不变的，那么我们在计算规模效益带来的生产率增长幅度中的 TFP 时，结果会被夸大。

目前没有关于维多利亚时代晚期和爱德华七世时期造纸业资金总量的直接统计。因此，本研究通过估算资金总量的变化，采用两种间接方法来计算 $\dot{K}$

[1] M. Brown, *On the Theory and Measurement of Technological Change* (Cambridge, 1966), ch. 7.

值。$\dot{K}$(1)使用的是行业中造纸机的存量,而$\dot{K}$(2)使用的是造纸机械的总宽度。两者均是资本存量的合理替代品,因为造纸机是造纸厂中最关键的设备,若要充分利用造纸机,所有其他资本(如清洁机、锅炉、搅拌器等,甚至建筑)都要随造纸机变化进行相应的扩展或收缩。造纸机宽度同样也是业内公认的衡量设备资本规模的参数之一。[1]

表3.7中给出的两种总生产力的衡量方法,描绘了极为相似的英国造纸业生产力发展历程。在所列出的全部时间段中,造纸业生产率都呈现出显著的增长。但在1880—1900年间,即使按早期的标准衡量,生产率的增幅也格外高。这一时期,造纸机最大运转速度出现了技术飞跃,机器速度几乎翻了一番,生产率的高增速恰好对应了这一技术飞跃。这一时期美国的数据也呈现同样的趋势,但增长率更高。在世纪之交后美国和英国总生产率的比较中,美国的增长率同样更高。本研究的数据显示,无论在哪个历史阶段,美国的生产率增长都明显超过英国。

表3.7　　1861—1912年英国造纸业生产率总增长

年份	$\dot{Q}$	$\dot{L}$	$\dot{K}$(1)	$\dot{K}$(2)	*TP*(1)	*TP*(2)
1861—1871	51.04	30.22	20.69	24.64	10.29	9.26
1871—1881	35.36	14.35	26.67	34.92	4.87	2.72
1881—1891	79.19	8.86	−0.56	5.97	28.82	27.12
1891—1901	69.97	16.95	1.51	8.16	22.65	21.16
1901—1907	28.67	18.71	−1.68	−0.22	8.36	8.03
1907—1912	20.60	10.67	−0.38	3.28	6.27	5.45

注:1861—1871年、1881—1891年这两个时期每项成本对生产率的影响分别为:$\alpha=0.26$,$\beta=0.115$,$\psi=0.625$;1891—1901年,这三个数值分别为0.224、0.138和0.638;1901—1907年和1907—1912年,这三个数值分别为0.223、0.160和0.617。

资料来源:Hoffmann, *British Industry*, T54; Frickey, *Production*, p. 16; Hoffmann, *Wachstum*, T15—16; UK and US censuses (1860—1914); Weatherill, *One Hundred Years*, appendix C; *Paper Mill Directory*。

[1] A. G. Thompson, *The Scottish Paper Industry till* 1860 (Edinburgh, 1981), p. 182.

这一发现表明，正如表 3.8 中对劳动生产率的比较一样，1890 年后，美国造纸厂的表现优于英国造纸厂。在本书第五章中提供了关于造纸速度、宽度和容量的数据，证明至少从 19 世纪 90 年代起，美国造纸业就处在领先地位。由于数据匮乏，无法与德国造纸业进行类似的比较。

表 3.8　　1890—1912 年英/美生产率总增长对比

年份	美国总生产率	英国总生产率
1890/1901—1900/1901	38.74	171.03
1900/1901—1905/1907	16.68	199.49
1905/1907—1912	8.42	134.36

注:K 值通过造纸机数量计算得出。占比为:$\alpha=0.1961$,$\beta=0.1021$,$\psi=0.7018$。

资料来源：Hoffmann, *British Industry*, T54；Frickey, *Production*, p. 16；Hoffmann, *Wachstum*, T15－16；UK and US censuses (1860—1914)；Cohen, "Economic Determination", pp. 5/9, 3/23；*Paper Mill Directory of the World*；Clapperton, *Paper-making Machine*, p. 247。

贸易统计

先不考虑如何直接计算生产率（和关税），鉴于生产率可以带来出口份额的变化，我们可以从出口份额的改变来了解各国相对生产率的情况。表 3.9 列出了 5 个最大的纸品生产国和北欧（挪威和瑞典）出口的纸张总量在这 6 个地区的出口总额中所占的份额。令人遗憾的是，没有 1880 年以前的数据可以作为对比。数据显示，英国纸张出口量所占份额在 1888 年之前有所提高，从 19 世纪 90 年代开始出现下滑，尽管在 1912 年出现了一些轻微改善的迹象。19 世纪 90 年代，随着英国纸张出口量份额的下降，美国和北欧国家的份额相应上升。这一时期，法国纸张出口的份额大幅下降，而奥匈帝国的份额保持了相当稳定的水平，德国纸张出口的份额在 19 世纪 80 年代和 90 年代则略有改善，但在新世纪回到了早期水平。种种迹象表明,尽管英国的年度复合出口增长率为5.9%,但英国似乎正在走向衰落。然而,如果我们选择更多的国家作为样本,这种悲观论断可能显得有些武断。表3.10列出了从1888年开始,当时最大的11个纸张生产国纸张出口量占总量的份额,而这11国的纸张产量合计至少占世界产量的90%。[1]

表3.9　　1880—1912年6个地区纸张出口额占出口总额百分比　　单位:%

年份	英国	美国	德国	法国	奥匈帝国	挪威和瑞典
1880	18.8	4.2	27.3	37.4	11.1	1.1
1882	20.4	5.3	29.9	32.7	10.3	1.3
1884	20.9	2.9	33.5	28.7	12.6	1.3
1886	19.1	3.2	35.7	25.4	15.1	1.5
1888	23.2	2.8	36.2	21.9	13.4	2.5
1890	20.2	3.1	34.6	25.9	12.7	3.5
1892	18.5	3.4	34.1	26.6	12.5	4.9
1894	17.5	4.9	34.4	23.6	12.6	6.8
1896	17.1	5.9	35.3	22.7	11.1	7.9
1898	13.9	12.2	31.5	21.2	11.8	9.4
1900	14.4	11.3	32.4	19.0	12.7	10.2
1902	14.7	13.4	26.2	20.4	12.0	13.4
1904	14.8	12.4	27.4	20.5	11.7	13.2
1906	13.4	12.9	25.6	20.2	12.5	15.4
1908	14.0	10.2	29.7	20.5	10.3	15.3
1910	15.4	9.3	29.9	21.8	8.8	14.7
1912	15.4	9.6	28.2	24.2	7.1	15.6

资料来源:*Statistical Abstract for the Principal and other Foreign Countries*。

[1] Mulhall, *Dictionary*, p. 437.

表 3.10 1888—1912 年 11 国纸张出口额占出口总额百分比 单位:%

年份	英国	美国	德国	挪威	荷兰	比利时
1888	17.8	2.2	27.8	0.5	9.9	10.4
1892	14.3	2.6	26.2	1.3	15.7	4.2
1896	12.5	4.3	25.7	2.9	17.7	6.1
1900	10.1	7.9	22.7	2.9	22.2	5.3
1904	10.5	8.8	19.4	3.1	21.9	4.6
1908	9.7	7.1	20.6	3.9	23.0	5.4
1912	11.0	6.8	20.2	4.2	22.3	4.8
年份	法国	瑞士	西班牙	瑞典	奥匈帝国	
1888	16.8	0.7	2.1	1.4	10.3	
1892	20.5	0.5	2.7	2.5	9.6	
1896	16.6	0.4	3.0	2.9	8.1	
1900	13.3	0.5	2.1	4.2	8.8	
1904	14.5	0.6	2.1	6.3	8.3	
1908	14.3	0.5	1.7	6.7	7.2	
1912	17.3	0.5	0.8	6.9	5.1	

资料来源:*Statistical Abstract for the Principal and other Foreign Countries*。

根据这些数据,英国作为主要纸张出口国的衰落是显而易见的。但很多人认为,这是大多数欧洲老牌生产国(法国、德国、比利时、奥匈帝国)的共同经历,而荷兰则是其中让人意外的特例。虽然荷兰拥有重要的秸秆板产业,但在这一时期它的出口份额很大,是由于它记录的出口中有相当一部分实际上是欧洲大陆其他国家纸张产品,只是经由荷兰港口运往其最终目的地。[1] 因此,荷兰在世界出口中所占的可观份额,无疑大大高估了它的重要性。很明显,这一阶段的领先者实际是挪威、瑞典和美国。从这个角度看,新进入行业的几个国家,在资源上有先天优势,与它们相比,英国造纸业的表现在出口方面很差。但是同样老牌纸张生产国的出口市场也逐渐被新兴国家占领,同它们相比,英国的表

〔1〕 British Library of Political and Economic Science (hereafter BLPES): Tariff Commission Collection, TC7 28/2 File 167 B (3).

现还算不上特别糟糕。[1]

公式(3－3)计算了显性比较优势(RCA)，也为上述观点提供了支撑：

$$RCA = (X_{ij}/\Sigma_j X_{ij})/(\Sigma_i X_{ij}/\Sigma_i \Sigma_j X_{ij}) \quad (3-3)$$

其中，X_{ij} 代表 j 国 i 行业的出口量。这种算法可将出口份额正常化。将某国的某特定商品占世界出口总量的份额除以其在全球贸易总额中所占的份额，就可以找到该国表现优于平均水平的领域。这些领域的 RCA 数值大于 1。尽管 RCA 数值无法解释这种比较优势的底层原因究竟是禀赋、技术、需求还是其他什么因素，但经济学文献中经常利用 RCA 来支撑赫克歇尔—俄林（Heckscher-Ohlin）理论，认为只有资源禀赋充足的经济体才能较多地出口生产中对这些资源有密集需求的商品。[2] 因此，举例来说，在第一次世界大战之前的 20 年里，木材是造纸业中最重要的原料来源，可想而知，那些木材禀赋良好的国家在 RCA 评级上的得分往往大于 1。详情见表 3.11。

表 3.11　　1888—1912 年 11 个纸张出口国相对竞争优势

年份	英国	美国	德国	挪威	荷兰	比利时
1888	0.72	0.15	0.79	1.65	1.03	1.99
1890	0.62	0.14	1.26	1.70	1.64	0.99
1892	0.64	0.13	1.99	1.80	1.70	0.77
1894	0.58	0.19	2.77	1.66	1.70	0.99
1896	0.55	0.26	4.04	1.55	1.68	1.09
1898	0.50	0.40	4.78	1.41	2.02	0.71
1900	0.47	0.38	4.39	1.35	2.16	0.94
1902	0.51	0.46	4.15	1.10	2.00	0.82

〔1〕 此观点也可见 Spicer in Cox (ed.), *British Industries*, pp. 210—211。

〔2〕 B. Balassa, "Trade Liberalisation and 'Revealed' Comparative advantage", Manchester School 33 (1965), 99—123; B. Balassa, "'Revealed' Comparative Advantage Revisited: An Analysis of Relative Export Shares of the Industrial Countries, 1953－1971", *Manchester School* 45 (1977), 327－344; N. F. R. Crafts and M. F. Thomas, "Comparative Advantage in UK Manufacturing Trade, 1910—1935", *Economic Journal* 96 (1986), 629—645; N. F. R. Crafts, "Revealed Comparative Advantage in Manufacturing, 1899—1950", *Journal of European Economic History* 18 (1989), 127—137.

续表

年份	英国	美国	德国	挪威	荷兰	比利时
1904	0.51	0.43	4.77	1.12	1.97	0.78
1906	0.44	0.45	5.77	1.02	2.16	0.86
1908	0.46	0.33	5.93	1.16	2.25	0.96
1910	0.50	0.37	5.60	1.15	2.13	0.71
1912	0.53	0.35	5.43	1.07	2.02	0.71
年份	法国	瑞士	西班牙	瑞典	奥匈帝国	
1888	1.23	0.26	0.67	0.82	1.60	
1890	1.41	0.26	0.77	1.18	1.62	
1892	1.50	0.17	0.96	1.38	1.62	
1894	1.37	0.17	1.16	1.78	1.36	
1896	1.29	0.13	0.81	1.60	1.33	
1898	1.27	0.15	0.69	2.02	1.47	
1900	1.10	0.20	0.90	2.66	1.50	
1902	1.17	0.20	0.83	4.20	1.47	
1904	1.21	0.26	0.83	4.04	1.41	
1906	1.19	0.21	1.01	4.37	1.58	
1908	1.25	0.20	0.82	4.40	1.35	
1910	1.23	0.19	0.44	3.75	1.23	
1912	1.51	0.20	0.47	3.84	1.05	

资料来源：*Statistical Abstract for the Principal and other Foreign Countries*。

在有数据可查的整个时期，英国的 RCA 数值都在下降，尤其是 19 世纪 90 年代，说明英国在造纸方面处于越来越不利的地位。比利时的处境也和英国差不多，在较短的时间内，比利时从 1888 年的强劲优势地位转变为劣势地位。出现同样情况的还有德国和奥匈帝国，可以看到它们在这一时期，失去了在造纸方面强大的比较优势，从原本的领先者沦落为平庸。事实上，在所有造纸业强劲的旧势力中，似乎只有法国保持了其以前的优势，尽管这种优势水平有较大的波动。鉴于法国的劳动生产率表现相对较差，这使得人们有理由担心，相比英国人，法国人更加没能充分利用它的要素禀赋。北欧国家的 RCA 在此期间显著上升。挪威和瑞典在1888年还处于比较劣势的地位,到了20世纪初,双双获得了显著的比较优势,RCA数值达到4。这一时期也是北欧造纸业起飞的时期。例如,在瑞典,纸张和纸板的总产量在这20多年中从1891年的21 841吨增长到1913年的215 529吨,几乎增加了1 000%。[1] 尽管始终处于相对不利的地位,美国却成了另一个在这段时期内RCA显著上升的国家。考虑到美国拥有得天独厚的原材料资源和非常强劲的生产率表现,美国处于比较劣势的地位,有点令人吃惊。这是因为,此时美国造纸业的全部产出甚至难以满足其快速增长的国内需求,几乎没有剩余的产品可供出口。[2] 事实上,在1880年,出口仅占美国造纸业生产总值的2%多一点。随后的一段时期里,美国纸张的出口量呈现出显著的增长,但到1905年,这一数字仍仅为4%左右。[3]

我们必须牢记,单单分析RCA,只能评估资源和技能禀赋所带来的优势,而不是生产绩效本身。通过某种方式利用RCA衡量生产绩效是很诱人的做法,但我们必须抵制这种诱惑。但是必须指出,即使RCA被(错误地)用作衡量绩效的标准,我们也会发现,在数据覆盖的24年里,德国、比利时、奥匈帝国的RCA实际上都比英国下降得更厉害。因此,19世纪下半叶英国RCA的下跌也算不上什么罕见事件。然而,如果将RCA数据与其他因素结合起来研究,会发现更有趣的情况。考虑到英国的劳动生产率数据与美国和德国相当,甚至更好,而且英国纸品出口在19世纪下半叶的年复合增长率超过5%,英国较低的RCA数值似乎就不那么令人担忧了。可以这么认为:如果一个国家的生产率绩效良好,且出现了较可观的出口增长,尽管其资源禀赋使其处于相对劣势,那么肯定不能认为它的总体表现是糟糕的。英国在19世纪晚期就是这种情况。相比之下,如果一个国家拥有强大的RCA,但在生产率和出口增长方面仍然表现不佳,那么这个国家就是有问题的。

---

〔1〕 *Sweden as Producer of Wood Goods, Pulp, Paper, Tar and other Forest Products* (Stockholm, 1920), p. 141.

〔2〕 例如,1900年,美国造纸业产量为该年国内纸张消费量的95%。Frickey, *Production*, p. 16.

〔3〕 D. C. Smith, *History of Papermaking in the United States, 1691—1969* (New York, 1970), Table X—3, p. 309.

表 3.12　**1872—1879 年英国、美国和德国纸张出口额占纸张出口总额百分比**

单位：%

年份	英国	美国	德国
1872	46.8	6.2	47.0
1873	47.8	6.0	46.2
1874	42.5	5.9	51.6
1875	43.9	6.3	49.8
1876	41.3	7.0	51.7
1877	39.9	8.2	52.0
1878	38.0	9.3	52.7
1879	32.3	9.6	53.1

注：除美元外，所有货币汇率数据均源于本国和外国的统计年鉴，美元汇率基于弗里德曼和施瓦茨(Friedman and Schwartz)的《货币历史》(*Monetary History*)。

资料来源：*Statistical Abstract of the UK*；Smith，*History*，Table X—3，and *Statistisches Jahrbuch für das deutsche Reich*（1880）。

英国造纸业出口份额的下滑早在 19 世纪 80 年代之前就已经开始了。在整个 19 世纪上半叶，英国一直保持着至高无上的地位，但这仅仅因为它是第一个成功实现造纸机械化的国家。随着欧洲大陆的造纸企业开始引进类似的机械设备，技术差距被逐渐缩小，英国的主导地位自然会出现减弱的迹象。从表 3.12 中可以看到英国从前在国际纸张市场上的重要性，以及作为纸张出口国的逐步衰落。表 3.12 给出了英国、美国和德国在 1872—1879 年间各自的出口收入份额。很难再往前追溯了，因为在德国形成之前，德国各州的总产出数据未能得以保存。然而，在将这一时期德国造纸业的数据与英国和美国的数据进行比较时，应谨慎行事，因为英美的统计数据和 1880 年以来的德国数据不同，德国数据还包含纸张制品和纸板制品。这种差异带来的结果是，德国所占份额可能比其实际份额高出了 5%。然而，从表 3.12 可以看出，直到 1873 年，英国在出口收入中所占份额仍与德国相当。再往前几十年，英国从出口纸张中赚的钱仍比花在纸张进口上的钱多，如果可以研究这段时期的数据，可想而知，英国可能比德国的份额高得多。

本章小结

本章旨在探讨 1860 年至 1913 年间英国造纸业的绩效水平。在此过程中，需要参考各种各样的数据，既包括当代学者的研究结果，也包括用定量手段估算的生产率增速、出口份额和显性比较优势等。本章尽可能地将英国造纸业的表现同它在这一时期的主要竞争对手美国和德国的表现进行比较。获取数据的难度一直是一个问题，但现有数据显示，虽然不是特别优秀，但是 1880 年后英国造纸业的表现在整个国际大环境下也算不上特别糟糕(除了与 1890 年后的美国相比)，甚至有可能优于一些传统的竞争对手。从 19 世纪 80 年代开始，情况尤其如此，当时英国在纸张贸易中日渐沦落到相对劣势的处境中，这种趋势可归因于这一时期木浆逐渐成为造纸业的主要原料。像瑞典和挪威这样的木材生产国自然拥有了巨大的资源优势。而在此之前，英国纸张出口份额的损失则是因为造纸机逐渐扩散到了其他造纸国家。

本章提出了一些问题，尚有待进一步研究。其中之一就是 19 世纪下半叶造纸业对原材料的选择问题。事实上，直到 19 世纪末，与竞争对手相比，英国造纸商对木浆的使用还是相对较少的。这是由于英国木材资源匮乏，还是如同某些学者所提出的，仅仅是维多利亚时代晚期和爱德华七世时期的企业运作不当的迹象之一？另一个问题是德国的纸张出口情况。考虑到英国的劳动生产率似乎一直高于德国，那么如何解释德国造纸商在世界市场上，甚至在英国本土市场上所占的巨大份额呢？技术和其他成本差异以及商业政策，在造纸业发展中起到什么作用？同样，英国造纸业的劳动生产率与美国一直存在 2∶1 的差距，这是一个令人困惑的问题，当然也值得进一步关注。鉴于所有文献在尝试解释这种差距时，答案都是十分宽泛的，该问题就更值得关注了。对这个问题进行行业研究可能会非常有用。最后，我们需要更加深入地研究美国在 1890 年之后优秀的生产力表现和显著的技术进步，争取从中寻找答案，看看在第一次世界大战之前的这些年中，英国造纸业到底缺失了什么。后续章节将针对上述问题以及其他问题进行更深入的探讨。

第四章

碎布、细茎针草和木材：企业决策和原材料选择

19 世纪后半叶造纸业发生的最重要的变化之一是转向一种新的纤维素来源。造纸业中所有经营成本的一半以上由原材料支出构成，自然需要投入大力气来确保这些原材料的经济性和可用性。[1] 尤其到了 19 世纪中叶，造纸业传统原料碎布日渐供不应求，难以满足行业对原材料供给不断扩大的需求，引发造纸商们数十年的关注，在全世界范围内开展对新原料的深入探索。

在探索新原料的早期阶段，英国造纸商的兴趣主要集中在某种似乎能满足他们全部要求的材料上。这个材料就是细茎针草。从 1860 年到 19 世纪 80 年代，越来越多的英国纸张是用这种生长在北非和西班牙南部的野生草制成的。这种原材料的选择是英国独有的，因为在当时的其他纸张生产国中，细茎针草的使用并未达到同样的普及程度。当英国造纸业选择大量使用细茎针草时，其他国家的造纸商则选择木材作为行业生产的支柱。[2] 这一点相当有趣。事后来看，我们可以十分自信地说，木材才是造纸业的未来，实际上从 19 世纪 80 年代起，英国的生产者也开始使用木材作为造纸原料，这一事实进一步证实了我们的观点。这样一来，19 世纪 60 年代，英国决定使用细茎针草而非木材作为原材料，很有可能使自己误入歧途，降低了竞争力。其竞争对手选择木材作为主要的造纸原料，而这一选择，即使是英国造纸商也不得不承认是最恰当的，这也赋予了英国的竞争对手们宝贵的技术优势。原材料选择的失误，无疑是一个错

---

〔1〕 Report from the Select Committee on Paper (Export Duty on Rags), *PP* XI (1861), 316. Hereafter *SC Paper*.

〔2〕 “在英国，我们几乎已经用细茎针草把所有其他的新纤维来源都排除了，但是在欧洲大陆，我们发现几种替代纤维已经在市场上牢牢站稳了脚跟……在法国和德国，他们根据沃尔特的专利，用木材制备纤维。” *Paper Trade Review* (hereafter PTR), 1 January 1864, p. 1.

误决策，是企业运作失败的一个典型例子。有较多人认为，自维多利亚时期以来，企业运作的失误对英国经济造成了巨大的损害。本章将探讨 19 世纪 60 年代时，英国造纸商为何决定采用细茎针草作为碎布的替代品，旨在判断造纸业在 19 世纪末期出现的企业运作失误是否有任何理由。当然在进行这些分析前，首先需要对企业运作和企业运作失败的概念进行讨论。本章的下面两节将主要讨论这些概念。

企业决策失败

英国经济自 19 世纪末以来的衰退，是过去几代英国经济史学家关注和思考的一个话题。这种关注并非毫无道理，因为如果能正确理解这一现象，不仅可以帮助我们认识英国当前的困境，还可以让我们了解经济整体增长和衰退的动态。有关英国经济衰退的争论重点围绕着英国企业运作方面公认的不足展开。在 18 世纪末给英国带来工业革命的企业精神，到 19 世纪末已经成为一股无用的力量；这是社会中产阶级化这一乏味且侵蚀性进程的产物，它损害了英国的工业精神。[1] 对于任何研究 1870 年后英国经济的学者来说，企业运作失败的理论历史都是十分熟知的。由于现存文献中已经有了一些有用的调查，因此本书中只需要对这场争论的突出特点作一个简短的概述。[2]

在 19 世纪末和 20 世纪初的经济学界，人们普遍认为英国的企业运作是失

〔1〕 D. S. Landes, *The Unbound Prometheus* (Cambridge, 1969), p. 336; M. J. Wiener, *English Culture and the Deadline of the Industrial Spirit, 1850—1980* (London, 1985).

〔2〕 D. N. McCloskey and L. G. Sandberg, "From Damnation to Redemption: Judgements on the Late Victorian Entrepreneur", in D. N. McCloskey (ed.), *Enterprise and Trade in Victorian Britain* (London, 1981), pp. 55—72; S. Pollard, *Britain's Prime and Britain's Decline* (London, 1989), ch. 1; F. Crouzet, *The Victorian Economy* (London, 1982), ch. 12; D. C. Coleman and C. MacLeod, "Attitudes and New Techniques: British Businessmen, 1800—1950", *Economic History Review*, 2nd series, 39 (1986), 588—611; L. G. Sandberg, "The Entrepreneur and Technological Change", in R. Floud and D. N. McCloskey (eds.), *The Economic History of Britain since 1700*, 2 vols. (Cambridge, 1981), vol. Ⅱ, ch. 5.

败的，这种早期的论调从马歇尔（Marshall）、霍布森（Hobson）、凡勃伦（Veblen）和克拉珀姆（Clapham）的论著中可见一斑。在研究了煤炭、钢铁和纺织业等英国早期主打产业的衰落后，上述每一位经济学家似乎都在这一问题上形成了自己的意见。[1] 然而，直到战后时期，有关英国企业运作的问题才真正成为人们关注的焦点，兰德斯（Landes）、阿尔德克罗夫特（Aldcroft）和莱文（Levine）的著作对此表现得尤为突出。[2] 这些论著几乎完全依赖于定性的证据，希望通过整理大量数据形成合理的证明，论证英国经济的失败主要是由人为因素引起的，即英国在企业运作和技术创新方面的弱势。

对于学习过经济理论、接受过定量方法训练，并且渴望使用这些技巧的新一代经济历史学家来说，以往经济历史学家要求读者接受的例证论证并不令人信服。从他们的立场出发，他们希望对人为因素引起英国经济衰落这一假设进行更加严格和正式的分析。为此，有人认为，可以参考新古典主义经济学，因为新古典主义经济学可以提供一个现成的理论框架，便于证实或证伪企业运作失败相关的假说。[3] 从本质上说，这种方法局限在一个相对静态的框架内，对企业运作中成本最小化或利润最大化的做法进行分析。如果分析可以表明，企业运作者的决策符合利润最大化的要求，那么就可以假定他或她的行为是理性的。由于这场争论的主题和证据均具有一定的历史性，因此，研究企业运作失败问题，需要计算企业运作者在作出涉及机会和利润的决策时产生的经济后果。正是由于这个原因，这种方法经常被称为盈利理论。在实际操作中，可以用多种不同的方法进行估算。由于国家之间、公司之间或工序之间的不同带来的生产力差异——或者生产函数或成本函数之间的差异——所造成的利益流失，可称为损失的利润。由于每种方法都基于相同的行为假设，所以每种不同

〔1〕 A. Marshall, *Industry and Trade* (London, 1923); J. Hobson, *Incentives in the New Industrial Order* (New York, 1923); T. Veblen, *Imperial Germany and the Industrial Revolution* (New York, 1915); Clapham, *Economic History*.

〔2〕 Landes, Prometheus; D. Aldcroft, "The Entrereneur and the British Economy, 1870－1914", *Economic History Review*, 2nd series, 17 (1964), 113－134; A. Levine, *Industrial Retardation in Britain, 1880－1914* (London, 1967).

〔3〕 A seminal work in this school was D. N. McCloskey, *Economic Maturity and Entrepreneurial Decline* (Cambridge, MA, 1973).

的估算都应该产生相同的结果。[1]

尽管新古典主义理论无疑使有关企业运作的争论变得更为精准和体面,但新古典主义的方法和结论未能赢得普遍的认可。对许多批评家来说,这种方法最令人担忧的一点是,新古典主义经济学假设企业管理者能良好地获取信息、排除不确定性,且事物保持均衡的常态,由此企业家成为日常管理人员,只能被动地对环境作出反应,却不能改变它。对企业家作出了如前文所述的定义后,没有给他们留出远见、胆识和决心的空间,创业决策过程被简化到仅仅是一种数学计算的结果。这与熊彼特关于企业家的观点背道而驰。熊彼特将企业的日常经营管理与企业运作区分开来,后者被视为经济发展过程中的关键因素。对于那些认同企业运作这一更动态定义的人来说,新古典主义对企业运作失败理论的解释力度远远达不到目标。[2] 正如拉佐尼克(Lazonick)解释的那样:"主要的问题并不像新经济历史学家所说的那样,在受到限制的情况下,英国的企业管理者们是否达成了最优化的结果。相反,英国企业管理人面临的问题是,他们根本无法改变行业结构对投资决策和盈利的限制。"[3]新经济历史学家并非没有意识到这一问题的两个不同层面,尽管他们显然也未太多关注这个问题。在早前研究棉花产业的论著中,桑德伯格(Sandberg)承认,棉花企业的管理者们鲜少甚至从不投入资源去推动新技术发展或添置更符合他们需求的新机器。桑德伯格认为,这可能导致企业运作方面的"失败",但又继续自信地得出结论:"可以给企业家和经理人的企业运作水平打个高分。"[4]如果这个论断纯粹是关于管理的,那么桑德伯格的结论也算合理,事情也就到此为止了。然而,如果我们讨论的是英国经济的衰退,或经济衰退的某个方面,那么一定要考虑到这种衰退的起因;我们必须摒弃短期利益最优化的考量方法,进入一个

---

[1] P. H. Lindert and K. Trace, "Yardsticks for Victorian Entrepreneurs", in D. N. McCloskey (ed.), *Essays on a Mature Economy: Britain after 1840* (London, 1971), ch. 7.

[2] 当然,这并不意味着企业的管理本身不重要,但它和企业的运作决策是两码事。

[3] W. Lazonick, "Competition, Specialisation and Industrial Decline", *Journal of Economic History* 41 (1981), 37. 作为一个相似的观点,可见 R. C. Allen, "Entrepreneurship and Technical Progress in the Northeast Coast Pig Iron Industry: 1850—1913", *Research in Economic History* 6 (1981), 35—71。

[4] L. G. Sandberg, *Lancashire in Decline* (Colombus, 1974), pp. 133, 135.

充满不确定性、机遇和直觉的领域。当我们这样做时，我们实际迈入了企业运作的领域。

一旦接受了这一大前提，问题就变成，如何评估企业运作水平？或者更准确地说，在目前的研究范围内，某个企业如何确定采用某种特定技术或原材料是一个合理的决定？同新古典主义的研究方法一样，熊彼特在文献中通常采用的方法是进行某种对比。但上述两种方法之间的区别是，新古典主义往往对比生产函数或进行成本效益分析，熊彼特的方法则有所不同，比较的参照物往往是某个外国技术，不仅可以估算参与者的经济理性，而且提供了一个企业运作"正确"方向的范例。例如，在对 1850—1913 年间东北海岸生铁工业的研究中，罗伯特·艾伦(Robert Allen)明确地使用了美国技术的进化方向，作为英国企业运作水平的判定标准。在此基础上，他宣称："只有那些投资碱性钢铁和美国技术的公司才是活力充沛的。"正是这些公司推动东北沿海的钢铁工业朝着长期均衡发展。[1] 同样，拉佐尼克将美国的棉花技术和工业结构作为英国工业应该效仿的榜样。

难怪这两个研究对象的表现都不算好。历史学家们从最终的结果倒推，采取"事后诸葛亮"式的标准来评判企业运作水平，根本就是无意义的。因为如果把最终胜利者采用的方法作为衡量企业运作成功与否的标准，那么很明显，除了获胜者，没有人可以满足这一决策规则。如果按照上述做法，一个企业家必须永远是赢家。[2] 假如赢家决定了什么样的企业可称作优秀，就意味着这个行业一定也只有一条发展道路。然而，一个行业的发展过程不可能这么民族中心化，更不可能有如此大的局限性和确定性。正如工业化进程一样，企业家和他所在的行业面临着多种多样的选择。上述界定企业运作的方法给它强加了一系列条件，这些条件和新古典主义一样具有局限性。具有讽刺意味的是，麦克洛斯基(McCloskey)和桑德伯格自己也同样认为这些概念不合理：

---

〔1〕 Allen,"Entrepreneurship", p. 60.

〔2〕 企业决策失败的反面是什么？企业决策成功(entrepreneurial success)意味着永不犯错，我觉得企业决策合格(entrepreneurial competence)或许是更恰当的表述。

> 如果认为英国的企业家们已经预料到了历史将对他们开的玩笑,无疑将历史的嘲讽过度放大了。实际上,如果棉纺织品的企业家具有真正的先见之明,他在1913年前这段时间应当避免投资任何一种棉纺织机器,当然更不要提资本密集型的自动织机了。如果他们可以预见19世纪二三十年代一系列始料未及的发展,当然就可以预见到,如果机器更新换代速度慢了,英国传统出口行业就会衰落。[1]

对于这种不合理之处,麦克洛斯基和桑德伯格的解决方案是回归利润最大化的概念。但这是唯一的选择吗?麦克洛斯基和桑德伯格的观点非常接近,他们指出:“问题在于,从英国企业家的立场来看,在作出决策的当下,他们进行哪些模仿性投资才是有利可图的?”[2]如果我们把上面引用的“模仿”一词替换为“创新”,我们或许就得到了一个适用于评判企业运作成败的标准。也就是说:我们在研究决策过程中,应当从当时的具体情况出发,而不能做事后“诸葛亮”。新古典主义理论中关注收益递减和利润最大化的,往往认为事情只有一个单一的解决方案,最好的技术永远是赢家。最近的研究表明,不同于新古典主义的简单逻辑,如果在收益递增、信息不完全的情况下,可能存在多种达成均衡的路径,“较差”的技术也可能成为大赢家。[3] 这种情况似乎更类似于企业家们所面临的情况。当企业家们作出决定时,他/她会直面不确定性,可是一旦决策作出后,他/她就会全身心投入其中,无法再改弦更张。关键点在于,没有哪位企业家会参与一个他自己都不看好的事业。正如柯兹纳(Kirzner)所断言的:“从事前来看,每一个企业家决策时考量的唯一因素就是利润。”[4]只有首先理解了企业运作的本质,我们才能更好地评判创业运作水平。最关键的问题不在于企业最终是否选择了胜出的技术,而在于企业是否作出了足够的努力;或者,用艾伦的话来说[5],企业的运营环境是否产生了足够的“活力”。指望企业家永

---

[1] McCloskey and Sandberg, “Damnation”, pp. 64—65.
[2] McCloskey and Sandberg, p. 65.
[3] Arthur, “Competing Technologies”.
[4] I. M. Kirzner, *Competition and Entrepreneurship* (Chicago, 1973), p. 83.
[5] Allen, “Entrepreneurship”, p. 60.

远是正确的，这确实非常不公平；我们只能期望他们尽可能运用好自己的能力。可以肯定的是，在企业家们所处环境中，种种因素会导致他们押错宝，但决策作出时，他们押注的很可能是最受欢迎的选项，而那些选择了最终获胜项的企业家反而在当时被认为是鲁莽而有勇无谋的。此外，所有的企业家都有犯错的时候。毕竟，理查德·布兰森（Richard Branson）或鲁伯特·默多克（Rupert Murdoch）也不能保证自己所做的每个决定都能点石成金。对于一个企业或一个国家来说，关键在于如何保证大部分决策的成功。

企业决策

要找到可行的方法来研究企业运作问题，就必须先落实企业活力这一概念。不可避免地，我们需要将创业决策的过程概念化，因为如果我们对企业家的决策过程缺乏必要的了解，就谈不上评估他们企业运作能力的水平。或许，最好的出发点是先落实企业家在经济运转中的具体职能是什么。从坎蒂隆（Cantillon）开始，这一话题引发了许多伟大经济学家的评论和见解。[1] 尽管只是作为一种必要和有用的分析手段，在现有文献中，已经普遍阐明了上文所指出的日常管理职能和企业运作职能之间的大致区别。[2] 当企业运作处于某种平衡局面时，企业家的任务究竟是维持既定平衡还是破坏这种平衡，这是目前学界争论的焦点所在。这两种企业运作方式中，后者更为人所知，并且与熊彼特的思想有密切关联，而前一种不太为人所知的方法通常与米塞斯（Mises）的理论相关。在熊彼特的经济发展理论中，企业活动通过启动某种变化过程来打破已处于平衡状态的循环流动。在这一过程中，又产生了一系列新的机会，

〔1〕 对此争论的一个很好的总结，见 R. Hébert and A. Link, *The Entrepreneur* (New York, 1982)。

〔2〕 例如，W. J. Baumol,"Entrepreneurship in Economic Theory" and H. Leibenstein,"Entrepreneurship and Development", both in *American Economic Review. Papers and Proceedings* 58(1968), pt. 2,64,72—73; A. Cole, *Business Enterprise in its Social Setting* (Cambridge, MA,1959), p. 12。

为建立新的平衡提供了条件。因此,企业家的职责是打破平衡,“创造性破坏”这句话就是对企业家职责最恰当的概括。

反之,其他学者中,则有人认为企业家的职责应当是维系这种平衡局面。他们认为,企业家可以使市场进程在任何情况下自行解决自身问题。这是基于企业家保持高度警惕性,关注所有尚未挖掘的商机,减少使得经济处于不平衡状态的X非效率性,才能得以实现的。随着潜在商机得到充分挖掘,经济得到推动力,至少能短暂地走向平衡状态。在这种观点下,企业运作就像套利的过程。[1] 因此,正如密西恩(Misean)方法的某个主要支持者所解释的那样,使成本收益曲线发生变化,与察觉到成本收益曲线的实际变化之间存在较大的差异,而熊彼特和密西恩对企业家的看法之间的差异也同样非常大。[2] 换句话说,对于企业管理者来说,机会只能被发现,而不能被创造出来。

然而,正如赫伯特(Hebert)和林克(Link)总结的那样,一旦我们认可了企业运作实际上有两种方式,而不是只有一种,那就会使得这场争论的重要性大大降低。实际上,从这个角度看,熊彼特和密西恩对企业运作的论述并未表现出彼此对立,而是相辅相成的。两种观点一致认为,随着每一次失衡发生后,就会逐渐朝着平衡的方向发展,但两个理论对于这个过程都仅有片面的阐释。所以,综合熊彼特对不平衡原因的解释和密西恩对稳步消除不平衡的解释,我们能对这个过程形成一个更完整的理解。[3] 因此,企业家的工作表现出了其多样性和复杂性。对企业职能的恰当定义必须抓住这种多样性。关于究竟如何定义企业运作,人们做了许多尝试,但科尔将企业运作定义为:个人或集体有目的地采取各种措施(包括一系列综合决策),以发起、维持或扩大一个以利润为导向的商业单位,从而进行经济产品和服务的生产或分配,这一定义似乎是最恰当的。[4] 这一定义的优势不仅在于其充分的通用性,也在于它对多周期、多

---

〔1〕 J. A. Schumpeter, *The Theory of Economic Development* (Oxford, 1961), p. 64; L. von Mises, *Profit and Losses* (Sth. Holland, 1951), p. 11. 另参见 Kirzner, *Competition*, pp. 72—73, and Leibenstein, “Entrepreneurship”。

〔2〕 Kirzner, *Competition*, p. 81.

〔3〕 Hébert and Link, *Entrepreneur*, pp. 96, 99, 111—114.

〔4〕 Cole, *Business Enterprise*, p. 7.

方参与决策的现实考虑。但是，如果我们要评估企业是否已经采用了目的性较强的举措，我们还需要了解企业运作中的决策过程是如何推进的。

如果某个举措有较强的目的性，那么当企业家决定采取这一措施时，他的头脑中必须对采取该措施的结果及效用有一个清晰的概念。简言之，这等于说，企业家在履行其职责时，应具有明确的意图，即打破某种现存的限制或利用某些潜在的机会。换言之，决策过程始于企业家意识到有问题待解决。然而，柯兹纳认为，企业家的警觉性不该用于解决特定的问题。相反，它不依存于意图或意志，是出现在企业家身上的一种直觉："企业运作能力并非由决策者掌握在手中的工具，企业家无法有意识地、故意地去运用它来实现一个自身期望的目标；企业运作能力实际上是对宝贵机会和目标可取性的认知能力。"[1]柯兹纳采用以下例子来说明他对企业运作的定义：两个人经过同一个城市的郊区，途中，一个人注意到同样的苹果在城市中某个地方的交易价格与在另一个地方的交易价格有差异，而另一个人完全没有意识到这个差异。柯兹纳认为，善于观察的人才是合格的企业家，因为他往往能觉察到赚取利润的机会，并在这个过程中推动市场恢复均衡。[2]毫无疑问，企业家是否具备洞察力是一个难以预测的因素，若要将其视作生产投入中的一个普通要素显然是不合理的，但也不能说，这种洞察力是灵光闪现、完全无法预测的，更不能说它完全不值得企业家去关注。柯兹纳所举的例子中有 3 个缺陷。第一，柯兹纳的理论完全无法兼容熊彼特式的企业家，没有考虑到消除现有均衡的固有制约实际上是企业家的正当职责。一旦此类企业家出现，就更有可能把企业的努力集中在某个特定的问题上。第二，从柯兹纳使用的例子可以看出，他眼中的企业家几乎完全脱离了具体情境。从某种意义上说，他是一个局外人，漫无目的、毫无意义地游荡着，被各种各样的刺激随机轰炸着，这些刺激可能会也可能不会触发他对一个有利机会的认知。虽然企业家的远见卓识有时确实是这样产生的，但我们相

〔1〕 I. M. Kirzner, *Discovery, Capitalism, and Distributive Justice* (Oxford, 1989), pp. 147－148.

〔2〕 I. M. Kirzner, "The Primacy of Entrepreneurial Discovery", in I. M. Kirzner (ed.), *The Prime Mover of Progress: The Entrepreneur in Capitalism and Socialism* (London, 1980), pp. 10－11, 16－17.

信,那些对经济某个方面有一定了解的人才更容易产生这种洞察力。但这仍然不意味着某个行业革命性的创新总是由业内人士带来的,也不意味着任何业内人士只要愿意,就能随时引导技术突破,只是这种远见卓识更多地出现在业内人士当中,因为除了业内人士,很少人会有足够的机会去认识到行业内的问题、去了解这个问题、去搞懂这个问题,更难以认识到发现和解决这个问题的价值所在。再看看上文中柯兹纳所举的苹果案例,为什么这两个人在这个时间走在这个城市的街道上呢?为什么他们走的路线是这样或那样的?他们各自具备何种先期知识储备呢?这些肯定都是至关重要的问题,他们究竟能否意识到某个获利机会,很大程度上受上述问题左右。第三,柯兹纳的理论和例子假设存在确保获利的可能性。上述例子中那个善于观察的人很肯定地知道他可以从他的创意中获利,因为他确定可以以高于他购进价的水平出售他买进的苹果。然而,企业运作中这种确定性并非常态。结果的不确定性才是常态。[1] 当一个想法出现时,局外人往往难以对其成功率产生绝对的信心,因此不太可能进一步执行下去。不确定性的存在,使得企业运作中的远见卓识更常出现在业内人士身上,他们才更有可能突破行业中普遍存在的限制。

由于企业家面临的问题有些是行业内普遍存在的,因此企业家的工作一般可以划归为几个类型,这是一码事;但具体决定哪个问题或哪些问题值得集中全力解决,这是另外一码事。现有的文献对这一点几乎没有进行任何讨论。现有文献中,大多数分析预设企业已经找到了待处理的问题。[2] 这种预设过于理所当然了。考虑到经济活动的复杂性、人类身心的脆弱性、制度和政府对企业运作的影响,以及大自然的法则和多变性,确实存在着太多的约束,会导致企业丧失进取精神。需要注意的是,并非企业家的全部努力都必须与企业的日常运营挂钩。例如,许多企业家可能同样认为,努力影响政府的关税政策,也是对显而易见限制行业发展的因素发起的进攻。最关键的一点是,企业家不可能同

---

〔1〕 事实上,不确定性正是企业运作的决定性特点。见 F. H. Knight, *Risk, Uncertainty and Profit* (Boston, 1921)。

〔2〕 例如,M. Casson, *The Entrepreneur: An Economic Theory* (Aldershot, 1991), p. 29。

时取消所有限制。一个人同时试图采取的行动越多,他或她的总体效率就越低。[1] 有意无意地,这迫使企业家优先着手他们认为可以解决的问题:这一过程是文化因素和经济因素共同塑造而成的。[2]

当然,企业家付出努力所得到的回报递减,不仅是因为注意力分散在太多的目标上,也可能是在选定了努力方向后,由于未能全力执行某一特定方法导致的。解决问题的方式多种多样,但企业家们或由于经济能力不够,或由于认知水平不够,又或受教育程度不足,使得他们不可能将所有方法都利用得当。《人类行为》一书中,米塞斯认为,企业家是趋利的,一旦确定了有利可图的目标,就倾向于高效地追求目标,而且拥有制定目标和找到可行方法的驱动力和机动性。[3] 借用卡森(Casson)的话来说,每个企业家都必须作出合理的判断,决定其努力的目标和采用的决策规则。[4] 虽然这是一个较为主观的过程,具体怎么执行是没有硬性规定的,但人们有充分的理由认为,过往的经验、对未来的期望、所获得的信息量和固有的文化偏见均能对决策过程产生重要的影响,且这种依托于主观判断的决策也并非一成不变的。[5] 在跨周期的企业决策中,信息和期望不断变化,可能导致决策方面的变化,如果这种变化足够显著,会对最初定好的目标和方式方法以及执行时的优先级,造成轻微的、有时甚至是彻头彻尾的改变。企业决策过程中,不断整合新信息或重新制定目标是必不可少的环节。若非如此,企业的运作将会失去很多前沿优势。

目的和手段的改变也突出了企业决策的另一个方面:企业决策本质上是持续性的。这与学界常见的假设截然相反。学界往往假定,通过单期分析就能对企业决策过程产生充分理解。企业运作中的决策往往不是一劳永逸的。反之,大多数项目更有可能要求企业家的持续参与,随着新信息的出现或环境的变

---

〔1〕 Knight, *Risk*, p. 282.

〔2〕 M. Casson, "Entrepreneurship and Business Culture", Discussion Paper in Economics, University of Reading, no. 239 (1991), p. 29.

〔3〕 L. von Mises, *Human Action: A Treatise on Economics* (New Haven, 1949).

〔4〕 Casson, *Entrepreneur*, p. 29.

〔5〕 Cole, *Business Enterprise*, pp. 26—27.

化,企业家需要对决策进行持续性的调整。从这个观点出发,是否有足够渠道获取可用的新信息,就变得至关重要了。此外,获得信息是否完整、是否可靠,也对企业决策有一定的影响。一开始,企业家获取的信息可能是不完整的、质量低劣的或误导性的,甚至有根本无法获取信息的可能,而且信息的不确定性也很大。在这种情况下,虽然大多数普通人可能会满足于既定现实,但企业家往往会采取行动、作出决策。这其中的原因要追溯到人类创造性等话题的根源,只能用一些含糊的术语来解释,比如企业家更具有"动物精神""本能""驱动力""目的性"或更"自我"。正如卡森所言:"企业家总相信自己是对的,其他人总是错的。"[1]对上述这些品质显然难以进行科学的分析,这可能会导致一些理论家质疑这些品质的价值,但这些品质确实存在。然而,随着时间推移,企业家获得了更多他所关注问题的相关信息后,企业家的特质问题就不再那么显著了。信息的来源多种多样:价格变化、技术和科学的发展、政治和法律环境的变化、商业间谍活动等均有可能带来新的信息。

当企业的决策涉及某个完全陌生的领域时,一个非常重要的信息来源是公司在项目前期所做的决定。初期,企业家对可能出现什么样的结果是完全无知的状态,执行最初决定的过程中,一定会产生相关的信息,所以日后对初期决策进行复议时,可以参考新获取的信息。企业家凭借这种方式监控项目,能获取源源不断的新信息来源,未来的决策则可以基于新信息作出。但这些数据往往具有某种特定的本质,它们可能会在很大程度上偏向于公司所追求的最初选择。这一点不难理解,因为如果企业要实验采用 X 方法的成效,那么所产生的数据基本不可能是有关别的方法的。除非新信息显示 X 方法可行性太低,否则未来的决策中,该企业仍会倾向于坚持使用 X 方法,尽管可能会有些微调整。采用 X 方法形成的实物网络外部性也会加剧企业决策的倾向性。基于 X 方法,企业在厂房、机器、培训上的投资,以及形成的商业和市场关系等,使得企业对继续采用 X 方法产生极大的倾斜,甚至不计较该方法是否具有优越

---

〔1〕 Casson, *Entrepreneur*, p. 14.

性等。[1]

上述都是与企业运作息息相关的信息。但企业家也不必因为早期的决定而被裹挟在某条特定的道路上，因为企业家或企业在探索某条可能硕果累累的创新道路时，不太可能是独行者。他们每天必须面对的问题和限制，乃至所在行业的未来愿景，在一定程度上，都与他所在领域的其他人一起分担。同领域的其他人也在寻找方向和解决方案，他们的发现也可以视为客观变化的市场信号，同样影响着企业家未来的决策，可能使企业家确认自己直觉的准确性，也可能说服他们修正方向甚至放弃原方案。因此，示范效应也可以调节企业家对原路径过分依赖的倾向性。

在追求自己事业的旅程中，在充满活力和变化的环境中，企业家可以从他们的日常经历中获得许多知识和信息。经验的累积会诱发他们进行反思、重新解读信息、发现和概括信息。[2] 相关信息的逐步积累最终会导致决策的不断演变。如果决策仅仅取决于信息的获取和处理，那么我们当然有理由假设，信息的数量、质量和性质，以及其对企业家的影响，应该直接影响决策的形式和方式。随着时间的推移和实验的进展，可想而知，决策过程中的不确定性会降低，直觉在决策过程中的作用则会逐步减弱。企业家的决策过程会更加理性，越来越接近早期有限理性理论的决策模型[3]，与后来新古典经济学的决策模型类似。届时，企业决策过程就不再充满不确定性、直觉性和反复无常等特征，最终问题将聚焦在是否具备高效的企业管理上。但有一点可以肯定，每个案例中，企业建立健全管理机制所需要的时间大不相同，而且有时重要资料几乎完全不流通，可想而知，部分企业因此几乎不可能达成上述目标。但是，本书的主要观点是，企业决策是一个不断演变的过程。最初形成的决策往往依赖企业家的直觉和本能，但越来越受到信息的影响和改变。换句话说，企业家决策的变化模

---

〔1〕 David，“*clio*”，Arthur，“Competing Technologies”.

〔2〕 F. Machlup，*Knowledge and Knowledge Production*（Princeton，1980），p. 179；Kirzner，*Discovery*，*passim*.

〔3〕 有关理性约束模型，详见 H. Simon，*Models of Bounded Rationality*（Cambridge，MA，1982）。

式可以解释为,随着经验积累,决策本身的学习过程所产生的结果。

有人可能会说,这种企业决策模式强调信息随着时间的推移而逐渐显露,为“后发制人”的企业运作方式提供了强有力的支撑。这种方法表明,至少在其他同行研究出所有可选方案中哪种能产生更好的影响之前,企业家在作出关键决策时保持克制是十分合理的。有趣的是,这正是投资理论的近期研究方向。[1] 考虑到企业家不可能对同一问题的所有潜在解决方案都给予同等的关注,对于那些他并未选择积极采用的解决方案,企业家采取观望的态度是很有意义的。但这并不是“后发制人”方式的真实含义。此外,本书研究的决策类型与其他文献中通常研究的日常股本投资不同。在更加动态的环境中,等待的代价可能会非常大。如果坐视不理,让别人开拓新领域和新市场,企业不仅放弃了当前的利润,更重要的是,在一个不断变化的竞争环境中,实际上企业可能会在生存竞争中难以维持原有的地位。虽然等待其他公司首先创新的那些企业可以期望,随着时间推移,他们将获得新的信息,但无法保证在新信息出现时,自身有及时获取该信息的渠道。即使获取了新的信息,实际上企业也无法保证自己能够解读并利用该信息,往往还需要先对首创公司采取的解决方式足够熟悉,才能正确利用。将这些因素纳入考虑后,一个企业如果不争取领先或近乎领先的水平,根本算不上一个聪明的策略,只会使企业陷入总是落后于竞争对手的风险之中,甚至有可能根本就来不及找机会迎头赶上就被消灭了。因此,“最优惯性理论”无法替代企业家的明智运作。

在强调信息的重要性这一点上,这种方法类似于新古典主义理论中的决策过程。然而区别主要在于,它对新信息的产生和冲击有不同的考量,新信息本身就是决策过程中前期决策的产物。在新古典主义的分析中,企业向新方法的长期转变是在一个长期均衡的框架内进行的,而这个长期均衡受到系统外部因

---

〔1〕 A. Dixit, “Investment and Hysteresis”, *Journal of Economic Perspectives* 6 (1992), 107—132; and R. S. Pindyck, “Irreversibility, Uncertainty, and Investment”, *Journal of Economic Literature* 29(1991), 1110—1148.

素的干扰。[1] 干扰均衡的外部因素通常是技术因素，可对相对价格造成影响，从而导致企业转而采用当下相对更高效的方法；这一过程有助于恢复行业内的均衡。因此，竞争对手转换生产方式，结合当时主导的市场环境的均衡，新方法的传播得以实现。新古典主义理论的决策过程中，至关重要的一点是，企业管理者应当随时可以获取全部替代方案的完整信息。与此相反，与前文所述的决策过程相比，只有在收集了足够的技术和市场证据后，甚至到项目接近尾声时，这一点才有可能实现。在我们开始比较两种或多种成熟的决策模式之前，我们肯定应该先了解一下这些不同流派的模式是如何产生的。这些理论模型都不是天上掉下来的，它们代表了无数在未知领域冒险的发明家和企业家的努力成果。在研究企业家决策过程的优点时，如果不考虑这一点，实际上忽略了他们所作出的选择的重要历史背景，甚至完全忽视了企业运作本身。早期依据新古典主义经济学对决策行为进行理论建模是不合适的，因为这些模型无法捕捉决策过程中的不确定性或偶然因素，以及企业运作中标志性的赌博精神。

这与纳尔逊和温特对公司革新路径的描述也有许多相似之处。[2] 但是，两者对决策过程的思考又有所不同。在纳尔逊和温特的模型中，由于有限理性，企业无法实现利润最大化，不得不满足于折中选项；也就是说，只要实现了特定的回报率，企业就会继续维持其常规运作。在他们的模型中，这样的决策规则被视为常态。相比之下，在上述路径下，有限理性以及路径依赖等概念被应用于确立决策规则本身。革新路径理论将其描述成由新信息流所带动的。此外，纳尔逊和温特理论中所说的折中追求，同时适用于企业运作和日常管理中的决策过程，尽管后者似乎更像是经理的职责，而不是企业家的。甚至连选用“惯例”一词来指代公司业务，也掩盖了它可能包含的与企业运作相关的成分。这也可以从以下事实中看出：在他们的理论中，如果不能达到“折中”水平，

---

〔1〕 例如，见 C. K. Harley，“The Shift from Sailing Ships to Steamships，1850－1890：A Study in Technological Change and Its Diffusion”，in D. N. McCloskey (ed.)，*Essays on a Mature Economy* (London，1971)，pp. 215－234。

〔2〕 Nelson and Winter，*Evolutionary Theory*.

企业就会寻求新“惯例”或模仿竞争对手的成功做法。这种寻找新“惯例”的过程实际更接近于企业运作活动。然而,纳尔逊和温特对这个过程描述甚少,只说它是局部性和随机性的。这是对企业家精神的一种令人不满意的描述。企业运作的目的不是为了追求以一种舒适的方式继续生存,而是为了挑战并改进现有方式。有人认为,企业运作实质是对外界因素的反作用力,这一观点低估了企业运作的重要性。企业运作涉及寻找新的机会,更全面地去研究这个搜寻新机会的过程,会发现它对决策规则的重大影响,因为企业面临的局限性大小,很大程度上取决于搜索新机会的过程是否成功(以获得的信息来衡量)。出于类似的原因,纳尔逊和温特还指出,尽管企业活动的各个方面均需要进行决策,但不同方面的决策可能由不同的决策规则指导。即使是由同一条决策规则指导,这条规则可能不是基于理性的。就我们的框架而言,纳尔逊和温特的模型与新古典主义模型一样,代表了决策过程中的一个历史阶段:中间阶段。在这一阶段,已经有足够的信息,可以保持有限理性,但没有足够的信息来支撑完全理性。这个模型过于僵化,无法揭示我们想知道的有关企业运作决策的所有信息。

本节中对企业运作失败假说的研究带来了何种启示?首先,我们可以期待英国企业家有合格的企业运作能力,而不应该期待他们无所不能。有能力的企业家应该保持足够的活力来对抗企业面临的局限,但他们的努力并非永远正确的。我们必须就事论事,如果企业运作失败,究竟是因为企业家不够努力,还是因为他努力的方向不对。要保证企业家的努力不是无的放矢,他/她的努力必须反映出在决策过程的不同阶段,公司所处的环境。对于这一点,很难找到一个简单便利的衡量标准。研发支出和专利数据可能帮助我们评估企业运作过程,但使用这些数据必须非常谨慎,因为仅凭这些数据,我们无法了解企业运作的背景和内容。此外,用于历史留存的这类数据有限,使用它们就变得更为困难。对各国生产力绩效水平进行比较,例如本书第三章对各国造纸业的分析,也可能有一定作用。这并不是因为其他国家的表现必然是“理想”的,而是因为人们预期各国造纸业获得成功的可能性是平等的。在这种情况下,各国之间如果出现了生产率增长水平的显著差异，就意味着某些国家的失败。不幸的是，分析生产力数据本身并不能帮助我们找到生产率绩效相对较差的根源。在这种情况下，如果出现了企业运作失败，只能由历史学家搜寻原始资料，找到适当的方法来确定企业家本身的努力是否足够。对于历史学家来说，这需要从企业家的角度对决策的整个过程进行分析，从问题的形成开始，到最初的方案实施和随后的事态发展，直到最终的结果产生。要做到这一点，必须了解早期决策和信息流入对这一过程的影响。只有通过合理思考问题的演变过程，研究企业家所面临的各种选择，才能合理评判他们对企业的运作是否合格。在下面的章节中，我们将采用这一方法，分析 19 世纪下半叶英国造纸厂对原材料的选择。

碎布供应

自从碎布在中世纪晚期取代羊皮纸成为英国工业的主要纤维素原料以来[1]，碎布的获取和供应价格一直是英国造纸厂极为关注的问题。人们一直担心碎布供应的增长速度不能匹配纸张需求的不断增长。史料记录显示，1684 年 6 月，牛津大学耶稣学院的爱德华·劳埃德(Edward Lloyd)教授是最早提出用其他替代物取代碎布的人，他建议的替代品是石棉。尽管造纸厂从来没有把劳埃德的提议当真，但它确实激发了其他人的兴趣。[2] 不久之后，著名的法国博物学家和物理学家勒内·安托万·费绍特·德·雷奥穆尔(Rene Antoine Ferchault de Reaumur)向法国皇家科学院递交了一篇针对这一问题的论文。在这篇论文中，雷奥穆尔宣称，纸可以由木材制成；这是他在观察黄蜂的筑巢行为时，发现木丝可以被转变成纸状物质后得出的结论。雷奥穆尔获得这一发现的动机很明显：

---

〔1〕 Hills, *Papermaking*, p. 2.

〔2〕 D. Hunter, *Papermaking: The History and Technique of an Ancient Craft* (New York, 1974), pp. 311—312.

我认为，这项研究不应该被忽视，因为它很重要。我们用来造纸的碎布并不是一种经济实惠的材料，每个造纸者都知道这种材料正变得越来越稀少。尽管纸张的消耗量每天都在增加，但亚麻制品的产量却几乎保持不变。此外，外国同行也需要向我们学习原材料搜寻方面的经验。黄蜂似乎可以给我们启发，帮助我们找到办法，克服这些困难。〔1〕

其他很多人也跟随着雷奥穆尔的脚步，找到了更多可用于造纸的物质。在1765—1771年期间，巴伐利亚雷根斯堡的牧师克里斯蒂安·谢弗(Christian Schaffer)博士，出于对植物学和自然史的极大热情，编写了一套包含6卷的著作，讲述了在造纸过程中如何处理植物。这部不朽的著作在科学界的影响甚至蔓延到了英国，书中确定了数百种可以用来制造纸张的物种。19世纪初，马提亚斯·库普斯(Matthias Koops)开始在伦敦进行实验，随后他申请使用木材和稻草造纸的专利以及纸张脱墨工艺的专利。他基于这些成果撰写了3本书，都印在用他研发的工艺生产的纸张上。对许多造纸业历史学家来说，库普斯的成果代表了现代造纸业的开端。在库普斯研究成果的基础上，1840年左右，弗里德里希·戈特洛布·凯勒(Friedrich Gottlob Keller)发明了第一台木材研磨机，他的发明受到了库普斯的深远影响。〔2〕

自18世纪初以来，科学家和研究者们就开始把注意力转向寻找碎布的替代品。这项工作在19世纪50年代成为一个热门话题，此时对碎布供应短缺的担忧已经不是什么新鲜事了。此时的人们坚信碎布资源很快就会短缺，这导致人们对碎布价格上涨趋势的担忧。尽管历史上，碎布价格曾多次飙升至极高的水平，比如拿破仑战争期间，但这些都被视为暂时的波动，一旦恢复常态，就不会再对造纸业的长期存续构成威胁。然而，到了19世纪50年代，碎布价格的

---

〔1〕 D. Hunter, *Papermaking: The History and Technique of an Ancient Craft* (New York, 1974), p. 314. 相关论述出现在1719年。

〔2〕 新材料的早期实验历程，见 D. Hunter, *Papermaking: The History and Technique of an Ancient Craft* (New York, 1974), ch. 11。

上升趋势开始加速,与之前出现的上涨不同,这次上涨没有出现明显的减弱迹象,而且超过了当时价格水平的总体上涨。虽然数据匮乏,妨碍了我们对价格序列的构建,但现有的不完整证据确实告诉了我们价格上涨的程度。例如,用于制造普通印刷纸的碎布价格上涨了28%,从1848—1852年的平均每立方英尺12先令6便士上升到1853—1856年的16先令。在1852—1860年期间,用于生产其他级别的纸张的碎布也同样出现了20%~30%的涨幅。[1] 进口碎布的平均价格也从1853年的每吨20英镑左右上涨到1858年的23英镑左右,到1861年,一吨德国碎布在英国的售价为30英镑。[2]

价格上涨的原因是多方面的。整个19世纪,尤其是自中期开始,对纸张的需求随着廉价报纸、商品包装和邮政服务的普及而迅猛增长。结果,对碎布的需求增长快于供给增长。造纸业以外的其他因素导致了布料的供不应求。英国棉麻工厂的废料是碎布的一个主要来源。[3] 尽管这些行业在这一时期快速增长,但是由于织造技术的改进,且出现了别的织造废品使用途径,因此这种增长并没有产生更多的废品供给造纸者,反而大大减少了可用于造纸的碎布废品量。弗雷德里克·马格奈(Frederick Magnay)在1861年指出:"起初所有的棉织品废料都是白送的,后来以2英镑或3英镑一吨的价格出售,现在大约是8英镑一吨。"[4]除了棉麻厂废料以外,铁路和航运业中用作清洁设备和机械的布料也是主要的碎布来源之一。当然,这种被用作清洁机械设备的布料,一旦被油脂浸透,它对造纸者的价值就不复存在了。[5] 此外,消费者品味也发生了改变,不再偏爱棉麻混纺布料,转而消费更便宜但不适合造纸的羊毛和混纺羊毛服装,这也是造成碎布供应减少的原因之一。[6] 此外,二手服装交易所也是旧布料的主要去向之一,它买入旧衣服,对其进行清洗、修补,然后卖给爱尔兰、

---

〔1〕 Coleman, *British Paper Industry*, pp. 214, 338.

〔2〕 Spicer, *Paper Trade*, diagram Ⅲ, p. 32; SC Paper, p. 284.

〔3〕 *SC Paper*, p. 316.

〔4〕 *SC Paper*, p. 294.

〔5〕 财政部和应对造纸原料稀缺问题专门董事会之间的通信副本, *PPLXV* (1854) (hereafter *Correspondence*), 495。

〔6〕 *SC Paper*, p. 316.

比利时和荷兰的服装商人,因此与造纸厂激烈竞争旧衣服的去向。仅在伦敦的衬裙巷附近的旧服装店和货摊就绵延了两三英里。[1]

国际因素,特别是碎布出口关税的废除,对造纸业的碎布供应也产生了一定的影响。这使得外国制造商,特别是美国人,可以轻松获得英国的碎布供应。随着碎布出口量从1861年的1 000吨左右上涨到1870年的24 000吨,这反过来又抬高了碎布在英国市场的价格。[2] 其他造纸国并未像英国那样放松对其碎布出口的管制,而是继续对碎布出口收取关税,甚至在某些情况下还提高了他们的出口关税。1861年,法国的碎布出口关税为每吨4英镑17先令2便士,德国的碎布出口关税则是每吨9英镑3先令,而比利时甚至完全禁止了碎布的出口。[3] 英国造纸业对碎布的总需求中,9%～20%仍然依赖从欧洲大陆进口才能满足,根据约翰·埃文斯(John Evans)的估计,外国碎布出口关税的上涨,迫使英国造纸商购入碎布的价格上浮多达三分之一。[4] 不难理解造纸商为何会对自己的前途充满悲观。

他们面对的一个行动方向是,设法扩大国内的碎布供应。然而,碎布的采集是一个完全独立于造纸业的行业,因此造纸者对原材料供给所能施加的影响微乎其微。碎布交易通常是由富有的碎布商组织的。在维多利亚时代晚期的英国,碎布回收市场已经发展得相当专业化了。废品回收商店和旧船具商店在伦敦的穷地段多得出奇,每家商店都很注意自己的经营范围,尽量避免彼此的商品出现冲突。这两类商店的区别在于,前者专门收集可作他用的废品,再将这些材料出售,用作生产其他的新商品,而后者收集的回收物通常可以直接向消费者出售,继续使用。[5] 废品回收商的业务需要依靠一大群的拾荒人,他们走遍这个地区的城镇,收集所有他们能找到的碎布。他们的行为常常惹怒路人。例如,1872年,威斯敏斯特有过一宗投诉记录,称几名拾荒男子将两辆垃圾

---

〔1〕 R. Turvey,"Economic Growth and Domestic Rubbish, London 1855—1926",见于 the ESRC Conference on Quantitative Economic History at St Antony's College, Oxford, September 1992, p. 9.

〔2〕 Coleman, *British Paper Industry*, appendix Ⅳ.

〔3〕 *SC Paper*, p. 269.

〔4〕 Coleman, *British Paper Industry*, p. 214; *SC Paper*, p. 283.

〔5〕 Turvey,"Economic Growth", pp. 8—9.

车里的东西卸到人行道上，当街整理碎布、骨头和纸张，扰乱了乔治大街人员和货物的自由流动。这些拾荒人往往不是由废品回收商直接雇佣的，后者按照他们送来的碎布的重量和质量，以实物支付报酬。回收商实际雇佣的人只有那些帮助他协调生意、与造纸厂和固定供应商（如棉花制造商）谈判的人。如果公司足够大，还可以雇佣妇女根据业内公认的等级对碎布进行分类，准备出售。[1]此类公司的典型是威廉·佩蒂（William Petty）的公司，19 世纪下半叶他在爱丁堡经营了一家这样的企业。佩蒂雇佣了 100 名工人，公司位于荷里路德广场，里面有一个仓库，随时存放着大约 70 吨碎布。[2] 这种公司组织形式是很合理的，因为如果碎布商直接参与收集碎布，要从众多来源分别收集少量碎布的话，需要付出的成本将使得他们无利可图。偶尔拾荒人也会直接和造纸商进行交易，但是这种情况基本只发生在农村地区，因为农村地区往往没有碎布商。碎布商的另一个货物来源是维多利亚时代晚期英国城市的清洁工。英国城市的除尘工作主要是由当地的教区委员会和区委会组织的，在绝大多数情况下，它们将这项工作外包给私人承包商。在每天堆积的垃圾中，总能找得到一定数量的可回收材料，对于清洁工来说是值得的。所有的垃圾都会被翻过一遍，像碎布之类值钱的物品都要留给碎布商人。[3]

当时有很多人——通常没有直接参与到这些行业中——认为，只要有一定程度的组织，就能充分增加碎布的供应，因此造纸商根本无须恐慌。尽管造纸商们多次进行抗议，但知识税废除推进协会的秘书长多布森·科利特（Dobson Collet）在 1861 年特别委员会上自信满满地宣布，造纸用的碎布根本不短缺，事实上英国有充足的碎布来满足造纸业日益增长的需求。科利特之所以这么乐观，是基于他的几位同事在伯明翰进行的一项调查，调查结果显示，现有的收集机制仅能利用 40%该城市产生的碎布。因此，要获得足够的碎布供应，仅仅需要进行更好的规划，他认为在较短时间内，碎布的高价格就会引发更高效的碎

---

〔1〕 Spicer, *Paper Trade*, pp. 9—10; Coleman, *British Paper Industry*, pp. 37—38, 166—167, 338.

〔2〕 *PTR*, 26 September 1884, p. 196.

〔3〕 Turvey, "Economic Growth", p. 13.

布收集规划。[1] 与科利特·多布森不同的是,理查德·赫林(Richard Herring)是业内人士,他在1860年也明确地提出了有必要对碎布收集机制进行更好的规划:

> 迄今为止,碎布收集被局限在一个很小的规模,掌控在小商人的手中;收集过程中普遍存在疏忽大意的情形,且价格过低,使得碎布的收集量被局限了。根据已查明的数据显示,每100户中只有不到50户是碎布收集的对象,这种疏忽部分缘于人们对碎布收集的本质、价值和方式有误解。
>
> ……每个家庭主妇应该有3个袋子:白色的用来装白碎布,绿色的用来装有色布,黑色的用来装废纸(用1先令就能买到3个袋子)。这样就可以避免乱丢或浪费碎布,也省了再专门去收集的麻烦。在城镇和村庄中可以成立一个合适的机构来联络需求碎布的公司,安排市民上交碎布,并慢慢将这个流程演变成一个定期的交易……总觉得我们造纸需要进口法国或外国的碎布,这种看法是错误的;只要愿意想办法利用起来,我们国内就有充足的碎布供应。我们浪费的、燃烧的、腐烂的碎布很多,一旦利用起来,我们的造纸企业完全不需要依赖进口国外的碎布。我们可以通过道路或铁路定期将袋子运输到伦敦,或直接运输到国内的各大造纸厂。我们应当发起一个计划,将整个问题清楚地呈现在公众面前,提供适当的保证,建立适当的手段,并使整个行动具有一定的灵活性和规律性,使其对个人和国家都有利。这个系统的建立将帮助我们避免造纸业走向败亡。造纸业是我国各行各业中的一个重要分支,雇佣了大量的熟练工人,有效使农民勤勉劳动、舒适生活,并使我国工业繁荣,产生的价值可达数百万英镑。[2]

---

[1] *SC Paper*, p. 376.

[2] R. Herring, *Paper and Paper Making, Ancient and Modern* (London, 1863), p. 71.

人们还把目光投向欧洲大陆收购碎布的手段。1864 年的《造纸业评论报》(*Paper Trade Review*)对“巴黎拾荒人”大加赞扬，这支由 25 000 名年轻人组成的劳动者大军在城市的街道上到处寻找合适的碎布。其中足足有 15 000 人是少年犯，所以拾荒行动由警察监督，执行得几乎像军队一样精确。拾荒人的工资是根据他们收集到的碎布重量来计算的，在 19 世纪 60 年代早期的行情是每篮碎布 2.5 法郎。据报道，巴黎地区每天都能收集到价值 62 500 法郎的碎布。法国各地都在实施类似的项目，总计为 10 万多人提供了就业机会。[1] 伦敦地区也曾尝试过类似的做法，但规模从未达到巴黎那样大。1863 年，伦敦首次报道了一支拾荒队。[2] 该拾荒队成立于 1862 年夏季，由沙夫茨伯里伯爵(the Earl of Shaftesbury)赞助，按照 J. H. 劳埃德(J. H. Lloyd)提出的商业管理效率运营模式，后来发展成为著名的“贫民学校联盟”。拾荒队配备了 7 辆卡车，每辆车搭载 3 名男孩，指导他们前往指定地区巡视并收集纸张、碎布、骨头、旧金属和其他任何可能有价值的垃圾。在拾荒队运营的第一年，它获得了 240 英镑的客观利润。基于这点小小的成功，有人呼吁将该组织扩展到伦敦的其他地区和其他城市。[3] 但这一计划似乎从未实现，在英国，碎布的收集仍然主要掌握在碎布商手中。由于他们的控制，许多同时代的人公开质疑是否还有机会产生更多的碎布供应。1854 年 5 月，东印度公司的福布斯博士(Forbes)在提交给商务部的一份报告中写道：碎布商极有可能在一段时间内“通过扣住手中的存货来影响市场，既操控碎布的供应，也操控碎布的价格”[4]。对于碎布商试图对市场施加其影响力这一点，造纸商同样心知肚明，因此在 1804 年政府特别委员会的某次听证会上说道：“我(私下说说)认为那些碎布商都是一些卑鄙、狡诈、爱骗人的家伙，他们为了碎布价格能涨 5 英镑，压根不在乎别人的死活。”[5]此外，碎布只是这个碎布回收商人收集的众多物品中的一种，这也意味

---

[1] *PTR*, 1 April, 1864, p. 100.
[2] *PTR*, 1 August, 1863, p. 160.
[3] *PTR*, 1 December, 1864, p. 283.
[4] *Correspondence*, p. 495.
[5] Coleman, *British Paper Industry*, p. 276.

着,其他物品价格的下降可以抵消碎布价格上涨所带来的刺激。以下事件多多少少也反映了这一点:早些时候曾向教区委员会提交申请,获得废品收集资格的顶尖清洁工,到了19世纪后半叶,开始要求废品收集也应当获得报酬。[1]尽管如此,对碎布短缺作出剧烈反应也被证实仅仅是学术上的推断。随着未来几十年新原料的出现,人们对碎布收集队的兴趣和需求,乃至其他提高碎布供应的方法都烟消云散了。

在造纸业的碎布需求和市场供给之间的差距日益扩大的前提下,英国造纸商们已经作出或准备作出的努力——即使有其必要性——只能算作杯水车薪,碎布供不应求的局面日趋加剧。碎布供应的枯竭从1882—1883年间伦敦圣卢克教区碎布收集的情况中可见一斑,当年该教区每收集1 000车重约1 250吨的垃圾,只能回收0.84吨碎布。作为可回收垃圾的一种,碎布的回收量远远落后于玻璃、废铁、骨头、纸张和瓶子的回收量。[2] 因此,在这个问题上,本书和斯派塞的观点似乎一致,只要碎布仍然是造纸所用纤维素的主要来源,"无论对碎布多么节约和小心使用,总供应量都绝对无法满足现代对纸张的需求"[3]。如果由于布料本身的特性导致无法增加碎布的供应,就必须找到替代的解决方案。方法之一可能是改进碎布的化学处理,这样以前不适合造纸的碎布现在就可以派上用场了。人们当然尝试过这种方法,但这种方法不可能依靠增加供应量来达到满足造纸者需求的程度。无论如何,氯漂白技术在18世纪最后10年的引入,已经帮助原料紧缺的造纸商使用起了非白色、肮脏的碎布,尚未开发的碎布资源相对较少。[4]

因此,造纸商转而努力地寻找碎布的替代品。谢弗在近一个世纪前已经出色地阐释了,可以替代碎布的造纸原料并不罕见。造纸商们面临的挑战是找到一种(或多种)材料,可以满足造纸业在商业方面的可行性。苏格兰造纸商亨

---

〔1〕 Turvey,"Economic Growth",pp. 14—15.

〔2〕 Turvey,"Economic Growth",p. 14.

〔3〕 Spicer, *Paper Trade*, p. 29.

〔4〕 Coleman, *British Paper Industry*, pp. 113—116. 对此几乎无改进。见 *PTR*, 1 September 1863, p. 177。

利·布鲁斯(Henry Bruce)在1861年告诉造纸业特别委员会："我很确定，从兰兹角到苏格兰最北端，有大量纤维植物可以用来造纸。但我也敢肯定，没有哪种像碎布一样便宜，甚至要贵出很多。"[1]但是，造纸商仍然在继续搜寻合适的造纸原料，人们进行了数以百次巧妙的——甚至有些怪异的——尝试，来寻求这一问题的解决办法。也许最令人惊奇的解决方法是由一名新英格兰造纸商提出的——奥古斯都·斯坦伍德(Augustus Stanwood)从埃及进口木乃伊，就为了剥去包裹尸体的布，用这种材料制作牛皮包装纸。[2] 在接下来的章节中，我将讲述造纸商们在英国寻找新材料的过程，然后讨论19世纪60年代早期不同原材料的成本，再分析某公司从碎布到细茎针草再向木材过渡的案例，最后讨论整个英国造纸业在19世纪下半叶发生的同样转变。

寻找新材料

自19世纪中叶开始，造纸原材料供应日益减少所带来的威胁，就像达摩克利斯之剑悬挂在英国造纸商的头上，大力推动他们不断努力寻找纤维素的新来源。搜寻很快开始产生效果。1863年，《造纸业评论》以一种特别乐观的语气告诉读者：

> 自今年年初开始，几乎世界各地对原材料的需求都在上涨，而在许多地方，材料已经完全枯竭了。这样一来，市场上的其他纤维就有了用武之地。以前造纸商们从来没有像现在这样愿意用其他材料来代替碎布……在某些情况下，碎布的稀缺迫使制造商试验和使用其他替代品。[3]

---

[1] *SC Paper*, p. 304.
[2] Hunter, *Papermaking*, pp. 382—385.
[3] *PTR*, 1 January 1864, p. 1; and 1 August 1863, p. 154.

许多造纸商在寻找新材料的过程中付出了不小的努力。马格奈公司的弗雷德里克·马格奈向造纸业特别委员会保证,他们“不仅在试图找到新的造纸原材料方面,并且在试图改进纸张颜色方面不断进行实验,从而改善纸张质量”[1]。而且,在这个过程中,没有省掉任何痛苦和成本。这在造纸业算不上罕见行为;在特别委员会面前的大多数造纸商也证实,即使没有在实验中投入同样多的时间和金钱,至少也对该领域的当前发展是熟悉的。兰开夏郡答温镇的C. E和J. G. 波特公司(C. E. and J. G. Potter)的执行合伙人约翰·卡里斯(John Carlise)声称,他们在测试新纤维素来源方面已经花费了3 000～4 000英镑;肯特郡罗威造纸厂(Roughway Mill)的老板已经用甜菜根、普通席子、细茎针草、木头和稻草做了大量的试验;苏格兰造纸者亨利·布鲁斯(Henry Bruce)从西印度群岛、次大陆和美洲找到了纤维性植物的标本;而图利斯公司(Tullis and Co.)的威廉·图利斯(William Tullis)亲自踏上寻找新材料的旅途,他在西班牙花了很长时间咨询有关细茎针草的情况。[2] 这样的例子不胜枚举。这里要指出的是,在19世纪中期的造纸业中,一旦出现了可获取的新材料,造纸商就对其进行尝试的情况是非常普遍的。英国造纸商在寻找新材料方面不可谓不努力。

在特别委员会的听证会上唯一持反对意见的是科利特·多布森,他是知识税废除推进协会的代表。他指责行业在采用新材料方面过于保守和自满:“如果某个人做得很好,但他已经到了五六十岁,那就不太想有所改变。”[3]在造纸厂要求恢复碎布出口关税的大背景下,多布森的上述发言无疑是为了对抗造纸厂的诉求。本章前文还曾提到,多布森认为英国也有足够的碎布供应。然而,多布森的指控不仅带有偏见,而且是错误的,因为他认为造纸商所需要的只是一种可以转化为纸张的植物纤维,而实际上新原材料还必须满足严格的成本和质量要求。瑞格理(Wrigley)在特别委员会面前提供了进一步的证据,认为这

---

〔1〕 *SC Paper*, p. 296.

〔2〕 *SC Paper*, pp. 342, 344, 304; Ketelbey, *Tullis Russell*, p. 107.

〔3〕 *SC Paper*, p. 383.

一建议导致造纸商丧失盈利机会，并为此感到大为光火：

> 我没有迎难而退的习惯，对于我认为可能产生有益结果的任何实验，我都尝试过了。在我的工作中，我认为已经尝试过了所有改进方法，也学习过别人试验的结果，但仍未能找到合适的方法……过去的20年中，造纸业为了摆脱困境，投入的金钱以及耗费的时间和精力之多，没有哪个行业可以匹敌；而造纸业大量投资换取的利润比例之低，我相信也没有哪个行业能比得上。[1]

对探索纤维素新来源感兴趣的人超出了造纸商和自由贸易商的范围。1854年，《泰晤士报》悬赏1 000英镑，奖励那些能找到完美的碎布替代品的人。要获得这笔奖金，发明家们必须找到一种几乎供应无限量的材料，这种材料生产出的纸张质量能与当前报业所用纸张相媲美，且成本应该比现有纸张低至少10%。报社指定两家造纸厂来测试参赛者的方案。其中一位裁判马格奈在报告中说，他们对不同纤维素进行的详尽实验持续了一年多，但收效甚微，因此最终没有授予任何奖项。[2] 业内的各大期刊也参与了搜索，经常呼吁读者关注开发新材料。这些材料通常都是来自国外的，对于相对更广为人知的材料的可用性和开发进展有诸多报告，造纸商们热切地关注这些报告，希望跟上行业的最新发展。[3]

官方也对此投以关注。造纸业特别委员会本身就是在公众和议会对造纸原材料的争论中诞生的，虽然建立的初衷是为了调查重征碎布出口关税的必要性，但也特别关注是否可以找到纤维素的新来源，从而替代当时造纸所用的主要材料碎布。委员会的结论是，尽管作出了"巨大的努力"，替代品仍然难以找到。[4] 政府行政部门也同样作出了努力，这些部门日益认识到造纸材料的短缺。1854年2月13日，财政部的威尔逊(Wilson)在写给枢密院贸易委员会办

---

[1] *SC Paper*, p. 386.
[2] *SC Paper*, p. 294. 奖金发放只坚持了12个月。
[3] 相关论述见Henry Bruce, *SC Paper*, p. 304。
[4] *SC Paper*, p. 270.

公室的信中说,“近来人们感到纸张原材料的供应日益短缺”。他建议:

> 为了方便搜寻新的造纸原材料,有人向我的勋爵们建议,可以要求女王陛下的驻外领事们在他们各自管辖的地区,寻找适用于纸张制造的植物纤维样品。当然,寻找新材料时必须牢记一点,由于目前运费非常昂贵,且可预见还将如此持续相当长一段时间,因此新材料必须足够廉价,才能抵消目前的超高运费。[1]

作为回应,枢密院贸易委员会办公室的爱默生(Emerson)于1854年5月27日通知财政部,此事已被转交给隶属于贸易委员会的科学部门进行调查研究。此外,他还要求印度贸易委员会就印度的材料供应情况提出一份报告。这份报告是由福布斯博士编撰的,他是负责所有与印度蔬菜和植物有关的科学通讯的官员。他的报告在1854年底递交给了财政部,非常详细地说明了在印度可以获得的大量原材料潜在来源。[2] 但是,没有证据表明贸易委员会曾针对这些材料采取后续行动,也没有证据表明他们将这些资料传递给了真正的造纸商。此外,该报告的性质倾向于从造纸的科学方面而不是商业方面来着手解决原材料问题;也就是说,它要解决的问题是什么材料可以用来制造纸张,而不是像威尔逊在他最初的信中所说的那样,寻找兼具可行性和成本效益的新材料。大概也正因如此,后来再也没人提到过该报告。无论如何,威尔逊指望依靠福布斯来解决商业可行性的问题,这种想法可能是比较天真的,因为这种涉及成本问题的分析实际上只能由造纸商自己来做。然而,这些报告以及后续在整个19世纪下半叶行业委员会的出版物中所载的全部资料,在向造纸商推荐可用的替代品方面,确实都发挥了关键作用。它们对我们的研究也很重要,因为从中可以看出,为解决原料短缺问题,当时的人们到底作出了哪些努力。

造纸业的努力还体现在专利申请的数量上,尤其是从19世纪中期开始。约翰·埃文斯估计,到1861年,已经“申请了超过100项专利是关于不同的已

---

[1] *Correspondence*, p. 491.
[2] *Correspondence*, pp. 491—494.

知材料的”[1]，有数据证实这一估计的正确性。硬要说这话有什么不对，那就是他还低估了造纸业搜索新材料的行动的规模。在1855—1884年的30年间，英国提交的新原料专利申请中，被撤销的就达到125份。尽管1852年出台的《专利法修正案》提高了此后英国的专利申请数量，但即使将这种影响考虑在内，相较于1800—1854年间英国和外国申请人提交的62项专利申请，这30年间的专利数量仍有显著增长。英国申请造纸新原料相关专利最活跃的时期是在1855—1864年间，当时提交的申请数量多达63项，此后此类专利的数量稳步下降。1865—1874年，此类专利申请量为38项，在接下来的10年里，原材料相关专利的数量下降到了24项。但这并不意味着1865年后造纸业在搜寻新材料方面付出的努力有任何减少。要准确衡量造纸商们为了寻找能替代碎布的新材料究竟付出了多少努力，还要考虑除了寻找新材料之外的其他事情。比如说，找到某种造纸可用的原材料后，造纸商还需要开发出相应的工艺，才能降低生产成本，以较低的成本获取纤维素。此外，他们还试图寻找更高效的方法来处理碎布，或追求节约碎布，或试图利用从前无法使用的碎布，这也是解决造纸企业面临的原材料短缺问题的合理手段。考虑到这一点，在搅拌前对已知原材料进行预处理的化学或机械方法专利，也应当计入我们的统计。这样做，我们发现，实际上在1855—1884年间，英国造纸业为了解决原材料短缺问题，总计申请了601项专利，这一数字相当于当时英国造纸专利申请总数的60%左右。专利申请数量的高峰出现在1865—1874年间，其次是1855—1864年和1875—1884年。这3个时期的专利申请数分别为244项、202项和155项。鉴于19世纪上半叶所有本土和外国造纸厂在英国境内申请的专利总数不超过250项，很明显可以看出，在1855—1874年间，为了寻找碎布的替代品，英国造纸业在创新方面作出了巨大的努力。从19世纪50年代开始，我们可以清楚地观察到英国造纸业的努力程度出现了明显的上扬，在60年代末和70年代初达到顶峰。本章后续小节中，我们有理由进一步审视从这一时期到1913年造纸

[1] *SC Paper*, p. 292.

专利的具体类型和构成,但同时造纸专利的数量足以说明,19 世纪下半叶英国造纸商为了搜寻和实验新材料,已经作出了极大的努力。

对比分析

当然,并不是所有的碎布替代品都能引起发明家和企业家的关注。从 19 世纪 50 年代开始,人们的焦点就放在两种最有可能代替碎布的物质上;这两种材料之所以获得这样的关注,是因为它们能够满足造纸商对生产成本低廉和产品质量合格的要求。第一种新材料是细茎针草。细茎针草是两种灰绿针草的统称,它是一种坚韧而结实的植物,叶子又长又薄,成簇生长,周长在 2～10 英尺之间,高度在 3～4 英尺之间。在 1864 年曾出现一种很奇怪的传言,一名记者说细茎针草沿着坎伯兰的海岸生长,当地造纸商把大量的细茎针草载运到他们的工厂[1],但实际上细茎针草只生长在西班牙南部和北非的野外,尤其是北纬 32°～41°、自海平面到海拔 3 000 英尺之间的区域比较多产。[2] 据估计,在造纸业采集并培育细茎针草之前,已有 220 000 吨左右的野生细茎针草,其中有 25 000～30 000 吨——不到总量的七分之一——被采集下来用于地中海地区的国内消耗。当地人主要用细茎针草来制作篮子,或者用作枕头和床垫的填塞物,或者用来制作垫子、外壳、托盘、绳子、抹布和凉鞋等。[3] 19 世纪的英国发明家还发现细茎针草中含有大量的纤维素纤维,这些纤维素相对容易提取,而且在结构方面非常适用于造纸。1839 年,迈尔斯·贝瑞(Miles Berry)成功申请到了英国第一个细茎针草应用专利。之后又出现了两个同类专利:一个是 1853 年由巴黎人朱尔斯·德豪(Jules Dehau)申请的,另一个则是 1854 年由詹姆斯·默多克(James Murdoch)申请的。然而,这些专利未能提供一种足够经济便

〔1〕 *PTR*, 1 November, 1864, p. 249.
〔2〕 Association of Makers of Esparto Papers, *Esparto Paper* (London, 1956), pp. 1—4.
〔3〕 Spicer, *Paper Trade*, pp. 35—36.

宜的化学处理方法，因此造纸厂很难将细茎针草直接应用到生产中。直到 1856 年和 1860 年，托马斯·劳特利奇（Thomas Routledge）提出了 2 项关键专利，细茎针草在实际生产中才变得可行。劳特利奇拥有一家位于牛津郡艾因舍姆的工厂，他经过长期实验，才发现了一种可行性较高的方法，将细茎针草转化成纸浆的成本控制在可接受的范围内。到 1858 年，他对细茎针草的使用产生了足够大的信心，使他完全转向以细茎针草作为原材料的纸张生产模式。[1] 他首创了这一工艺，并就该项工艺申请了专利，成为此后所有细茎针草加工制剂的基础。按照这项工艺，细茎针草被晒干并按等级分类，被捆成大捆，运送到工厂，之后再送到分拣大厅。工人们将一捆捆的细茎针草打开，经过除尘机扫去所有浮尘。随后由女工挑出其中混杂的杂草和根尖，这项工作异常烦琐，需要手工完成。然后，挑拣完毕的细茎针草被堆放在喷出式锅炉中，加入由苏打或碳酸钾和石灰组成的腐蚀性碱液进行处理，在通常不超过 20 磅的压力下煮沸 2.5～3 小时。覆盖并黏合所有生植物纤维的外壳和硅质物质经由此道工序被去除，草捆转化成为纸浆。再对纸浆进行进一步搅打后，后续的工艺与碎布造纸方法并无差异。[2]

在 19 世纪 50 年代和 60 年代受到相当关注的第二种新材料是经过机械研磨的木材。在这个时间节点，尚未出现将木材转化成纸浆的化学处理工艺。1840 年，弗雷德里希·戈特洛布·凯勒（Frederich Gottlob Keller）获得了德国的一项专利，用于制造纸浆和纸张。这是通过将木块紧压在旋转的湿磨石上来实现的，磨石旋转的过程中，可以将木材中的纤维素与木质素和树脂物质分离开来。然而，一个来自萨克森州的造纸商，海因里希·沃尔特（Heinrich Voelter），对凯勒的发明做了进一步改进，使其更适用于实际生产。1846 年购买了凯勒的专利后，沃尔特花了 5 年时间专门对其进行改进，使其变得更实用、更商业化。他还与威滕伯格海登海姆的机器制造商 I. M. 福伊特（I. M. Voith）合作，开发了一台木材研磨机。到 19 世纪中期，这台机器成了德国和美国发展

---

[1] Hills, *Papermaking*, pp. 138－142.

[2] Spicer, *Paper Trade*, pp. 15－16.

纸张和纸浆工业的标准机器。尽管几乎任何柔软的针叶树都可以很经济地转化为纸浆，但这种机器通常的使用对象是云杉、杨树、白杨和冷杉，因为这些树木产生的纤维素的自然颜色已经接近白色，因此无须再漂白。通常先要将这些树木去皮，然后切割成适用于研磨机的尺寸。与凯勒的原始机型一样，福伊特工艺也需要将原木压紧放置在旋转的磨石外围，由此产生的碎屑和纤维被一股水流从磨石上冲走。水流带着木条通过一系列的筛网和过滤器，去除其中较大的木片和碎块，但长度合适的纤维得以通过过滤网。然后，这些纤维被收集在一个容器中，如果纸张要在其他地方生产，可以将纸浆干燥处理成纸浆板后运往造纸厂。到了造纸厂，再将这些纸板煮沸和漂白，还原后得到的纸浆与正常纸浆一样。[1]

第三种广为人知的新材料是稻草。在 19 世纪 50 年代，稻草可能是最常用的替代性材料。[2] 自库普斯时代以来，造纸商就认为它是最具发展潜力的材料。与细茎针草一样，在 19 世纪上半叶，一些稻草处理的相关工艺获得了专利保护，但其中没有一项专利可以为当时的大多数造纸商提供切实可行的制造方法。事实上，直到 1856 年约翰·考利的专利（John Cowley）获批，人们才最终找到了利用稻草进行纸张生产的可行方法。按照这个工艺，首先需要将稻草放在生石灰、苛性钾、苏打或氨配制的碱溶液中，保持温度为 250℃，在高压下用铁容器煮沸 8～10 小时。[3] 尽管早期的造纸商对稻草的使用持乐观态度，但稻草在英国的使用很少。用稻草生产的纸张除了质量很差之外，还有其他一些特点，使得造纸商很难利用这种材料获利。首先稻草造纸的生产流程非常耗时，其次生产过程中要使用大量化学物质，导致生产造价过于昂贵，此外每吨稻草所能提取的纤维素量远低于其他常用材料，因此造纸商若要利用稻草造纸，将面临非常大的困难。事实上，制造 1 吨纸浆通常要使用 4 吨稻草。出于这个原因，特别委员会在 1861 年的最终报告中总结道："用化学方法来降解这些（秸

---

〔1〕 Hills, *Papermaking*, pp. 146—148.

〔2〕 *SC Paper* 中的说法确实给人这种印象。

〔3〕 Hills, *Papermaking*, pp. 135—136.

杆)原纤维的相对成本更高，这使得它们难以替代现在广泛使用的碎布作为造纸原材料。”[1]稻草本身的稀缺性也影响到它作为碎布替代品的潜力，如果使用稻草代替碎布作为纸张的生产原料，有可能刺激稻草的价格飙升，甚至超过碎布，届时造纸商宁可使用碎布，也不愿意使用稻草。例如，在部分郡县，农民受限于他们的土地租约，仅能在自己租赁的土地上使用稻草，完全不能将多余部分出售给造纸厂。而且造纸厂也无法存储稻草，因为显而易见，稻草很可能在割下来后的几天内就腐烂了，用储存的稻草生产纸浆，得到的纸浆质量将是高度不稳定的。[2]

至于造纸商们是基于何种经济因素对造纸材料进行选择的，通过分析当时留存的数据可以得到部分解释。首先我们必须指出，下文所述的成本对比，只能粗略呈现造纸商应用不同材料作为造纸原料时所面临的成本差异情况，并非真实成本的精准计算。此外，还应该注意的是，用不同材料制作的两张纸在外观和质量上几乎不可能是一模一样的，这为我们的对比分析制造了额外的难题。因此，我们在接下来进行对比时，会有意地将相似的产品放在一起。虽然会有些不准确，但通过这样的对比，我们可以大致了解 19 世纪 60 年代初期，使用不同原材料造纸的相对生产成本，我们将聚焦质量相对较差但比较受欢迎的纸张产品，比如常用的印刷纸，对比在碎布、木材和细茎针草作为原材料时，造纸厂分别需要投入多少成本。当代针对不同原材料进行了不少实验，实验报告中的信息可以为我们的研究提供数据。利用这些数据对历史情况进行分析，比后期对这些材料进行的科学研究更有优势，因为它使我们看到当时企业家看到的信息，帮助我们从当时企业家的角度来看待问题。

1863 年 1 月，《造纸业评论报》上刊登了一篇报告，是前一年《德意志工业报》中一篇报告的译文，该报告直接比较了用碎布和木浆生产 2 英镑类似等级纸张的成本。[3] 假设普通碎布中平均 40%的量可以转化为纸浆，这就意味着

---

〔1〕 *SC Paper*, p. 270.

〔2〕 *SC Paper*, p. 294.

〔3〕 *PTR*, 1 January 1863, p. 42.

总共需要大约 375 磅碎布来生产所需的 224 磅纸浆。如果使用木材作为原料,估计需要 5.5 立方码(cubic yards)的优良木材,才能生产 224 磅木浆。这篇报告在此基础上推断,224 磅木浆和 224 磅碎布纸浆的成本价格差异,就等于 5.5 立方码木材和 375 磅碎布的价格差,加上两种工艺之间的生产成本差。报告中列出的价格为:普通碎布为每英担 9 先令 2 便士,木材为每立方码 1 先令 7 便士。这个碎布价格似乎是相当合理的,因为英国适合生产普通印刷纸的碎布的售价大约在每英担 9～12 先令之间。[1] 事实上,报告中给出的价格是碎布的最低价格,因此,如果结论有什么偏差的话,也是在接下来的比较中使结果偏向于碎布的。我们知道,木材到纸浆的转化率为其重量的 55%～70%。如果我们假设实际转化率更低,在 50%左右,这个假设实际夸大了木头作为原材料的成本,然后我们可以得出,每生产 2 英担纸张,我们需要 4 英担的木材。苏格兰造纸厂考恩父子在 19 世纪 60 年代曾对木材进行了试验,他们说能够以每吨 1 英镑 15 先令的价格购入冷杉,而以每吨 2 英镑 12 先令 6 便士的成本得到"最好的纸浆"[2]。对于英国造纸商来说,4 英担木材的成本在 7 先令到 10 先令 6 便士之间。那么报告中列出的 4 英担木材花费 8 先令 8 便士,正好落在这个区间里。我们的研究中,采用的价格是每 4 英担花费 10 先令 6 便士(每英担 2 先令 7.5 便士或每立方码 1 先令 10 便士),但这个价格实际上依然会使对比结果偏向碎布。综上,实验的结果如下:

(1)	375 磅碎布成本:每英担 9 先令 2 便士	1 英镑 10 先令 7 便士
(2)	5.5 立方码(或 4 英担)木材成本:每立方码 1 先令 10 便士(或每英担 2 先令 7.5 便士)	10 先令 6 便士
(3)	木材制成木浆的费用减去碎布制成纸浆的费用	4 先令 2 便士
(4)	每 224 磅纸浆价格差[(1)－(2)－(3)]	15 先令 11 便士

因此,用碎布和木材制成同样的 224 磅纸张的成本差仅为 15 先令多一点。每吨纸张的成本相当于 7 英镑 19 先令 2 便士:可以产生相当可观的利润。我

〔1〕 *PTR*,1 September 1863,p. 177.
〔2〕 Cowans Collection,GD 311/1/9,Logbook 20 August 1867.

们也可以用同样的计算方式来比较细茎针草和碎布,以及细茎针草和木材的成本。

1864 年,朱尔斯·巴斯(Jules Barse)发表了一份报告,宣传细茎针草纤维可用于造纸。他经过估算得到了一个重大发现:细茎针草每单位重量中有 73.5%可以转化为纸浆。[1] 这一结论相当乐观且不实际,因为当时提取纤维素的技术尚不成熟,实际上造纸工人几乎不可能从他们使用的细茎针草中获得如此高比例的纤维素。50%左右的转化率可能更为常见,但我们的研究中将假定平均转化率为 66%,造纸厂的预期也就这个水平了。将百分比设置在这个高度,也会使得对比细茎针草和木材的结果偏向于细茎针草。根据这个转化率,我们将需要 340 磅的细茎针草来生产 224 磅的纸浆。19 世纪 60 年代初,英国的细茎针价格在每吨 5 英镑到 7 英镑之间波动。[2] 我们的计算取中间值 6 英镑,我们可以计算出 340 磅细茎针草的价格大约是 18 先令 5 便士。

用细茎针草造纸和用碎布造纸的主要区别在于,前者需要使用更多的化学物质,即苛性钠。在劳动力、设备和电力等其他方面,使用这两种材料之间几乎不存在成本差异。当时人们参考的文章中已经提到了这一点,人们也普遍相信这一事实。[3] 至于采用细茎针草后相对较多的苛性钠用量,将在我们的计算中加以考虑。使用较低等级的碎布造纸,需要加入等同其重量 1%的苛性钠,所以用碎布制作 224 磅纸大约需要 4 磅的苛性钠。[4] 再对比细茎针草的话,后者需要使用相当于其重量的 13%的苛性钠,某些草捆甚至可能需要更多苛性钠。[5] 这意味着大约需要 44 磅的苛性钠,才能将 340 磅的细茎针草转化成同等数量和质量的纸浆。用这个数字减去碎布造纸需要使用的苛性钠的量,我们可以得出,使用细茎针草生产 2 英担纸张,比使用碎布需要多消耗 40 磅苛性钠;也就是说,每生产 1 吨纸需要多用 3.57 英担苛性纳。鉴于 19 世纪 60 年代

---

[1] *PTR*, 1 March 1864, p. 73.

[2] Spicer, *Paper Trade*, p. 33; PTR, 1 July 1863, p. 146.

[3] W. S. Shears, *William Nash of St. Paul's Cray Papermakers* (Leeds, 1967), p. 27.

[4] Spicer, *Paper Trade*, p. 12.

[5] Association of Makers of Esparto Paper, *Esparto*, p. 4.

英国的苛性钠价格约为每吨 7 英镑,这一差价相当于每生产 2 英担纸张,使用细茎针草的造纸商需要在苛性钠上额外支出 2 先令 6 便士。[1] 但如果蒸煮后从蒸煮器中排出的烧碱液能够回收再利用,就可以减少苛性钠的成本。出于这个目的,劳特利奇在 1865 年和 1866 年各申请了一项工艺专利,但两项工艺的效果都不太明显。直到 1877 年发明了波利安蒸发器、1886 年发明了多效装置后,烧碱液的回收效率才得以提高。[2] 然而,在 19 世纪 60 年代早期,这些设备都尚未发明,所以造纸者只能继续把废水排放到附近的河里,使用细茎针草的造纸商开始每轮造纸时,都必须购买新的苛性钠。把这些信息整合在一起,我们得出了以下成本对比数据:

(i)	375 磅碎布成本:每英担 9 先令 2 便士	1 英镑 10 先令 7 便士
(ii)	340 磅细茎针草成本:每吨 6 英镑	18 先令 5 便士
(iii)	细茎针草额外投入 40 磅苛性纳成本:每吨 7 英镑	2 先令 6 便士
(iv)	5.5 立方码(或 4 英担)木材成本:每立方码 1 先令 10 便士(或每英担 2 先令 7.5 便士)	10 先令 6 便士
(v)	木材制浆成本减去碎布/细茎针草制浆成本[不含(iii)]	4 先令 2 便士
(vi)	每 224 磅纸浆木材与碎布成本差[(i)-(iv)-(v)]	15 先令 11 便士
(vii)	每 224 磅纸浆细茎针草与碎布成本差[(i)-(ii)-(iii)]	9 先令 8 便士
(viii)	每 224 磅纸浆木材与细茎针草成本差[(ii)+(iii)-(iv)-(v)]	6 先令 3 便士

很明显,使用细茎针草造纸的生产成本比碎布要低(每 224 磅 9 先令 8 便士或每吨 4 英镑 16 先令 8 便士)。经过计算,我们的另一个有趣的发现是,使用机械磨碎的木浆造纸不仅比用碎步造纸便宜,而且比用细茎针草造纸便宜(每 224 磅 6 先令 3 便士或每吨 3 英镑 2 先令 6 便士)。在我们对这些发现进行解读之前,还有两件事需要考虑。首先,英国国内的运输费也应当列入考虑

[1] Spicer, *Paper Trade*, p. 78; Hills, *Papermaking*, p. 139.
[2] Hills, *Papermaking*, pp. 141—142.

范围。对于位置不在大港口附近的工厂来说，上面列出的原材料价格未能包括将原材料进一步运往内陆的额外成本。如果不同材料之间的运输成本存在差异，这将会为我们的解读带来一些麻烦。但是即使这样，这一因素对统计结果是否有实质性的影响仍然存疑。例如，假设每吨纸需要耗费 2 吨木材，那么只有当每吨木材从港口被运输到厂房的运费比同样情况下细茎针草的运费贵 1 英镑 11 先令 3 便士时，才有可能使得木材造纸的总成本超过细茎针草，从而抹平木材造纸的优势，但实际上运费是不太可能这么高的。1867 年 11 月，考恩父子将 1.5 英担木材从格拉斯哥运到佩尼库克的工厂里，这段路程大约为 46 英里，这意味着每吨的运费约为 5 先令，远低于前文所述的数字。[1] 此外，这是木材的完全运输成本，而不仅仅是木材和细茎针草的运输成本差。由于大多数造纸厂到主要港口的距离不超过 50 英里，因此国内运输成本很难对我们的计算结果产生什么实质性的影响。[2]

第二，根据新古典主义经济学理论，新材料的总成本相对于碎布造纸的可变成本的优势，才是造纸商们真正感兴趣的地方。[3] 前文所列的成本并未包括伴随新材料引入产生的任何新机器的费用。但是从造纸商的角度来看，相对于添置新机器的投入，前文所列的成本差几乎可以忽略不计。而且当时人们普遍认为，现有的工厂中可以直接使用细茎针草进行生产。关于细茎针草，查尔斯·考恩曾在 1861 年造纸业博览会的评委会报告中指出："劳特利奇先生设计的工艺中，一个最令人满意的特点是，没有必要对现有的机器或设备进行任何实质性的改动……"[4]这个论调并非一家之言。《造纸业评论报》在其他场合也重申了这一观点，该报曾在报道中说，"引入细茎针草无须对机械或设备进行重大改动……这种纤维素能否成功造纸，主要取决于对所用化学物质的数量和

〔1〕 Cowans Collection，GD 311/1/9，Logbook 12 November 1867. 这一结果放到后期的数据上依然适用，见 W. K. Lawson，*British Railways：A Financial and Commercial Survey*（London，1913），pp. 207－208。

〔2〕 例如，英国另外两个造纸城市——曼彻斯特和梅德斯通——与港口的距离都在这一范围内。曼彻斯特距离利物浦大约 35 英里，梅德斯通距离伦敦大约 38 英里。

〔3〕 Salter，*Productivity*，pp. 48－65.

〔4〕 *PTR*，1 July 1863，p. 145.

强度进行的调整是否仔细、恰当”[1]。这一观点基本正确。使用细茎针草造纸可以沿用原本碎布造纸的设备。当然,这并不是说及时调试造纸机以更好地满足细茎针草造纸工艺的特性是不明智的,这只是自然学习过程的一部分,而不是完全独立的技术发展。例如,用于碎布造纸的旋转球形锅炉,由于机械强度欠缺,无法承受细茎针草煮沸过程中产生的压力,就无法很好地适应原材料转向细茎针草产生的工艺变化。造纸工人和机械师多方实验,力求改进他们原有的设备,最终在 19 世纪 70 年代,随着辛克莱针茅专用固定锅炉的引入,这一问题得到了解决。他们还改进了碎布敲打机和碎布除尘机,使其适用于细茎针草造纸工艺。[2] 然而,19 世纪 50 年代末和 60 年代初的造纸商们却没有考虑到这些问题,他们利用现有设备对细茎针草做了实验,认为转而使用细茎针草,只需要对新设备进行少量投入即可。

但是,如果将木材作为替代碎布的新原料的话,制作机械研磨的木浆确实需要添置新机械。不幸的是,由于当时英国实际购入的研磨机很少,所以我们也没有找到机器的价格数据。然而,我们可以假设,如果造纸厂选用了木材而非细茎针草,那么造纸厂在木材研磨机上投入多少资金的同时,仍可以避免陷入困境。这个数额等同于从细茎针草转向木材的预期收益的净现值(NPV),可以通过以下公式进行计算:

$$NPV = \sum_{t=0}^{\infty} R_t / (1 + r)_t - K$$

其中,R 是使用木材取代细茎针草产生的年收益,r 是贴现率,K 是机械成本,t 是时间。只要项目的净现值为零或更高,就应该继续投资新机器。通过将 NPV 设置为零,即临界点,我们能够计算出造纸商愿意为木材研磨机支付的最大费用。然后,需要计算这笔投资在当时能产生的收入。通过使用 R、r 和 t 的极值,我们可以减少 K 值,这也将使计算结果对引入木材产生严重的不利偏差。前文分析表明,如果某个造纸商使用木材而非细茎针草作为造纸原料,那

---

[1] *PTR*, 1 September 1863, p. 177.

[2] N. Watson, *The Last Mill on the Esk*: 150 *Years of Papermaking* (Edinburgh, 1987), p. 27.

么他每生产1吨纸，所节省的成本约为3英镑2先令6便士。如果我们假设该造纸厂每年仅生产250吨纸(每年可节约781英镑5先令)，贴现率为5%，即使研磨机在购入后只能用7年，就可以节约总计5 301英镑1先令5便士，这对于造纸厂来说也是非常值得的。1863年，位于艾尔德里附近的莫法特造纸厂(Moffat Paper Mill)拥有整套的楼房、场地、工厂和机械，出售时的价格也仅为6 000英镑。鉴于5 300英镑是一家标准造纸厂总价值的90%左右，比当时最大的长网造纸机价值还高，如果说木材研磨机的价格达到了5 300英镑，那似乎就高得离谱了。[1] 木材研磨机的实际价格几乎肯定要低于这个价格，因此相对于使用木材产生的巨大成本优势来说，购进木材研磨机所产生的费用不值一提。应当重申的是，上面所作的所有3个假设都严重倾向不利于木材的角度。而在1865年，每个造纸厂(包括手工造纸厂)的平均产量约为每年300吨，利率低于5%，而研磨机械的寿命远远超过7年。[2]

实际上在19世纪中期，造纸商就已经考虑到了在固定资产方面的投入，而这并非左右造纸商对原材料选择的首要因素。最后，我们得到的结论和最初一样，无论是使用木材还是细茎针茅作为造纸原材料，都比碎布要经济得多，其中木材造纸的利润又高于细茎针茅的利润。这样看来，如果造纸厂能获得这一信息，他们应该选择木材作为生产原料，即使不是完全转向木材，也至少应该混合使用木材和碎布。但他们没有，这需要进一步的解释。

要解释这个情况，首先需要研究造纸商是如何定义他们所面临的问题的。如果他们的唯一目标是找到碎布的完美替代品，那么他们最终选择细茎针草就显得十分奇怪了。但如果造纸商实际上只需要在碎布供应短缺时，找到一种即使不那么理想，但符合一定标准、能暂时或部分地替代碎布的材料，那么他们作出这一决定就很好理解了。很明显，如果1860年出现了一种完全可以替代抹布的替代品，我们有理由相信造纸商们会为它抢破头。令人遗憾的是，完美替

---

〔1〕 *PTR*, 1 October 1863, p. 200.

〔2〕 Spicer, *Paper Trade*, appendices Ⅴ and Ⅸ; E. H. Phelps Brown and S. A. Ozga, "Economic Growth and the Price Level", *Economic Journal* 65 (1955), 2.

代品从未出现过。托马斯·查默斯(Thomas Chalmers)在1861年宣称:“没有什么比得上碎布”,几乎所有其他造纸商都支持这种观点。[1] 1864年,全国造纸商协会的会长约翰·埃文斯(John Evans)在伦敦的一次行业会议上的评论,也充分表明,碎布在造纸业中的统治地位仍然是无可匹敌的。在回答有关新材料的问题时,他说:“引进新的纤维素来源实际上弊大于利。打个比方,如果你现在每进口价值20英镑的碎布需要缴纳5英镑的关税,关税与成本的比例就是25%。但是,如果引入了新的纤维来源,碎布的价格可能降至15英镑,而税仍维持在5英镑,关税与成本的比例就达到了33%,那你还怎么去应对这么高的关税比?”[2]无论造纸厂是否在乎协会的说法,他至少也是行业内的一名重要成员,他也许不是畏惧变化,但根本想象不到碎布会被其他材料替代,他认为新材料的主要作用是作为影响碎布价格的杠杆。埃文斯还说:“只有当碎布价格上涨到一定程度时,细茎针草这种植物才会被采纳。”[3]

碎布以外的其他材料未能得到造纸商的充分认可,主要是因为它们产出的纸张在质量和外观上都难以与碎布生产的纸张匹敌,至少在当时情况如此。以稻草为例,虽然它相比需要机械研磨的木材制纸有优势,但桑德斯认为这种新材料的使用空间不大,因为“你根本无法得到同样的产品,无论是在使用感上还是在外观上”[4]。

从质量方面来看,尽管19世纪60年代,用细茎针草生产的纸张明显比不上较好的碎布纸,但它明显比用沃尔特工艺产出的纸张质量好。这是因为,机械研磨出来的木浆中纤维素很短且缺乏弹性,而且由于原始木材中还含有树脂、黏性材料和木质素,尚未进行试验得到最终的改进前,还不能很好地黏合在一起。细茎针草中的纤维素虽然也很短,但更有黏性,能与纸浆很好地混合,生产出一种坚固、光滑、吸收性好的纸张。一旦处理得当,就可以用细茎针草生产

---

〔1〕 *SC Paper*, p. 300. 另见 Evans, Chater, Bruce, and other's comments on pp. 293—294, 296, 305, 341, and *passim*。

〔2〕 *PTR*, 1 July 1864, p. 173.

〔3〕 *PTR*, 1 July 1864, p. 179.

〔4〕 *SC Paper*, p. 303. 当时美国的造纸商对于碎布以外的原材料也有过同样的抗拒,详见第七章。

出质量接近碎布生产的纸张。[1] 这一点使得细茎针草在当时得到重视。19 世纪 70 代，一本极具影响力的造纸业指南中对细茎针草大加赞扬，如果没有过分夸张的话，细茎针草确实对造纸者有一定的价值：

> 与亚麻、大麻、棉花甚至黄麻制成的纤维相比，细茎针草不具备同等的强度和韧性。它的强度实际上是虚的，因为细茎针草产生的纤维素需要与胶、树脂和面筋结合在一起使用。它作为造纸材料的价值主要源于以下几点：价格相对低廉、与其他材料混合使用便利以及处理过程简便。[2]

由于细茎针草具备上述品质，该指南声称，到 1876 年，细茎针草已经成为英国造纸业的支柱。在造纸方面，该指南对木浆的评估则不那么乐观：

> 最后可以提一提木材。最近木材引发了行业中很大的兴趣，业内就木材的使用进行了大量实验。但就英国造纸业而言，实验结果并不令人满意，除了极偶然的特例，否则行业没有采用木材作为造纸原料的必要。[3]

考虑到英国在这个时期利用木材造纸的经验和知识状况，木材的确难以适应行业的需求。

19 世纪中期的造纸商认为自己面临的问题，并非要找到碎布的完美替代品，而是要找到一种材料，以缓解碎布供应不足带来的压力。通过引入一小部分这种材料，造纸商可以在一定程度上降低成本的同时，又不会过多损害纸张

---

[1] “当时(1876 年)可用的机械纸浆不适合精细造纸……在确定原材料的配比时，尽管质量一直是首要考虑的因素，但细茎针草和木材的相对成本也很重要。”Weatherill, *One Hundred Years*, p. 20. 见 Hills, *Papermaking*, pp. 138, 147—148。

[2] Paper Mills Directory, *The Art of Papermaking: A Guide to the Theory and Practice of the Manufacture of Paper, being a Compilation from the best known French, German, and American Writers* (London, 1876), p. 100.

[3] Paper Mills Directory, *The Art of Papermaking: A Guide to the Theory and Practice of the Manufacture of Paper, being a Compilation from the best known French, German, and American Writers* (London, 1876), p. 6.

的品质。[1] 这是这一时期在英国和其他地方进行新材料试验的大多数人最关心的问题和目标。例如,在美国,他们的造纸厂当时也只打算将相对少量的新原料与碎布混合使用。[2] 再说回英国的情况,1861 年,乔治·查特(George Chater)提交给特别委员会的书面报告中,简明扼要地表达了这种主流观点:"我认为没有什么东西可以代替碎布。对我而言这种东西根本不存在。"然而,他接着补充道:"也许能找到一些辅助性的材料……"[3]这一观点也出现在了特别委员会的最终报告中。最终报告中说,委员会没有看到任何证据,去证实有某种材料可以完全取代碎布,从而得出结论,"相信稻草和其他纤维素来源,可能作为对造纸业原材料的补充"[4]。在降解木浆的化学工艺出现之前,最能起到这一补充作用的材料是细茎针草。细茎针草既可以作为碎布的补充,也可以作为碎布的替代品,因为使用细茎针草,造纸商能够以更便宜的价格生产出接近碎布纸张的产品。然而,19 世纪 60 年代,英国造纸商们所熟悉的研磨木浆据称只能满足这两个标准中的后者。

案例分析

要研究英国造纸业寻找和开发新原材料的历程,最好的方法是在公司层面上审视整个搜寻过程。位于爱丁堡附近佩尼库克的考恩父子纸业有限公司保留了有关这一时期的较多记录。从 1709 年起,该公司就在其瓦利菲尔德工厂生产,它有生产各种著名纸张的悠久传统,从圆筒大小的书写纸[5]到印刷纸和

---

〔1〕 Paper Mills Directory, *The Art of Papermaking: A Guide to the Theory and Practice of the Manufacture of Paper, being a Compilation from the best known French, German, and American Writers* (London, 1876), p. 345.

〔2〕 例如, L. Calder, *The First 100 years: Perkins-Goodwin Company* (New York, 1946), p. 19。

〔3〕 *SC Paper*, p. 341.

〔4〕 *SC Paper*, p. 270.

〔5〕 在纸网上涂上一定尺寸的纸,将纸张浸入明矾和热明胶的混合物中使其干燥,这降低了纸张的吸水率,可以生产出一种高质量的纸张。Hills, *Papermaking*, p. 223.

新闻纸。沃尔特·斯科特爵士(Sir Walter Scott)的小说第一版印刷就是选用了该公司生产的纸张,该公司产品甚至远销到澳大利亚等国。[1]

考恩公司也是第一批对细茎针草表现出兴趣的公司之一。1861 年 7 月 12 日,它与托马斯·劳特利奇签订了十年协议,劳特利奇成为考恩公司细茎针草的独家供应商。[2] 考恩公司所需要的半浆通常来自桑德兰南海顿附近的福特纸厂(Ford Mill),这家工厂是约翰·迪金森(John Dickinson)和劳特利奇在一年前联合创办的。[3] 两家公司的协议保证考恩将按照原材料重量,以 16 先令的单价,购进处理过的细茎针草半浆。目前尚不清楚该公司最初是如何得知埃斯帕托和劳特利奇的工艺的,但一开始它显然对这种工艺和浆料感到十分满意:“浆料经过精心备料、干燥、清洁和漂白处理,毫无疑问可以减轻我们产生的污染。”[4]但同样明显的是,考恩公司使用细茎针草仍然只是一种权宜之计,并无用细茎针草完全代替碎布的意图。1864 年 8 月 30 日,公司日志中记载道:

> 由于无法获得足够的碎布,我们还得用上细茎针草一阵子,尽管我们在这段时间里已经成功掌握了它的处理方法,但早先我们就已经决定未来将不再继续使用它。

尽管如此,该公司还是对细茎针草的应用情况感到非常满意,并计划在 1866 年 8 月之前建立一个实验室,研究从细茎针草中提取纤维素的方法,同时避免现有工艺产生的有害副产品,因为这些副产品对当地的河流产生了大量的污染。这个实验室取得了一些进展,获批了一项专利。[5] 这些实验也非常重要,因为它们为考恩公司带来了必要的专业知识,使其得以自行生产纸浆,不必再依赖劳特利奇公司的细茎针草纸浆。为此,该公司于 1867 年斥资 1 400 英镑

---

[1] *PTR*, 12 July 1912, pp. 61—62; Spicer, *Paper Trade*, p. 215. 该公司历史可见 Cowans Collection, GD 311/7/66。

[2] Cowans Collection, GD 311/1/8, 1866 年 10 月 30 日和 1867 年 3 月 5 日日志。

[3] Evans, *Endless Web*, p. 111.

[4] Cowans Collection, GD/311/1/8, 1866 年 10 月 30 日日志。类似条目还有 1864 年 8 月 30 日和 1865 年 1 月 3 日。

[5] Cowans Collection, GD 311/1/8, 1866 年 8 月 28 日和 1866 年 10 月 2 日日志。

在马瑟堡(Musselburgh)购置了一处产业,在那里建造了一座日产量为 20 吨的细茎针草加工厂。[1]

促使当时的造纸商改进细茎针草造纸工艺的另一个重要因素,是造纸厂对河流造成的污染引起了越来越大的骚动。这种骚动在 1867 年达到了顶峰,当时布克勒赫公爵(Duke of Buccleuch)和梅尔维尔勋爵(Lord Melville)等人成功地将北埃斯克的 7 家造纸商告上法庭,指控它们的污水排放对河流造成了破坏。1869 年,诉讼双方同意将此事交由格拉斯哥的佩里(Perry)教授处理,试图寻找和采用补救措施。同年底,佩里教授去世,之后这一职责由 W. 阿诺特(W. Arnot)接手。污水治理的所有费用由造纸厂分摊,到 1869 年 9 月,这一费用已经高达 837 英镑。[2] 佩里不仅造访了造纸厂,查看它们的生产是否遵守指导方针,还向造纸厂提出了有益的建议。例如,在 1869 年 5 月的一次访问中,"佩里博士做了一系列有趣的实验,尝试用氧化铝和石灰浆来处理碎布和细茎针草洗液中的沉淀物。实验大获成功,博士还进一步向我们展示,向废水里添加一种液体,这种液体几乎能立即抑制泡沫产生,效果惊人"[3]。佩里博士的建议使得造纸厂能够通过提高苛性纳的回收率来降低成本。早在 1866 年 6 月 19 日到 10 月 22 日之间,考恩公司似乎还雇佣了专属的化学家,后者也对废碱液的还原和回收进行了试验。[4] 这使得造纸厂不断改进和完善利用细茎针草造纸的技术,获得的成绩不仅体现在减少污染方面,也体现在提高纸张质量方面。

考恩公司在 1867 年 7 月 16 日的记录中报告了细茎针草的使用情况:"我们上周使用了 26 吨,因为我们现在处理细茎针草的能力提高了,它成为比碎布更好的生产原料。"[5]对比当时使用碎布和细茎针草造纸的成本,可以看出后者相对便宜,用碎布作为原料生产 1 磅纸张的成本是 4 先令,而用细茎针草生

---

〔1〕 Cowans Collection,GD 311/1/8,1867 年 3 月 5 日日志。
〔2〕 Cowans Collection,GD 311/1/9,1869 年 10 月 19 日日志。
〔3〕 Cowans Collection,GD 311/1/9,1869 年 5 月 25 日日志。
〔4〕 Cowans Collection,Wahal's handwritten memorandum,GD 311/7/31.
〔5〕 Cowans Collection,GD 311/1/9,1867 年 7 月 16 日日志。

产同等重量的纸张只需要2先令2便士。“由此可见，在这两种材料中，细茎针草比碎布更有利可图。等我们库存的碎布逐渐消耗殆尽，并逐渐减少裁布机的数量后，我们也许会使用更多的细茎针草。”[1]

考恩公司对细茎针草的日渐重视，与该公司自身对该材料的经验积累以及从其他熟悉该材料的人那里获得的信息带来的技术改进密不可分。在不到10年的时间里，考恩斯已经将细茎针草从一种实验材料转变为一种经过验证的造纸材料。这段调整期对于这种材料的发展是至关重要的，并且同一时期全国各地的许多造纸厂都走过相似的历程。例如，布里奇·霍尔造纸厂的托马斯·里格利(Thomas Wrigley)就曾多次用细茎针草做实验；兰开夏郡达文的波特公司也曾用细茎针草做过实验，之后他们在这方面取得了成功。[2] 当然，这一时期也存在一些问题，这些问题有时确实会对细茎针草项目的持续推进产生威胁，并需要用发起项目时企业家表现出来的那种远见卓识来坚持推进，才能确保项目最终开花结果。没有这段时间学习足够的信息，就无法积累足够的经验来进行理性和现实的计算。还有一点需要申明，尽管在考恩公司内，细茎针草作为造纸原料的重要性日益增长，但它仍被视作碎布的补充品，因为这几年中，细茎针草的使用量虽然增长了，但主要是由于它在两种“廉价纸”的纸浆中使用得更多。[3] 尽管如此，细茎针草在考恩公司还是逐渐站住了脚，在其他多家纸业公司亦是如此。

尽管在细茎针草造纸工艺方面已经取得了长足的进步，但考恩公司并未停止对其他材料的实验。人们对木浆的兴趣日益浓厚。1863年，查理斯·考恩接待了沃尔特的来访。沃尔特是木材制浆机械的发明人和专利所有人，考恩陪同沃尔特一起走访了苏格兰高地，目的是“向沃尔特先生展示，普通冷杉资源有多么丰富”。但是，沃尔特建议他们去找一种白色的木材，因为他认为只有这种木

---

〔1〕 Cowans Collection, GD 311/1/9, 1867年7月16日日志。

〔2〕 M. Tillmans, *Bridge Hall Mills: Three Centuries of Paper and Cellulose Film Manufacture* (Tilsbury, 1978), p. 50; *SC Paper*, p. 342. 在战争期间，美国南部各州牛皮纸行业也出现过类似的试验期。详见 A. J. Cohen, “Factor Substitution and Induced Innovation in North American Kraft Pulping: 1914—1940”, *Explorations in Economic History* 24 (1987), 197—217。

〔3〕 Cowans Collection, GD 311/1/9, 1869年1月18日日志。

材才能生产出足以代替碎布的纸浆。他强烈反对使用苏格兰的冷杉，因为他认为这种冷杉含有太多树脂，漂白起来很困难。考恩似乎并没有接受沃尔特的评估意见，但是他们4年后确实测试了沃尔特推荐的木材，而这次测试的动机是“希望通过采用不需要化学制剂的材料来减少造纸厂对溪流的污染”[1]。考恩公司附近的莫勒普斯工厂利用沃尔特发明的研磨机，对苏格兰冷杉进行了实验，制造出了5.5英担干纸浆，结果令人鼓舞，木材与碎布和细茎针草混合得十分彻底，以至于最终产品十分相似。考恩很快就向该工厂咨询其木浆的供应价。同年6月，当考恩公司的比勒尔（Birrell）先生到工厂拜访韦尔时，曾被告知最好的木浆供应价格为每吨9英镑12先令6便士。考恩公司认为这个价格过高了，但双方之间的谈判仍继续下去。在1867年8月15日韦尔写的一封信中，考恩公司被进一步告知，用4台沃尔特研磨机每日制备53英担干木浆的实际成本是8英镑16先令9便士。韦尔为考恩下调了木浆的价格，这一举动确实达到了预期的效果，考恩公司当即决定：“我们将对莫勒普斯生产的半浆进行另一轮试用，若木浆符合我们的需求，我们会进一步咨询，可以从欧洲大陆的工厂调配多少木浆供应给我们？”[2]然而，第二轮尝试并未获得预期的效果，考恩公司决定不再试用该木浆。同年9月，考恩公司还是用了两英担丹麦干木浆，该木浆是考恩公司从利思（Leith）购进的，价格为每英担11先令。但是这种纸浆颜色暗淡，且含有大量的未能充分击打产生的大疙瘩，最终造出来的纸张外观十分糟糕。[3] 大致也是在这一时期，位于福尔法郡格拉梅斯的D. A. 法伊夫（Fyfe）联络到了考恩公司，提出以每吨6英镑的价格提供由锯木屑制成并漂白过的木浆。该公司同意试用法伊夫的工艺，但将试验费用限制在50英镑。法伊夫拿出了一碗他制作的锯末纸浆，看起来“很好、很干净、很洁白”[4]。然而，当这些纸浆在接下来的一周被加工成纸时，结果又一次令人失望：“纸上布满了清晰的斑点，非常令人反感……机器里产生了大量的泡沫，远超法伊夫先

[1] Cowans Collection，GD 311/1/9，1867年8月20日日志。
[2] Cowans Collection，GD 311/1/9，1867年8月20日日志。
[3] Cowans Collection，GD 311/1/9，1867年10月1日日志。
[4] Cowans Collection，GD 311/1/9，1867年11月12日日志。

生预先估计的水平。法伊夫先生说,他想试试先放在研磨机里全新过一遍再进行漂洗,但后来他再也没来过了。”[1]

法伊夫发明的锯末纸浆并未出现任何进展,但他的另一项刨花加工工艺似乎前景更明朗一些,于是考恩公司同意参股一家名为麦克莱恩、霍普和布朗(McLean and Hope and J. Brown and Co.)的股份有限公司。该公司位于苏格兰的基尔巴吉,主营纸浆业务,法伊夫先生是经理。在经历了机械研磨的木浆带来的重重失望后,这家新工厂的重点放在了研发化学降解木材的工艺上。然而,到 1868 年 3 月,法伊夫就因为提出“不合理”的要求而被解雇,他投入 160 英镑的刨花加工实验也终止了。R. C. 孟席斯接管了这家实验工厂,开始专攻对木材和锯木屑进行硝酸处理,从而以合理的成本生产出优质的纸张。[2]

与此同时,其他地方正在开发新的化学工艺,考恩公司总是乐意试验那些前景较好的技术。1869 年,比勒尔先生在某次考恩公司股东大会上汇报了格洛斯特郡纸业公司(Gloucestershire Paper Co.)开发的一种新工艺,他在去加的夫(Cardiff)出差时见过。这种工艺是 1851 年由英国的休·伯吉斯(Hugh Burgess)和查尔斯·瓦特(Charles Watt)发明,是用苛碱液制作木浆的工艺。从波罗的海进口的松木被打碎成薄片,以每英担 36 磅苛碱的比例,在 400 华氏度的温度下煮沸。煮沸后,纸浆被洗涤和漂白的方式与细茎针草相同,显然在颜色和纤维长度方面也与细茎针草制作的纸浆非常相似。比勒尔用“美丽”一词来形容它,尽管这种木浆的制作,由于需要使用大量苛碱,成本比细茎针草纸浆更高。对此,比勒尔并没有感到不安,他在基尔巴吉重复加的夫的实验,得到相似的结果:1 吨木浆的成本是 22 先令 10 便士,而细茎针草纸浆的成本是 19 先令 10 便士。[3] 尽管这种木浆的质量很好,但与细茎针草相比,它的成本相对过高,因此公司认为不能采用这一工艺。

1868 年,R. C. 孟席斯继续在基尔巴吉进行一系列实验。到 1872 年,人们

〔1〕 Cowans Collection,GD 311/1/9,1867 年 11 月 19 日日志。
〔2〕 Cowans Collection,GD 311/1/9,1861 年 1 月 12 日和 18 日,1868 年 3 月 24 日日志。
〔3〕 Cowans Collection,GD 311/1/9,1869 年 7 月 20 日和 27 日日志。

相信他已经取得了足够的进展，可以为他的研究申请专利了。然而，初期的重重困难使他的专利难以投入商业使用。1872 年 7 月，在孟席斯在场的情况下，考恩公司又进行了一项试验，但结果是灾难性的。因为氯的注入速度过快，木材都被烧焦了。[1] 孟席斯也离开了考恩公司，承诺会制备一批更成功的木浆。但是，后来考恩公司的记录中没有再提及他，我们只能假设孟席斯未能兑现他的承诺。

这也标志着考恩公司独立开发化学降解木材工艺的结束。此后，该公司似乎专攻现有专利的方法或者其他公司制备好的纸浆，对于 19 世纪 70 年代的其他技术进展，似乎就不太在意了。他们还到瑞典和其他地方去亲眼看过纸浆的制备工作。1873 年，一家瑞典公司找到考恩公司合作，在瑞典建了一家新的纸浆厂，但由于对厂里寄来的样品不满意，考恩公司最终拒绝了合作。[2] 19 世纪 80 年代初，随着各种商业可行性更高的化学提取方法的出现，该公司开始重新朝着这个方向努力。

这一时期出现了两种新方法：硫酸盐法和亚硫酸盐法。硫酸盐的加工工艺与造纸厂早已熟悉的苛碱工艺非常相似。它是由卡尔·达尔在 1884 年发明的。在硫酸盐法造纸流程中，需要将木屑在 3∶1 的硫酸钠溶液中煮沸，然后清洗和干燥。它与传统的纯碱工艺相比的优势在于，它大量使用硫酸钠而不是苛碱，不仅成本更低廉，而且比纯碱更容易回收。这使得硫酸盐法比纯碱法更经济。

相比之下，亚硫酸盐法则需要用亚硫酸氢钙或氧化镁溶液处理木屑，在大约 7 个大气压下，根据具体的使用方法和所需的纸浆类型，处理时间从 8 小时到 3 天不等。亚硫酸盐法最初是由美国化学家提尔曼（B. G. Tilghman）开发的。他在 1867 年获得的专利在许多方面超过了后来该领域的所有专利，但由于他设计的锅炉遇到了困难，他的发现未能在商业上获得成功。瑞典化学家卡

---

〔1〕 Cowans Collection，GD 311/1/9，1872 年 2 月 13 日和 7 月 9 日日志。如需了解孟席斯的其他失败实验详情，请见 1872 年 3 月 19 日和 6 月 25 日日志。

〔2〕 Cowans Collection，GD 311/1/9，1873 年 4 月 7 日日志。如需了解其他外国纸浆试验情况，请见 1873 年 12 月 8 日日志。

尔·埃克曼(Carl D. Ekman)在19世纪70年代继续研究提尔曼的工艺,到大约1879年,已经完成了亚硫酸盐工艺的改进,提高了该工艺的商业可行性,并将其引入伦敦附近的伊尔福德造纸厂(Ilford Mills)。5年后,埃克曼纸浆和造纸公司在诺斯弗利特建了一家大型工厂,使用埃克曼版本的亚硫酸盐工艺。英国的帕廷顿(Partington)、瑞典的弗兰克(Francke)和德国的米切利希(Mitscherlich)也分别对亚硫酸盐工艺进行了自己的改进。[1]

考恩公司对亚硫酸盐工艺特别感兴趣。比勒尔曾多次参观位于埃塞克斯的伊尔福德造纸厂,目睹了"用埃克曼工艺制备木浆的好处",他发现,"那里制造的纸非常好,而且整饰得也很好,就像用了明胶一样"[2]。他还被邀请与斯派塞(R. C. M. Spicer)和埃文斯(J. Evans)一起前往瑞典,参观伯格维尔克的纸浆厂,在霍姆代尔亲眼观看了弗兰克工艺制浆过程。返程时,比勒尔陪同斯派塞回到萨里郡的戈德万,视察当地工厂中埃克曼工艺的运用情况。[3] 1882年10月30日的考恩公司记录清楚表明,到此时为止,考恩已经转变了观念,从当时获得的信息来看,木浆已经是一种可行的、具有成本效益的材料,公司应该使用它。考恩公司现在面临的问题是,在两种互不兼容的技术中,究竟选择使用哪种?这本质上是在埃克曼、弗兰克和纽顿(持有蒂尔曼和米切尔利希专利)的专利之间作出选择。[4] 公司方面对于这些专利是否有交集尚存在一些争论,就哪个工艺出现得更早还咨询了法律界的专业人士,最终还考虑上述工艺中,哪种最接近公司打算在基尔巴吉的工厂采用的工艺。[5] 在获得法律咨询的同时,该公司也并没有过于谨慎。由于亚硫酸盐制纸工艺的不同版本非常相似,因此互相存在竞争的专利人常常在法庭上争夺专利的优先权。基于这项法律建议,考恩公司获得了纽顿专利的许可。这一决定表明,到这一阶段,造纸商面临的各种选择已经基本呈现在眼前了,因此可以仅根据现有资料作出决定。到

---

〔1〕 Hills, *Papermaking*, pp. 150—153.
〔2〕 Cowans Collection, GD 311/1/10, 1882年9月25日日志。
〔3〕 Cowans Collection, GD 311/1/10, 1882年9月25日日志。
〔4〕 Cowans Collection, GD 311/1/10, 1882年10月30日日志。
〔5〕 Spicer, *Paper Trade*, p. 23.

1883年初,考恩公司获批的专利许可证已经开始生效,木浆由此成为该公司的重要原料。[1]

生产转型

考恩公司的经历与整个行业的经历是一致的。图4.1展示了1861—1913年间各种原材料相对重要性的变化。[2] 图中显示了每种原材料在英国造纸业使用原材料总吨数中所占的份额。假设在整个行业中,每一种材料的平均重量转化率相似,那么通过观察这些数字,也可以粗略估计由每种材料制成的纸张的百分比。即使我们不做这个假设,图4.1仍然凸显了各种材料的使用趋势,这也是我们主要感兴趣的方面。由于木浆(含化学降解和机械研磨制作)和细茎针草浆很少是在联合王国境内生产的,因此图中所列的木浆和细茎针草浆的数据源于进口统计数据。需要注意的一个问题是,在1870年到1886年间,使用木材造纸的工艺在这个国家还处于萌芽阶段,图中的木材数据其实也包含了除木材和细茎针草以外的其他植物性原材料。然而,除了在这一时期略微加强木材的重要性以外,这对总的计算结果应该没有什么影响。我们认为这一点几乎不可能对图4.1所示的情况有什么实质性的改变。碎布的使用量很难衡量,因为用于造纸的碎布既有从国内购买的,也有从国外进口的。幸运的是,在碎布的总使用量和它的进口量之间似乎存在某种关系。根据现在的看法,当时联合王国的碎布进口量始终占全国总需求量的20%左右,图4.1采用这一数据,让我们对这个时期碎布的使用规模和重要性形成一些了解。[3] 当然,图中的数据并不精确。科尔曼也曾表示进口碎布在总消耗量中的占比没有我们想象

---

〔1〕 Cowans Collection,GD 311/1/10,1883年1月1日日志。

〔2〕 图4.1编制依据为*Annual Statement of the Trade and Navigation of the United Kingdom*,Lewis,*Numerical Approach*,p. 30。基于进口数据做了类似的估算。然而,正如他的数据没有考虑到国内碎布供给情况,这正是英国造纸业在19世纪的主要原材料,因此明显低估1890年前碎布的重要性,由此也夸大了细茎针草和木材被接纳的速度。

〔3〕 *SC Paper*,p. 283.

的那么高。[1] 然而，正如前文分析的，已知碎布在造纸原材料中的占比稳步降低，我们对后期其他材料的进展更感兴趣，即使对于碎布的使用量可能稍有低估，也不太可能改变图 4.1 中绘制的整个大图景。

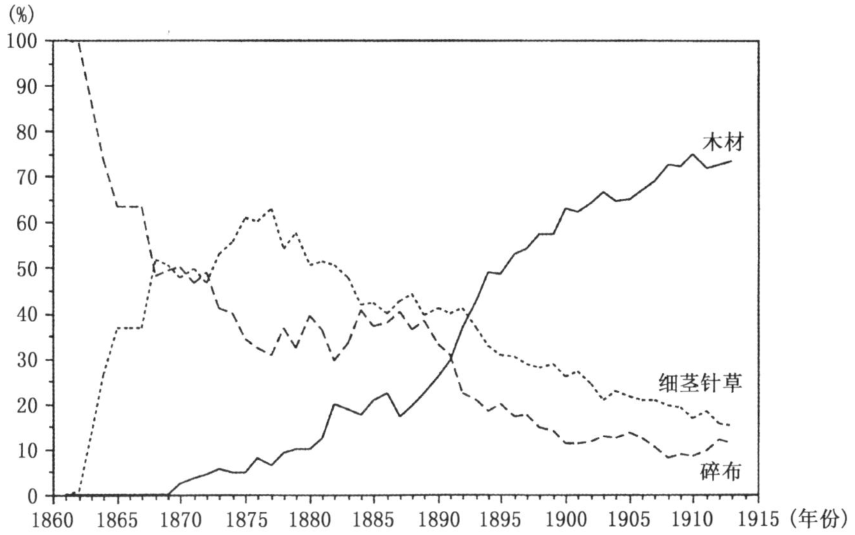

图 4.1　1861—1913 年英国造纸业原材料的使用情况

在图 4.1 中可以看到，这一时期有 3 个较明显的阶段。第一个阶段是 1861—1877 年间，这一时期，细茎针草崛起了。造纸业使用细茎针草的量出现了相当快的增长（见表 4.1）。从 1861 年尚且可以忽略不计的水平，在短短 3 年时间里，它的使用量已经跃升至 43 000 吨：大约是碎布用量的三分之一。细茎针草占比稳定增长的趋势一直维持着，但在 1868—1872 年间，占比一直徘徊在 50%附近，后来该增长趋势又继续下去，直到 1877 年，细茎针草使用量占比达到顶峰，在所有用于造纸的原材料总量中占 63%。当然，它的重要性提升的另一面是碎布占比的降低。到了 1877 年，木材即将横空出世成为造纸业的重要原材料时，碎布仍占造纸业原材料总量的 30.5%。19 世纪 60 年代，细茎针草的兴起很大程度上是因为当时它是造纸者唯一可以接受的材料。直到 19 世纪 70

[1] Coleman, *British Paper Industry*, p. 214.

年代中期,英国造纸厂通过对各种材料的实验、也通过在使用和实践中学习到的经验,进一步确立了细茎针草的重要地位。其实在英国,其他材料根本没能引起同等程度的关注和研究。更为关键的是,其他材料对于英国造纸厂来说可行性不高。在这一时期,木浆在很大程度上仍然是狂人的幻想。由于英国造纸厂仍在寻找能生产出与碎布纸同等质量的纸张的原材料,或者能与碎布混合而不会明显影响质量的原材料,用机械研磨木浆生产出来的"劣质"纸张不太可能受到欢迎。非常巧合的是,就在木材降解工艺发明的整整20年前,细茎针草的化学降解工艺出现了。这一工艺是由劳特利奇在英国开发的,这片土地上本身就缺乏合适的原材料,也没有太大的动力去设法利用看似丰富的木材供应,反而成为一片沃土,推动了细茎针草作为造纸原料的快速实施、改进和传播。

表 4.1　　1861—1877 年英国进口细茎针草总量　　单位:吨

年份	总量	年份	总量
1861	16	1870	104 870
1862	876	1871	144 411
1863	19 326	1872	104 870
1864	43 403	1873	102 649
1865	52 324	1874	119 176
1866	70 041	1875	141 900
1867	55 074	1876	130 891
1868	95 880	1877	175 878
1869	87 442		

资料来源:*Annual Statement of the Trade and Navigation*。

这种局面并没有一直持续下去。从1878年开始,木材的使用量开始稳步增长。直到1889年,木浆占比不断提高的同时,细茎针草制作的纸浆占比也不断下降。1877年时,细茎针草在所有原材料的总消耗量中占63%,但在短短12年里,这一比例就下降到39.5%。同一时期内,木材的消耗占比则从6.5%增长到22.2%。有趣的是,碎布的地位在第二阶段似乎仍然没有出现大的变化,在总消耗量中,碎布的占比在30%~40%之间波动。事实上,碎布占比甚至出现了轻微的上涨，1884 年曾达到 40.8%的高度，要知道碎布在原材料总量中的占比从 19 世纪 70 年代初以来就再也没有达到过这个水平了。但仅仅一年后，碎布的占比又回落到 36.9%。19 世纪 80 年代，碎布的占比出现这种波动，可能是因为它的价格下跌了。尽管细茎针草的价格也在这一时期出现了同样幅度的下跌(木浆价格也一样)，但它的份额还是下降了。[1] 细茎针草的衰落似乎与 19 世纪 80 年代早期亚硫酸盐法和硫酸盐法的出现有着密切的关联，这两种方法彻底改变了木浆的生产工艺，提高了木浆制备的可行性，使其逐渐替代了细茎针草。这时造纸厂利用木材生产出的纸张，质量上可以与用细茎针草制作的纸张相媲美。即使是机械研磨法制备的木浆，经过类似的化学处理，也成为造纸工业的一个重要前景。当然，考虑到细茎针草在英国造纸商眼中只是碎布的替代品，木浆只是成了替代品的替代品，自身还算不上碎布的替代品。[2]

碎布使用量的稳定性在 1889 年以后开始土崩瓦解，其在造纸原料总吨数中所占的份额与细茎针草一样，陷入了长期的持续下降。到世纪之交，碎布使用量在造纸原材料总量中的占比仅为 10%，某些年份，如 1908 年，它甚至比这一水平还低，一度低至 8.1%。细茎针草的占比也同样急剧下降，最终在第一次世界大战爆发前跌至 15%。[3] 到了这一阶段，木材的使用取得了较大的发展。1896 年，木材在造纸原材料总消耗量中的占比首次超过 50%，到 1914 年接近 75%。按吨(见表 4.2)计算，木浆的增长也令人印象深刻。1887 年，木浆进口量在行业协会的统计中首次单独列出，从 1887 年到 1913 年，木浆使用平均复

---

[1] 碎布价格的下降主要是由于国内外替代性原料的增加。但是，这一进展对于相对价格的影响可能并非如此显著。1878—1888 年间，碎布平均价格从 16 英镑下降到 11 英镑；1880—1890 年间，细茎针草价格从 7 英镑下降到 5 英镑，化学制备的木浆从 8 英镑下降到 5.5 英镑。Spicer, *Paper Trade*, pp. 32—33, 39.

[2] “必须记住，如果我们能以与木材一样便宜的价格买到碎布，或许就不会优先选择后者作为原材料……正如我们已经说过的，木材不可能完全取代碎布，只是一个备选方案而已。在纸张生产方面，碎布比其他任何已知材料的优先级都要高，我们相信它们会在相当长的一段时间内继续保持领先。在对木材进行科学实验的过程中，我们发现，即使出现了木材的替代品，也不太可能出现完全取代碎布的新材料。” *PMC*, 10 December 1886, p. 400.

[3] 像碎布一样，细茎针草并没有完全消失，因为这种材料在英国造纸业找到了自己的一席之地，即高质量印刷用纸和书写用纸的生产。1938 年时，英国仍进口了 316 000 吨细茎针草。Hills, *Papermaking*, pp. 141—143.

合增长率为10.13%。最初几乎所有的木材都来自挪威、瑞典和德国,但在战前十年半左右,俄罗斯和加拿大成为英国最重要的木浆进口国。

表 4.2　　1887—1913 年英国进口木浆总量　　单位:吨

年份	吨
1887	79 543
1892	190 946
1897	388 304
1902	525 799
1907	672 499
1913	977 757

资料来源:*Annual Statement of the Trade and Navigation*。

木浆造纸技术的稳步发展,使得它的重要性不断凸显。有关这些技术进展的大量信息,造纸厂可以通过造纸业的报刊和其他出版物获得。例如,1891年出版的《行业协会期刊》中刊登过一篇有关木浆造纸的文章,文章中指出,国内由木浆制成的纸张质量一直在稳步上升,这充分表明,各种工艺快速发展趋近完美,或许可以加大木浆在造纸过程中的比例。[1] 1889年发表在《造纸业评论报》上的一篇题为《亚硫酸盐的过去、现在和未来》的文章,不仅描述了亚硫酸盐工艺的现状,而且对未来的进展进行了预测。然而,人们强调的是已经取得的巨大进步。据报道,1888年英格兰和欧洲大陆的亚硫酸盐工厂都有一定的改进,英国的亚硫酸盐工艺改进是由爱德华·帕廷顿(Edward Partington)先生引领的。欧洲大陆当然保持着领先于英国和美国的优势,克尔纳(Kellner)博士优秀的大脑中已经构思了一系列新的工艺和改进。[2] 欧洲大陆取得领先的原因是,他们对这种材料更熟悉、更了解。尽管英国造纸商显然没有相应知识储备,但也获得了同等好处。造纸商们可以获得越来越多关于各种木浆的信息,再辅以他们对其他材料的已有知识,完全能够作出更为合理的决策。

---

〔1〕 *Board of Trade Journal* 10, no. 54, January 1891, p. 59. 本刊物中提到木浆的还有 14, no. 18, January 1893, p. 89; 15, no. 106, May 1895, p. 580, and 19, no. 112, November 1895, p. 580。

〔2〕 *PTR*, 1 February 1889, p. 1. 行业期刊中还有其他类似文章。例如 *PMC*, 10 December 1883, p. 272; 11 May and 10 June 1885, pp. 131—134 and 167—170, and 10 March 1887, p. 100。

英国造纸商面临的问题性质变化也反映在专利申请上。表4.3概述了1855—1913年期间英国造纸专利申请的数量和构成。表4.3中每一栏的编号含义如下:(1)代表英国造纸商申请的与原材料及其加工有关的所有专利总数;(2)代表原材料相关专利数占造纸业专利总数的百分比;(3)代表与寻找造纸新原材料有关的英国专利总数;(4)代表与已知原材料的化学、机械处理有关的专利数量;(5)代表(3)占(1)的百分比;(6)代表(4)占(1)的百分比。

表4.3　1855—1913年英国造纸专利申请的数量和构成

年份	(1)原材料专利总数(项)	(2)原材料专利数量占造纸业专利总数的百分比(%)	(3)新原材料相关专利总数(项)	(4)已知原材料相关专利(项)	(5)新原材料相关专利占原材料专利总数的百分比(%)	(6)已知原材料相关专利占原材料专利总数的百分比(%)
1855－1864	202	59.2	63	139	31.2	68.8
1865－1874	244	66.3	38	206	15.6	84.4
1875－1884	155	48.7	24	131	15.5	84.5
1885－1894	246	51.4	14	232	5.7	94.3
1895－1904	192	37.9	16	176	8.3	91.7
1905－1913	186	36.7	21	165	11.3	88.7

资料来源:*Chronological and Descriptive Index of Patents*。

表4.3中首先要注意的是,如预期的那样,专利申请数中百分比较高的是寻找和改进造纸原材料方面的专利。1865—1874年间,此类专利占英国人申请的造纸专利总数的66.3%。在接下来的几十年里,这一比例下降了一半左右。然而,正如第(1)栏和第(2)栏所示,这种下降在本质上既不是稳定的,也不能归因于专利申请数量的大幅下降。这个下降过程是阶梯式的,大致可分为3个阶段,与图4.1所示的情况大致相同。随着时间推移,可行的备选方法越来越少,导致造纸商集中力量专攻那些可行的方案,同时业内对备选方案的了解也逐渐普遍化,也和表格中显示的模式十分雷同。在寻求新原材料的初期,造纸商面临的选择是众多的,而对每一种原材料的了解都是有限的。随着时间的推移,他们逐渐获得相关知识,这些知识都很有用,或者至少可能有用,同时材料继续吸引造纸者和发明家的关注,其中不太可信的材料则被淘汰。最后,几乎所有

的创新努力都指向对现有方法的微调。

表格中原材料相关的专利大致又可以分为两类:一类是建议采纳某种新原料的专利,另一类则是改进现有材料处理方法的专利。将两者分开看,可以支持前文所述的观点。如表 4.3 的第(5)栏所示,在 1855—1894 年间,开发新原材料相关的专利在英国所有与原材料相关专利中所占的百分比稳步下降,从 31.2%下降到 5.7%。与此同时,改进现有原材料工艺的专利比例在上升。这表明,随着时间的推移,在寻找新材料上投入的力量减少了[第(3)栏],因为越来越多的创新者开始相信,在已经找到的材料中,有一些可以发展成可行性较高的替代品。结果,越来越多的人转移注意力,开始改进这些替代工艺的实践方法和成本效益。此类专利涉及大量各式各样的创新,从木材降解成纤维素的化学过程,到回收废水和增强漂白,再到锅炉和纸浆过滤器的新设计,甚至还包括对碎布切割器的改进。这些创新之所以如雨后春笋般不断涌现,是因为他们的发明者和赞助者想要通过改进一种已知的原材料,来降低造纸成本或提高纸浆的质量。因此,这些创新可以视为造纸业寻找到主要原材料的后续努力。[1]

当然,寻找新原材料的工作也并没有完全停止。总有一些人认为,在世界上某个僻静的角落里,完美的原材料正等着人们去寻找。造纸商不可能忽视这种可能性。在 19 世纪 80 年代,一位名叫弗雷德里克·巴洛(Frederick Barlow)的年轻人前往印度和缅甸,去调查用竹笋造纸的可能性:这个建议实际上是由细茎针草造纸工艺的发明者托马斯·劳特利奇提出的。巴洛回国后的报告并不乐观,但他此行的经历表明,造纸者仍然感到有必要找遍世界各地的材料。[2]《行业委员会期刊》也继续定期刊登报告,分析造纸业可能利用得上的新原料。例如,在 1890 年 8 月,它引用同年 7 月发行的《南美洲期刊》中的说

---

〔1〕 从碎布的运用和专利申请活动之间的关系中可以找到这一大趋势的更多证据。把碎布在原材料使用量中的占比作为指标来观察替代性原材料的搜索进展,人们可以合理假设,这一比例越高,造纸业在新材料相关专利方面的创新努力就越大。事实上,这两个变量之间的相关系数为+0.827,表明专利活动中与新原料有关的份额,同碎布对行业的重要性密切相关。这种高度的联系性也再一次证明,在 19 世纪下半叶的时间里,造纸业投入了大量的努力去寻找碎布的替代品,这在很大程度上是受到行业早期在这一领域曾获得成功的影响。

〔2〕 Evans, *Endless Web*, p. 112.

法："一个新元素正在进入造纸业市场。"当时已经证实，香蕉树中含有的纯纤维比众多造纸用的植物中的任何一种都要多。该报道还补充道："据估计，一旦将这种植物投入商业生产，将彻底改变纸张材料市场，并在很大程度上影响造纸行业。"[1]不幸的是，对于南美的香蕉种植者来说，这种说法是很没道理的。

在第一次世界大战前的 20 年里，人们对新材料的兴趣似乎也有所上升。这在表 4.3 中体现得很明显。无论是从绝对数量还是在英国原材料相关专利总数中的占比来看，这类专利数量都显示出了明确的上涨，当然涨幅可能不是很大。其间，竹子在业内再一次流行起来了。例如，作为印度和缅甸政府的化学家和技术顾问，辛德尔（Sindall）在 1905 年开始了从竹子获取纤维素的可行性研究。到 1909 年，辛德尔完成了他的测试，意识到他的发现对英国和印度造纸商有重大价值，因此他把他的研究写成了一本书。在序言中，他非常清楚地说明了他和当时其他人的研究动机："对新型造纸纤维素的需求日益增长，且随时间推移，日益急切。"[2]辛德尔的此话直指造纸商们心中挥之不去的恐惧，这种恐惧源于 19 世纪最后 20 年来木浆使用量的快速增长，这种增长是不可持续的，很快就会需要另一种材料了。人们想象细茎针草的供应也会迅速短缺，并对此表示担忧。[3] 业内人士也许并未意识到他们自己心中存在这些担忧，但这种担忧是切切实实存在的。对于著名的造纸机制造商詹姆斯·伯特伦父子有限公司（James Bertram and Sons.）来说，这些担忧就十分真实了。事实上，这家公司抛弃了传统业务方向，建立了自己的实验室，配备了实验工厂，那里有"用来自世界各地的……适合造纸的材料生产的纸张样品"[4]。在寻找新原材料的征程上，它并不是独行者。1911 年，狄金森的克罗克斯利造纸厂（Croxley

---

[1] *Board of Trade Journal* 19，no. 49，August 1890. 同样的报告也刊登在 *PMC*，10 December 1890，p. 470。还有人提出，应用一种生长在阿尔及利亚的名叫 diss 的草（*Ampelodedmos tenax*），vol. 10，June 1891，pp. 631－632；甘蔗，vol. 14，March 1893，p. 331，以及一种生长在印度北部的名叫 Bhabur 的草（*Ischoemum augustifolium*），vol. 19，September 1895，p. 332。

[2] R. W. Sindall，*Bamboo for Papermaking*（London，1909），p. 7.

[3] *Board of Trade Journal* 19，no. 110，Sept. 1895，p. 333. 早在 19 世纪 80 年代中期，就已经有人担忧木材原料被耗尽。*PMC*，10 December 1886，p. 400.

[4] 引用内容来自伯特伦公司 1921 年发行的造纸机图解目录，Bertrams Collection，GD 284/25/9，p.（viii）。

Mill)从埃及进口了棉花的根茎,并进行了一次不成功的实验。[1] 有趣的是,伯特伦父子也很看好竹子。1913 年,它将自己赞助的辛达夫的研究成果再版,新增了自己所写的序言。序言中提到,伯特伦与辛达夫的意见一致,相信仍需要找到新的原材料。他还吹嘘道:"在过去几年里,我们特别研究了竹纤维是否适合制造纸浆和纸张,花费了大量时间和精力来设计能处理竹纤维的机械,并使竹纤维的生产流程变得更经济……毫无疑问,在不久的将来,竹子将成为重要的造纸纤维来源。"[2]提及这段话,重点并非为了强调世纪之交时,在英国造纸商的心目中,竹子拥有突出的重要性,而是显示造纸商们,由于害怕当时的纤维素来源再次消耗殆尽,仍在努力寻找新的原材料。这种害怕导致 1895 年后新原材料相关专利的申请数量上升。然而,在造纸商们仍未就主导 20 世纪造纸业的少数几种原材料达成一致前,这种上升只是一个微小而短暂的偏差。

本章小结

如果从 19 世纪下半叶英国造纸商的角度来看,再适当考虑可用的新原材料相关信息的来源、时机和传播,可以说这一时期英国造纸业在新原材料开发方面还是做得不错的。在研究英国造纸商们的表现时,我们必须时刻记住,在 19 世纪 50 年代及以后,他们处于何种境地。英国的造纸商们面临的不是简单的选择最优解的问题,他们首先需要花费大量的时间和精力,在迷茫中开拓空白领域,寻找解决他们困境的各种方案,再去解决新方案其中的大部分问题,使他们找到的新材料和新工艺得到充分发展,这样才能去考虑什么样的组合是最优方案。在这段旅程中,英国的造纸企业不缺活力,也不缺动力。本章中考恩公司和其他人的努力很好地证明了这一点。

---

〔1〕 Evans, *Endless Web*, p. 176.

〔2〕 Copy found in Bertrams Collection, GD 284/25/11, pp. 5—6.

尽管将细茎针草作为造纸原材料，产生的成本可能比机械研磨木浆工艺的成本更高，但它在 19 世纪 60 年代站稳了脚跟。原因很简单，因为它是这一时期第一种也是唯一一种质量可与碎布纸媲美，并能满足英国造纸厂要求的材料。它在 19 世纪 60 年代站稳了脚，使得它在 19 世纪 70 年代的地位又进一步巩固和加强。而这一阶段英国对木浆的应用还处于实验阶段。然而，到 19 世纪 70 年代末和 80 年代初，化学木浆的生产在海外取得了突破，木浆开始稳步崛起：一开始还只是占据了细茎针草的份额，后来对细茎针草和碎布都造成了冲击。一旦木浆符合英国造纸厂制定的标准，就很快被造纸商们接受了，这说明路径依赖是有限度的，一个人最初的选择虽然重要，但不一定总是决定性的。[1] 此外，这也表明英国造纸业不乏运作良好的好企业。尽管凡事都有例外，但在维多利亚时代晚期的每一个发展阶段，英国造纸企业运作的典型特征是谨慎考虑、适当大胆和普遍宽容，并非一味地保守和退让。事实上，英国造纸业的出口也曾大幅上涨，并且，正如我们在下一章将要看到的，在 1860—1890 年期间，当细茎针草和碎布占主导地位的时候，英国在技术上实际处于领先地位，这说明我们不能简单认定业内对这些材料的选择不当，是阻碍其经济绩效发展的主因。

本章还提出了一种企业运作决策模型，该模型不同于大多数用于研究企业运作失败的其他模型。本模型构建的基础是，大多数情况下决策是持续性的，而信息及信息导致的决策规则也是不断变化的。因此，在评估决策时，有必要考虑在作出决策时可用信息的数量和质量。在缺乏足够信息的情况下，直觉和“企业家精神”在决策中发挥着重要作用。随着早期决策的结果和方向逐渐明朗，企业家的信息库逐步扩大，就能够作出更理性的决策了。同时，随着各个备选方案得到更充分的研究，新古典经济学中提到的利润最大化行为才成为可能。

---

[1] 当代学者都很清楚造纸商们接受木材的速度有多快：“但毫不夸张地说，它（木浆）已经占据了造纸者的头脑、激起了人们的热情，这种狂热在造纸业中前所未见。英国引进细茎针草的时候，人们已经表现出了极大的兴趣，但狂热程度也不能同现在相提并论。” *PMC*，10 December 1886，p. 399.

读者无须全盘接受上述企业运作决策模式，就会同意本章的另一个论点，即有关企业运作在英国相对经济衰退中所扮演的角色的争论中，当前热议的问题具有一定误导性。先前关于企业运作理论的研究，超越了企业家的管理职能，总是把英国企业家未能选对最终赢家(通常是美国人的选择)视为企业运作失败的结论性证据。在本章中，笔者认为这种绝对正确的标准是不合理的，因为它无法考虑到英国企业家所处的实际环境。更为合理的标准是要求企业家具备能力、远见和活力，而不是要求他们全知全能。拥有上述特质会让企业家争取到应得的回报，尽管这些特质未必总能带来最终的胜利，但它们肯定是国家对其企业家所能提出的全部要求。

第五章

英美劳动生产率差异

与许多其他行业一样，19 世纪后期，美国造纸业全面制定了行业标准，这是其他国家同行们所渴望的。因此，我们可以将美国作为参照物，对比英美两国在 19 世纪下半叶的历程，特别是其生产力发展史，从而增进对英国造纸业的理解。在第三章，我们对英国生产率增长进行过分析，发现至少从 19 世纪 70 年代开始，美国造纸商的劳动生产率相对英国，一直保持着大约 2∶1 的领先优势。这一发现似乎没有统计上的偏差，当代的观察者也心知肚明，英美两国的劳动生产率存在着差距，且这个差距还不小。[1] 后来的评论家和现代研究者的分析也同样注意到了这一差距，而且认为这种差距是持续存在的，很可能一直延续到 20 世纪。例如，布劳德伯利（Broadberry）和克拉夫茨（Crafts）认为，20 世纪上半叶英美两国劳动生产率比例在 2.5∶1 左右波动。在 1935 年的著作里，罗斯塔斯（Rostas）估算出的英美劳动率比例大约是 2.25∶1。[2] 然而，这些分析中鲜少统计 19 世纪的情况，因此本书中计算无法与前人的研究进行直接比较。布劳德伯利和克拉夫茨曾对 1907—1909 年间的两国劳动生产率比例进行比较，得出的结果比我们的结果稍高。[3] 这一差别可能是因为，这两项研究中 1909 年美国造纸业的数据来源不同，布劳德伯利和克拉夫茨采用法布里坎（Fabricant）的估值计算，而本研究则是基于弗里奇（Frickey）的估值计算。

---

[1] Tariff Collection, TC7 28/2, p. 2, E(1); V. S. Clark, *History of Manufactures in the United States* (New York, 1929), vol. 2, p. 488; and S. J. Chapman, *Work and Wages* (London, 1904), p. 237.

[2] S. N. Broadberry and N. F. R. Crafts, "Explaining Anglo-American productivity differences in the mid-twentieth century", *Oxford Bulletin of Economics and Statistics* 52 (1990), 378; Rostas, *Comparative productivity*, p. 36.

[3] S. N. Broadberry and N. F. R. Crafts, "Explaining Anglo-American productivity differences in the mid-twentieth century", *Oxford Bulletin of Economics and Statistics* 52 (1990), 378; Rostas, *Comparative productivity*, p. 36.

学界普遍认为,弗里奇的计算数据更可靠,因为这些数据采用的是纸业和林业本身统计的产量,而法布里坎的数据是由后来的人口统计数据采用外推法推算得来的,根本无法区分造纸和纸浆产业的数据。[1] 无论如何,这两种计算方法得出的结果都是一样的:在 20 世纪头 10 年中,美国造纸业的生产率水平至少是英国的两倍,而且这种差距在随后的几十年也不会消失。

布劳德伯利近期的其他研究也表明,美国造纸业较英国造纸业维持生产率以 2∶1 领先的现象,这并非孤例,19 世纪中期以来,英美制造业整体的劳动生产率之间,基本也维持了这个程度的差距。[2] 根据参与争论的某些人的说法,如果将劳动者人均 GDP 进行对比,得出的结果,在 19 世纪的第三个 25 年里,与英美劳动率差曾出现了一段分化时期,随后在 20 世纪出现了一段明显的趋同时期。[3] 从表面上看,英国制造业的表现似乎远远落后于英国的整体经济表现。这一现象不仅仅是一个统计学上的疑问,而是触及了 19 世纪中期以来各国相对经济表现问题的核心。人们普遍认为,英国出现的相对经济衰退,正是由制造业的糟糕表现带来的。

当然,针对 19 世纪和 20 世纪初英美经济表现的差异,有很多理论进行了解释。其中最著名的是哈巴库克(Habakkuk)对大西洋两岸技术发展的开创性研究,该研究指出,两国之间的差异主要源于美国地广人稀,因此美国制造业所获得的资本密集度更高。[4] 哈巴库克之后,文献中出现了各种各样的因素成本论。以布劳德伯利为例,他认为,由于美国具有独特的资源和生产要素禀赋,且美国的需求模式也是独一无二的,因此在 19 世纪后期及之后,美国广泛运用

---

〔1〕 S. Fabricant, *The Output of Manufacturing Industries, 1899 — 1937* (New York, 1940), p. 482; Frickey, *Production*, p. 178.

〔2〕 Broadberry, "Manufacturing and the convergence hypothesis".

〔3〕 例如,见 W. J. Baumol, "Productivity Growth, Convergence and Welfare: What the Long Run Data Show", *American Economic Review* 76 (1986), 1972—1985; M. Abramovitz, "Catching up, Forging ahead and Falling behind", *Journal of Economic History* 46 (1986), 385 — 406; S. Dorwick and D. T. Nguyen, "OECD Comparative Economic Growth, 1950—1985: Catch up and Convergence", *American Economic Review* 79 (1989), 1010—1030; and E. N. Wolff, "Capital Formation and Productivity Convergence over the Long Term", *American Economic Review* 81 (1991), 565—579.

〔4〕 H. J. Habakkuk, *American and British Technology in the Nineteenth Century* (Cambridge, 1962). David, *Technical Choice* 中,对如何依靠技术进步实现自给自足的模式进行了阐述。

大规模生产取代手工制造,从而奠定了其劳动生产率方面的领导地位。[1] 其他学者也有相似的论调,认为美国之所以能逐渐取得领导地位,正是依托其丰富的原材料储备。很多研究美国经济发展史的学者认为,木材、煤炭、铁矿石、铜和石油等原材料的极大富足,配以不可或缺的现代化生产技术和大规模生产模式,赋予了美国极大的优势,使其面对那些"先天不足"的竞争国对手时,能够轻松获胜。[2] 此外,研究者中有一个学派认为,19 世纪的运输产业技术革命第一次打开了美国巨大的市场,促成了规模经济的实现,给美国制造商带来了前所未有的巨大利益。[3] 然而,另一个学派则认为,美国庞大、富裕、受保护的市场催生了多部门、垂直整合、等级森严和管理型的公司,这才是美国制造业最显著的特征,也是其取胜的关键所在。[4] 最后,还有一个学派认为,美国自 19 世纪以来的相对成功,是因为美国工人没有那么多工会,也没有那么多受制于排他性的工艺传统,因此相对英国工人,他们对于技术变革和管理模式变革的抵抗性更弱。[5]

英美造纸业长期存在 2∶1 的劳动生产率差距这一现象,给我们提供了一个独特的视角。我们可以通过探索这一现象及其成因,对那些号称可以解释英美经济发展不同表现的理论进行审视,从而判断这种劳动生产率差距是否就标志着维多利亚时代晚期和爱德华七世时期英国造纸业的失败。在本章至第八章,我们将对这个问题进行深入探讨。本章的下一节,我们将分析有关两国造纸业发展历程的现有数据,从而分析这些数据体现了两国造纸业的哪些差异。

---

〔1〕 S. N. Broadberry, "Technological Leadership and Productivity Leadership in Manufacturing since the Industrial Revolution: Implications for the Convergence Debate", *Economic Journal* 104 (1994), 291—302.

〔2〕 R. R. Nelson and G. Wright, "The Rise and Fall of American Technological Leadership: The Postwar Era in Historical Perspective", *Journal of Economic Literature* 30 (1992), 1931—1964; N. Rosenberg, *Technology and American Economic Growth* (New York, 1972), pp. 18—24.

〔3〕 P. Temin, "The Relative Decline of the British Steel Industry, 1880—1913", in H. Rosovsky (ed.), *Industrialization in Two Systems* (New York, 1966), pp. 140—155; Rostas, Comparative Productivity, M. Frankel, *British and American Manufacturing Productivity* (Urbana, 1957).

〔4〕 A. D. Chandler, *Scale and Scope: The Dynamics of Industrial Capitalism* (Cambridge, MA, 1990).

〔5〕 W. Lazonick, "Production Relations, Labor Productivity, and the Choice of Technique: British and U. S. Cotton Spinning", *Journal of Economic History* 41 (1983), 491—516.

第六章讨论了劳动力和车间实践的重要性,随后在第七章和第八章中,将分别对 1860—1890 年间和 1890—1914 年间的生产率差距进行详细的分析。

机器性能

为了更好地理解英美两国的生产率差异,首先应该看看现有数据是否能提供足够的信息,帮助我们观察这种差异的构成。表 5.1 和表 5.2 从不同的视角切入,对两国造纸业进行了对比。表 5.1 计算的是美国和英国每台造纸机的年产出水平和每英寸产量水平。在我们能获得足够数据的这些年份中,两组数据呈现出的情形是十分相似的。从 19 世纪 90 年代,即 1900 年开始,美国造纸机的平均生产能力就超过了英国。在 20 世纪第一个 10 年的末期,美国造纸机的生产能力大约领先英国 50%。年均纸浆处理能力的提高促使每台造纸机的产量也相应上升。反之,是否可以实现更高的造纸机台均产能,主要受到以下几个因素的影响:(1)采用不同的、效率更高的造纸机;(2)延长造纸机每天的运转时间,同时增加其全年运转天数;(3)减少造纸机停机维护时产生的运行时间损失;(4)加快生产过程中原料浆的制备,从而减少造纸机等待纸浆时产生的时间浪费;(5)引进更宽的造纸机;(6)加快造纸机本身的运行速度。

从 20 世纪初开始,实际上有两种不同的造纸机处于竞争中,但长网造纸机很快就取得了优势,在各国造纸业中成为支柱机型。因此,我们分析因素(1)并没有太大困难。但是,1812 年约翰·狄金森发明了圆网造纸机后,在美国,这两种造纸机的竞争中,圆网造纸机顽强地坚持了很长的时间。这一现象同样值得我们探讨,并非因为这一现象代表了行业对某种临时路径的短暂依赖,而是因为这一现象本身就足够有趣。当然,由于我们不够了解美国引进造纸机的全面历史,我们的结论中必然含有一定程度的推断。

尽管圆网造纸机是英国人发明的,但它在英国从未真正流行起来。这在很大程度上是因为它的发明者狄金森没有公开为它申请专利,而是选择了保守秘密，只在他自己的厂房里建造和修理所有的圆网造纸机。[1] 因此，在很长一段时间里，他厂房以外的所有人都对圆网造纸机的具体情况一无所知，而且由于没有专门的制造商来生产和开发圆网造纸机，因此人们普遍认为它没有什么发展潜力。

表 5.1　　1880—1914 年美/英造纸机台均年产量和每英寸宽度年产量比　　单位：%

年份	造纸机台均年产量比	造纸机每英寸宽度年产量比
1880—1881	81.3	
1890—1891	90.3	
1900—1901	120.6	123.2
1907—1909	149.3	138.8
1912—1914	148.1	136.1

注：1880—1881 年以及 1890—1891 年美国造纸机产量数据根据 1884 年度数据估算得出。

资料来源：Hoffmann，*British Industry*，T54；*Paper Mill Directory*；Frickey，*Production*，p. 16；*Paper Mill Directory of the World*（1900—1914）；Cohen，"Economic Determination"，p. 4/3；Clapperton，*Paper-making Machine*，p. 247；*Fifteenth Census of Manufactures*（1914），table 24，p. 618；*Census of Production*（1907），p. 624。

反之，圆网造纸机的发展在美国是比较顺利的。圆网造纸机在美国成为第一个取代传统手工作业的机器。虽然托马斯·吉尔平（Thomas Gilpin）声称，1817 年 8 月他在特拉华州布兰迪万河（Brandywine）边的工厂里发明了圆网造纸机，并将其投入生产，但毫无疑问，他实际上是受到了他的兄弟乔舒亚·吉尔平（Joshua Gilpin）的启发，而后者曾在 1816 年参观狄金森的工厂。正如造纸史学家克拉珀顿所指出的那样，"19 世纪下半叶美国造纸商广泛使用的圆网造纸机，与约翰·狄金森在 1812 年设计的原始机型相比，非常相似，甚至一模一样"[2]。

---

[1] MacLeod，"Strategies for Innovation"，293. 圆网造纸机运作方式的具体描述请参见 Clapperton，*Paper-making Machine*，pp. 243—244。

[2] *Paper-making Machine*，p. 243. 又见 H. B. Hancock and N. B. Wilkinson，"Joshua Gilpin：An American Manufacturer in England and Wales. Part Ⅱ"，*Newcomen Society for the Study of the History of Engineering and Technology Transactions* 39（1960—1），66。

但是，直到约翰·艾姆斯（John Ames）对吉尔宾公司使用的基本设计进行改进后，美国对圆网造纸机的使用才取得了真正的突破。马萨诸塞州斯普林菲尔德（Springfield）的造纸工人约翰·埃姆斯通过一次典型的工业间谍活动获得了相关技术，随后他改进了圆网造纸机，产生了一种复杂度较低的变体，这种机器制造起来更容易，成本也更低。1830年，康涅狄格州的费尔普斯和斯帕福德（Phelps and Spafford）首次对圆网造纸机进行了商业化生产。因此，与英国不同，在随后的50年里，圆网造纸机成为美国造纸机制造商的主要产品。在这一时期，美国对这款机器进行了进一步的改进。1863年，圆网造纸机被改进为可用于多层纸和纸板的生产，这一创新后来在英国的纸板制造商中得到认可，圆网造纸机由此在英国也获得了一定的生存空间，尽管这时圆网造纸机的主要用途已不同于它的最初用途了。[1]

相比之下，长网造纸机在美国的传播则相对缓慢。事实上，直到1827年，亨利·巴克莱才在位于纽约索吉蒂的比奇、霍莫克和卡尼工厂（Beach，Hommerker，and Kearney）里安装了一台从英国进口的长网造纸机。[2] 虽然史料记载，1829年就有美国机械师制造过一台长网造纸机，但多年来，美国的长网造纸机都是用从欧洲进口的零件制造和维修的。美国造纸业似乎对这款正在彻底改变欧洲造纸业的机器缺乏兴趣，事后来看，这确实有点难以理解。但对当时的美国造纸商而言，这没什么值得担忧的。很多人认为，19世纪上半叶他们之所以不愿意使用长网造纸机，是因为进口和组装长网造纸机的成本要比圆网造纸机高得多。不用说，这或许是因为机械师只熟悉圆网造纸机的工作原理，对于长网造纸机的一个重要组成部分震动机不太熟悉，美国的造纸机生产商似乎无法在控制成本的同时，制造出有效的震动机，这也能证明前文所述的观点。[3]

然而，南北战争之后，特别是从19世纪80年代开始，长网造纸机的存在感

---

〔1〕 J. A. McGaw, *Most Wonderful Machine: Mechanization and Social Change in Berkshire Paper Making* (Princeton, 1987), pp. 101—102.

〔2〕 M. Keir, *Manufacturing* (New York, 1928), p. 482.

〔3〕 McGaw, *Most Wonderful Machine*, p. 102.

逐渐变强了。到了20世纪初,长网造纸机在美国造纸业已经成为支柱性的机器。1843年,马萨诸塞州霍利奥克市(Holyoko)作为美国"纸城",引进了第一套长网造纸机,标志着长网造纸机在美国的崛起。到了1897年,"纸城"95%的造纸机都是长网的。[1] 在1900年美国第12次制造业普查对造纸业的描述中,强调了长网造纸机的重要性,对圆网机仅是随口一提,这也反映了长网造纸机最终获得主导地位。[2] 目前关于美国造纸机的历史资料匮乏,任何想对这一转变的性质进行分析的都只能是尝试性的解释。然而,现有的信息显示:长网造纸机在美国迟来的成功,至少部分归因于造纸商迟迟未能意识到长网机相对圆网机的成本优势;反之,这也可能是因为造纸机生产商直到20世纪中叶才对长网造纸机有足够的了解。尤其考虑到,圆网机的内在构造注定了它的运转速度上限较低。当造纸厂逐渐意识到生产提速的需求时,他们很快就会发现,一旦提高圆网造纸机的速度,离心力也在增加,离心力会把圆形筛网上的浆料甩出来。[3] 这一事实表明,即使美国造纸业对圆网造纸机的使用时间超过了英国造纸商们,对美国造纸机的台均产能比来说,也是劣势,称不上优势。因此,造纸机方面的差异并不能解释世纪之交时美国造纸机台均产能更高的现象。

因素(2)也不太可能对这些对比产生重大影响,因为在这段时期,英美造纸厂的机器都在昼夜不停地运转,每年的生产天数也大致相同。此外,需求暂时放缓和贸易周期等因素,似乎对机器的运行时间也没有什么影响。[4] 从造纸业期刊和现代的统计来看,理论上能够影响造纸机台均产能的其余因素中,迄

---

〔1〕 McGaw, *Most Wonderful Machine*, pp. 161—162.

〔2〕 *Twelfth Census of Manufactures* (1900), pp. 1023—1027.

〔3〕 Cohen, "Economic Determination", p. 4/38.

〔4〕 20世纪头10年中,两国造纸业工人一周平均工作时间为58小时,一年工作日达到325天。例如,Report of an Enquiry by the Board of Trade into the Earnings and Hours of Labour of Workpeople of the United Kingdom, *PP* CVIII (1912/13) (hereafter Earnings and Hours), p. 310; *RC Labour*, pp. 507—511; *Fourteenth Census of Manufactures* (1909), p. 752; and Dept. of Labor, *First Annual Report of the Commissioner of Labor* (Washington DC, 1886), pp. 388—391。

今为止,造纸机速度和宽度的提升仍是最重要的因素。[1] 正如我们在第二章发现的,正是通过不断提升造纸机的运转速度和机身宽度,19 世纪造纸业的技术变革才得以实现。此外,由于因素(3)和因素(4)带来的产能提高同样也只能通过技术变革来实现,因此,可以认为表 5.2 的数据表明,美国造纸机的技术进步速度超过了英国:第三章给出的总生产率对比数据也证明了这一点。[2] 更确切地说,这就证明了当代研究者的一个观点:从 19 世纪 90 年代末开始,美国造纸机产能就保持了对英国的领先优势。研究者们还认为,美国造纸机比英国国内的同类设备更大、更快、更高效。正如莫斯利工业委员会(Mosely Industrial Commission)的代表、造纸商联合会(Amalgamated Society of Paper Makers)的戴森(Dyson)在 1902 年所说:

> 当我们将视角从自然资源转向厂方内部,毫无疑问,无论是从生产必需的机械方面来看,还是从劳动力成本节约的角度来看,我们都是落后于美国造纸厂的。美国人的愿望就是,从原料进入工厂那一刻起,在尽可能短的时间内把尽可能多的原料制成成品,制造过程中的一切必要流程都受到这种愿望的驱动。[3]

表 5.1 所示的对比数据中,包括了造纸机每英寸宽度产能比,这也就消除了因素(5)所提到的造纸机宽度造成的产能不同。因此,这组数据实际反映了造纸机规模提升以外的其他因素带来的生产率差异。我们还可以通过这组数据,估算提升的产能中究竟有多少是源于造纸机规模的提升。1900 年以后的数据显示,大约有 10%的产能提升是由造纸机规模的提升带来的。

---

〔1〕 Spicer, *Paper Trade*, pp. 69—70. 据估算,1800 年后,这两个因素对产量提升幅度的贡献率约占据 85%。

〔2〕 行业内似乎也持有这一看法。例如,U. S. Tariff Board, *Pulp and Newsprint Paper Industry* (Washington DC, 1911), p. 53。

〔3〕 W. Dyson (of the Amalgamated Society of Paper Makers), "The Paper Trade", in Mosely Industrial Commission to the United States of America, October-December 1902: Reports of the Delegates (Manchester, 1903), p. 216.

人员水平

虽然自19世纪90年代以来，美国的技术领先优势不断增强，但这并不能解释这种领先优势在形成劳动生产率优势方面的显著性，更重要的是，也不能解释19世纪90年代之前已经存在的美英生产率之间的差距。我们能找到的造纸机产能相关数据只能追溯到1880年左右，这些数据无法反映出造纸机技术能给美国带来任何生产率方面的优势，甚至1880年和1890年的数据表明，英国在这一时期，甚至更早的时候，在技术上是处于领先地位的。因此，生产率差异的问题显然更为复杂，不能简单解释为造纸技术变革的问题。如果说在计算劳动生产率时，以产能作为分子、投入的人员数量作为分母的话，技术变革的主要作用对象仅仅是作为分子的产量，那么我们有理由问，作为分母的人员在配置方面发生了什么？表5.2比较了美英造纸机每英寸投入人员比和每台投入人员比，我们可以从另一个重要角度来看美英劳动生产率的差距。这两种比率都显示出巨大的差距，但从19世纪90年代开始，差距稍有缩小。这些差距表明，造纸业中运行的每一台机器，都需要造纸商雇佣更多的人手。现代计算的造纸机台均劳动力比率也支持上述观点。我们有理由认为，美国造纸机需要的劳动力比英国所需的劳动力少。[1]

表5.2　　1880—1914年美/英造纸机台均劳动力和每英寸劳动力配比

单位：%

年份	台均劳动力配比	每英寸劳动力配比
1880—1881	41.7	
1890—1891	46.8	
1900—1901	66.4	67.8

〔1〕 例如，见NUPMW对官方问卷的回答，*RC Labour*，p. 755。

续表

年份	台均劳动力配比	每英寸劳动力配比
1907—1909	66.0	71.0
1912—1914	65.9	71.7

注:本表中所有数字为美国数据占英国数据的比例。

资料来源:Spicer,*Paper Trade*,p. 146;*Paper Mill Directory*;*Twelfth to Fifteenth Census of Manufactures*(1900,1909,1914);*Paper Mill Directory of the World*(1900—1914);Cohen,"Economic determination",p. 4/3;Clapperton,*Paper-making Machine*,p. 247;*Census of Production*(1907)。

但是,这一点对生产率的影响有多显著呢?假设英国造纸机可以在不影响产能的前提下,以美国的人员配比水平运行,就可以估算英国生产率在多大程度上受到其人员配比水平较高现象的影响。这相当于要求英国工厂在采用美国台均劳动力配比水平的同时,一并接受达成上述水平所需要的其他条件。[1]显然,所谓的"其他条件"才是这个问题的重点所在,但有关这一点,以及英国怎么实现这一点,我们将在稍后的第七章再进行详细讨论。就目前而言,我们主要关注的是不同的劳动力配比水平对不同国家劳动力生产率的影响,并对其显著性进行估算。这一假设可以表示为下列反事实计算公式:

$$(Q/L_{uk})^{\circ}=\alpha_{uk}\times(M/L)_{us}$$

上式中,$(Q/L_{uk})^{\circ}$代表采用美国造纸机的台均劳动力配比估算出的英国劳动生产率水平,α_{uk}代表英国的资本生产率,每个时期的α_{uk}值可视为一个固定的技术系数,$(M/L)_{us}$是美国造纸机的台均劳动力比率。[2]然后将估算出的劳动生产率数据与每个时期英国和美国的实际劳动生产率数据相结合,如下面的等式所示,可得出美国和英国的劳动生产率差距中,可以用英国台均劳动力配比来解释的百分比。

$$台均劳动力配比影响劳动生产率差异的百分比=[(Q/L_{uk})^{\circ}-Q/L_{uk}]/(Q/L_{us}-Q/L_{uk})\times100\%$$

[1] 换句话说,英国使用的劳动力数量为$M_{uk}(L/M)_{us}$,或是用英国造纸机数量(M_{uk})乘以美国操作造纸机平均所需人员数量$(L/M)_{us}$可得。

[2] 该等式源于$(Q/L_{uk})^{\circ}=Q_{uk}/[M_{uk}(L/M_{us})]$。

在上面这个恒等式中，Q/L_{uk} 和 Q/L_{us} 分别是可观测到的英、美劳动生产率。表 5.3 列出了这一反事实假设的计算结果。

表 5.3　按 1880—1914 年间美国劳工/机器比计算的英国劳动生产率和美/英生产率差距

年份	$(Q/L_{uk})^{\circ}$（吨/年）	Q/L_{uk}（吨/年）	QL_{us}（吨/年）	可说明差异（%）
1880—881	20.33	8.47	16.53	147.15
1890—1891	29.79	13.95	26.89	122.41
1900—1901	30.52	20.27	36.81	61.97
1907—1909	30.96	21.97	46.21	37.09
1912—1914	33.39	23.94	49.45	37.04

资料来源：同表 5.1 和表 5.2。

尽管现有的数据有限且不完整，但表 5.3 的发现确实强烈表明，1890 年以前，美国和英国造纸商之间的所有生产率差距都可以简单地用劳动力配比来解释。此外，反事实计算的结果显示，英国在这一时期的资本生产率不仅没有落后，而且很可能超过大西洋彼岸的水平。但是上述计算的另一个有趣的方面是，它们似乎表明，直到 1890 年以后，台均劳动力配比的差异才无法解释所有劳动生产率差距。当然，正如前文所述，也正是在这个时期，美国开始在该领域确立技术领先地位。结合这两个发现，我们可以得出结论：在各种因素的作用下，美国对英国基本维持了 2∶1 的劳动生产率差异。整体来看，美英之间的生产率差，是好几个同时活跃的因素相互作用的结果。大体来看，在 1890 年以前，英国生产率低下的主要原因可以归结为造纸机台均劳动力配比的差异；而在 1890 年以后，则是由于英国造纸商对造纸机的改进速度较慢。当然这并不是说，造纸机台均劳动力配比在 20 世纪不再重要，只是从这个时期开始，这一原因本身并非造成劳动生产率差异的唯一重要因素。

在进一步讨论之前，有必要提一下上述反事实中隐含的几个假设，包括：(1)英美之间存在的人力资本水平的差异不会影响上述反事实的结果；(2)两国造纸厂采用的造纸机是相似的；(3)纵向整合率的差异不会使结果产生偏差。这些都是需要作出的强假设，我们有必要逐一进行验证。假设(1)中，我们可以预期,人力资本会通过减少运行每个流程所需的员工数量来影响反事实;也就是说,随着工人获得相关知识,他处理自身任务和运行机器的能力更强,需要的帮助更少。劳动力的水平越高,工厂需要雇佣的员工数量就越少。虽然各种文献中往往会提到1890年后美国工人受教育程度的提高,但没有任何证据表明,在1890年之前美英两国工人的受教育程度有任何明显的差异。此外,尽管这些文献声称美国造纸厂工人比他们的英国同行受过更好的教育,但同时它们也指出,英国工人在工作中具有同样的能力水平。[1] 在本书第八章的讨论中,我们发现,美国劳动力的基本教育水平优势,不在于培养出人数较少的高技能水准工人来替代人数众多的低技能水准工人,而在于推动生产技术的变革。不管怎么说,在造纸业,不太可能用少数精英替代大多数技术水平较低的工人。除非有某个公司故意超员,否则以造纸业的生产过程性质、造纸机的巨大规模、不断增长的造纸机速度和机身宽度,从物理意义上,使得造纸业不可能用一个特别有知识的工人取代几个能力较差的工人。[2]

如果两国采用不同的生产技术,且各自都有其独特的人员配备要求,这也可能使得上述反事实无效。幸运的是,正如前文所述,在这一时期,两国造纸业使用的机械有显著的同质性。无论怎么计算,长网造纸机和圆网造纸机在劳动力方面的需求几乎是相同的,这个因素不太可能影响劳动力/机器配比。因此,美国和英国造纸商所用机械的不同,不会对计算结果产生多大影响。

造纸业的纵向整合,意味着造纸厂经营规模扩大,除了生产,还需要负责自身产品的销售和原料的供给,因此需要更多劳动力,每台造纸机的劳动力配比也就更高。纵向整合的程度越高,计算结果的扭曲程度就越高。对于我们的研究来说,这种扭曲会造成一种错觉,使我们误以为美英两国的造纸机台均劳动力配比水平接近。但事实是,因为纵向整合度不同,我们用相同方法估算出的台均劳动力配比计算的东西可能就不是同一个东西了。一旦出现上述情形,我们可以认为,在其他条件不变的情况下,当纵向整合度较高时,会使得造纸厂雇

---

〔1〕 例如,见 Dyson,“*Paper Trade*”,p. 218。

〔2〕 Cohen,“Economic determination”,p. 3/28.

佣的劳动力人数增加，因此，纵向整合程度较高的国家的台均劳动力配比理论上应该更高。不幸的是，有关美国造纸业的台均劳动力配比，我们只找到了非常零散的数据。但有关美国的造纸企业数量方面，我们则获取了较多的数据。因为每次美国制造业普查记录的并非从事造纸业的厂房数量，而是该行业的企业数量。这里所指的企业，包括某一特定地区属于由同一产权人的所有工厂。[1] 如果我们计算美国每家造纸企业的平均雇员人数，并将其与英国每家工厂的平均雇员人数相比较，结果将对美国不利；也就是说，美国每家企业的劳动力成本必然大于英国每家工厂的劳动力成本。从表 5.4 可以看到这一计算结果。采用企业数据和工厂数据进行计算的结果显示，即使在公认美国纵向整合度较高的 20 世纪，英国每家造纸厂雇佣劳动力的平均数量也高于美国造纸厂雇佣劳动力的平均数。此外，在整个 20 世纪下半叶，两国造纸厂的产量普遍相近，美国造纸厂最多比英国造纸厂的平均产量高 10%。这些发现表明，纵向整合程度的不同并不能单独解释两国造纸厂台均劳动力配比的差异。事实上，美国的台均劳动力配比始终远低于英国这一事实表明，即使纵向整合程度能影响计算结果，由于忽视了其他一些能够影响两国劳动力雇佣实践的一些因素，人们往往过分高估了纵向整合度带来的影响。

表 5.4　　美国每家造纸企业/厂劳动力雇佣水平和英国每家造纸厂劳动力雇佣水平对比

单位：%

年份	美国每家造纸企业/厂劳动力雇佣水平	英国每家造纸厂劳动力雇佣水平
1860—1861	40.31	31.41
1870—1871	38.59	31.99
1880—1881	50.80	35.90
1890—1891	49.16	
1900—1901	57.16	43.40
1907—1909	62.58	
1912—1914	60.88	

资料来源：*Paper Mill Directory*；Spicer，*Paper Trade*，p. 146，appendix 5；*Eighth to Fifteenth Census of Manufactures*（1860—1914）；Munsell，*Chonology*，pp. 224，233，Mulhall，*Dictionary*，p. 786。

[1] *Twelfth Census of Manufactures* (1900)，p. 1015.

造纸机运转速度

支持本书论点的另一个证据来源是文献和行业杂志上提供的、有关英国和美国在不同时期造纸机最大运转速度的信息。正如我们所看到的,在 19 世纪后半叶,造纸机技术进步的主要表现是机器操作速度的提高,因此前文所述的信息十分重要。表 5.5 总结了这些信息。信息表明,直到 19 世纪 80 年代末,英国和美国造纸机的最高速度一直处在同一水平,如果有什么区别的话,也是英国以微弱的优势领先。从 19 世纪 90 年代开始,尤其到了 20 世纪初,美国造纸机最大运转速度逐渐超过了英国,平均每年以 5.4%的复合增长率上升,而英国在同一时期的复合增长率仅为 3%。进入 20 世纪后的前 5 年,美国造纸机运转速度的上升速率也同样更高。到了这个阶段,英国业界普遍认识到,美国在造纸机运转速度方面树立了榜样,应当效仿。1897 年,爱德华劳埃德有限公司(Edward Lloyd Limited)的员工迦勒・韦特(Caleb Waite)在公司的派遣下,前往美国考察,研究引进美国造纸机的可能性。韦特对美国造纸机运转速度的提升水平表示惊讶。[1] 因此,表 5.5 中所呈现的情况与上文所述的时间段相当接近。此外也有人认为,美国在造纸机械方面的创新直到 19 世纪 90 年代才开始完全超越英国。

表 5.5　　1862—1911 年美英造纸机运转速度　　单位:英寸/秒

年份	美国	年份	英国
1867	100	1862	100
1872	175	1871	175
1887	250	1885	300
1900	525	1900	480

〔1〕 *PMC*,10 July 1897,p. 326. 另参见 *PMC*, 10 September 1897,p. 440; Clark,*History of Manufactures*,vol. 2,p. 488;Dyson,"Paper Trade",pp. 216—218。

续表

年份	美国	年份	英国
1905	618	1907	550
1911	700		

资料来源：Spicer，*Paper Trade*，pp. 66—67；Hills，*Papermaking*，p. 158；Munsell，*Chronology*，p. 219；Weston，*Chronology*，p. 7；Cohen，"Economic determination"，p. 4/26；Hunter，*Papermaking*，pp. 576—578。

与最大速度相比，我们研究生产力，更关注的是造纸机的平均运转速度。在当代文献中，与平均运转速度相关的信息显然更难以获取。然而，从 1890 年起，就有足够的数据来估算美国和英国的平均机器速度。这一速度可以通过以下等式计算：

$$Q = M \times W \times H \times S$$

上式中，Q 为行业年产量，单位为平方英尺；M 为该年行业内运行的造纸机数量；H 是机器每年运行的平均小时数；W 是机器的平均宽度，单位是英尺；S 则代表机器每小时的平均速度，单位是英尺。将 H 和 S 加在一起，则与表 5.1 中计算的机器生产率比相同。如果我们有 Q、M、H 和 W 的值，然后通过重新排列上面的等式，我们就可以计算出一个残差，也就是平均速度 S。

在计算所需的数据中，唯一无法获得的是造纸业机器运转的年平均小时数。这涉及两个方面的数据：(1)造纸机每天运行多长时间；(2)造纸机每年运行多少天。第一类数据方面，已知造纸厂有强烈的动机保持机器 24 小时不间断运转，除去偶尔停机维修、更换电线和毛毡，通常也确实保持了机器不停转。此外，造纸厂还会尽量避免由于订单不足或劳资纠纷而导致的计划外停产。这种情况对于造纸商们来说，相对不太容易规避，但是鉴于两国造纸商们在同一时期，均面临市场波动、工会软弱等问题，因此即使有导致造纸商们临时停产的因素，也不会造成美英两国造纸业之间的大量差异。对英国的造纸商们来说，面临更为激烈的国内外竞争，很少有造纸商会让工厂和机器处于停工状态，也没有长时间处于休息状态的记录。1904 年，关税委员会上的发言证实了这一观点。[1] 基于这一证据，本书中假设，在 1890—1914 年间，即使每天允许 5.5 小时用于停机维护和处理其他事由，美英两国的工厂每天运行 18.5 小时，每周运行 6.5 天，从而产生的对 H 值的粗略估计为每年 6 000 小时的运行时间。这相当于一年有 50 周，每周工作 120 个小时，或者除去 6.5 个星期停产外，维持全年无休的运转。单个企业的停工状况不太可能比整个行业的停工更多。

另一个问题是，我们的年产量数据需要从吨转换成平方英尺。根据当时可用的信息，可估算出一个转换率，从而实现单位的转换。例如，凯(Kay)曾统计过，1893 年位于芬尼斯考尔斯的星星造纸厂(Star Paper Mill)每天能生产 139 英里 874 码 4 英尺宽的标准印刷纸，重达 10 吨 3 英担。这相当于每 290 262.86 平方英尺的纸重量为 1 吨。其他一些例子同样证实了每吨纸大致可以转换为 20 万平方英尺。当然，不同等级的纸之间会有一定程度的差异，但是绝大多数纸张的转换率非常接近这一数值。[2] 无论如何，由于这一时期英美两国的纸张产出结构大致相似，因此使用这一特定的转换率，即使有误差存在，这种误差也不太可能影响到本书需要进行的比较。将上述信息整合在一起后，我们得到了如表 5.6 所示的结果。

如表 5.6 所示，相对平均运转速度的估算结果证实了最高速度和先前反事实假设的情况。1890 年，两国造纸机的平均运转速度差不多，英国的甚至更高一点。随后，美国造纸机的平均运转速度开始超越英国的。当代各级别纸张的生产都出现了相似情形。戴森在 1902 年曾对美国造纸机作出过如下评论，“即使是较高等级的纸张，如图书、债券和账簿，这些机器也具有相同的优势，而且运行速度确实比英国制造同类纸张的机器快”[3]。

---

[1] 相关论述，见 Evans，Nuttal，Dixon，and Garnett in Tariff Collection，TC3 1/84，p. 12；TC3 1/85，p. 6；TC3 1/86，p. 11；TC3 1/87，p. 2。

[2] Kay，*Paper*，p. 61.

[3] Dyson，“Paper Trade”，p. 216.

表 5.6 **1890—1914 年美/英造纸机平均运转速度**

年份	S_{us}(英尺/分钟)	S_{uk}(英尺/分钟)	S_{us}/S_{uk}(%)
1890—1891	97.68	103.57	94.31
1900—1901	202.51	162.66	124.64
1907—1909	291.10	208.02	139.94
1912—1914	333.97	245.14	136.24

资料来源：Hoffmann，*British Industry*，T54；Frickey，*Production*，p.16；*Paper Mill Directory*；*Eleventh to Fifteenth Census of Manufactures*（1890—1914）；*Paper Mill Directory of the World*（1900—1914）。

此外还应注意一点，表 5.6 中估算的平均运转速度还受到我们对 H 值估算错误的影响，如果 H 值高于实际的工作小时数，会显著低估真实的机器运转速度。但是，这种误差往往较小，因为我们的计算方式受 H 值影响的程度较小。比如说，即使我们对两国中任何一个的造纸机运转时间（H 值）高估或低估了 24 小时，对最终计算结果的影响也只有 0.33%。即使我们对造纸机运转时间的估算误差达到一整周，对最终计算结果的影响也仅仅为 2%左右。

本章小结

本章所考虑的现有数据强有力地表明，1890 年以前，美国造纸机械在技术上相对英国还谈不上什么优势，这段时期美国的高生产率可以归因于它对劳动力较低的要求。然而，形势并不是一成不变的。在 19 世纪最后 10～15 年，美国的造纸机在宽度和速度上逐渐超越了英国的造纸机。英国造纸行业的发行物定期对美国造纸业的发展进行报道，表明英国造纸业也开始显示出对美国造纸技术独有繁荣发展的兴趣。早在 1883 年，《造纸商通函》(*Paper Maker's Circular*)就不定期报道美国造纸业的发展，后来开辟了专栏“美国拾遗”，这是因为该期刊的编辑已经开始意识到：“……我们对大西洋彼岸的同行们越来越关注。”[1]在第六章、第七章和第八章，我们将重点关注英国相对较高的劳动力需求和美国姗姗来迟的技术飞跃，并试图对这些现象进行解读。

〔1〕 *PMC*，10 December 1883，p. 281，以及 *PMC*，10 November 1886，p. 374 中，记载了一位美国专家声称美国造纸业已经超过了欧洲和英国。

第六章

英美造纸业工会和人员管理

本书第五章指出，英国造纸厂为每台造纸机雇佣的劳动力人数远超美国，这在1860—1890年间尤为明显。为了解读这一现象，最好的出发点也许是确定两国的劳工态度是否会显著影响两国造纸厂台均或厂均劳工人数方面的实践。在各类文献中，一个主流的研究主题是，英国工人和劳工组织的抵制如何影响并改变行业中固有的雇佣惯例和方法。这通常是对技术变革的一种阻碍行动，因为技术变革节省了劳动力，迫使那些被迫工作更长时间的人拿同样或更少的工资。[1] 但这些变化遭到抵制，不仅因为它们降低了工作场所对劳动力人数的需求，还因为它们往往具有天然的“去技能化”特征。[2] 在那些重视手工传统的行业中，一旦引进非熟练劳动力来操作新机器，会导致行业的手工特性丧失，这种趋势往往受到强烈的抵制。特别是在维多利亚时代晚期的英国，工匠被赋予重要的社会地位，因此这种从手工到机器的变化受到的抵制尤为突出。工匠们陶醉于崇高的社会地位，通常认为自己比其他工人技高一筹。哈里森(Harrison)和泽特林(Zeitlin)指出：

> 他们在与雇主的对抗中表现出多少尊严和骄傲，就对“下等人”的命运表现出多少不敬和冷漠，其中又以妇女和儿童为甚。如果说他们有时表现出与工人同胞团结一致的英雄气概，那也只是对那些被认定

---

〔1〕 W. Lazonick, “Industrial Relations and Technical Change: The Case of the Self-acting Mule”, *Cambridge Journal of Economics* 3 (1979), 231—262; Coleman and MacLeod, “Attitudes”, pp. 588—611; W. Lewchuck, *American Technology and the British Vehicle Industry* (Cambridge, 1987).

〔2〕 M. Berg (ed.), *Technology and Toil in Nineteenth-century Britain* (London, 1979), pp. 25—26.

为“我辈工匠”的人。他们的英雄气概,总是局限在严格的“行业内部”。[1]

为了扭转新技术替代传统手工作业的大趋势,匠人和行业组织的一大策略是,迫使雇主在工厂内维持传统的人员配备,既要考虑受雇人数,也要考虑其培训情况。根据这一假设,在那些熟练手工业匠人相对不容易被取代,且劳工组织比雇主更为强大的行业,上述策略更容易取得成功。然而,在不具备这两大条件的行业中,劳工们施压雇主维持原有劳工配置的做法,只会迫使雇主采取行动,带来反效果,实际上只会加速传统雇佣方式的消亡。

因此,英国造纸厂对劳动力需求较大,就产生一个很可能成立的假设,即英国造纸厂人员过多的情况是人为制造的。本章的目的就是研究这一命题成立与否。我们应当看到,与美国相比,英国造纸厂人员配备较多,尽管英国手工造纸的传统技法有较高的地位、直到 19 世纪下半叶都没有完全消失,但是没有任何证据表明,机器造纸厂的工人和劳工组织采取过任何手段迫使机械造纸厂过量雇佣人员。相反,有证据表明,这种抵制手段在英国并不常见,反而是在美国时有发生。

英国工会

尽管地方性的造纸商协会或行会在 18 世纪晚期就很活跃,但造纸业第一个具有代表性的正式联盟是在 1800 年形成的。[2] 它被称为初始造纸商协会(Original Society of Paper Makers,OSP),总部设在霍姆郡,在造纸机普及之前,该组织很自然地代表整个行业的利益。然而,该组织并非一个面向所有造

---

[1] R. Harrison and J. Zeitlin, *Divisions of Labour: Skilled Workers and Technological Change in Nineteenth-century England* (Brighton, 1985), p. 15.

[2] Coleman, *British Paper Industry*, p. 262; C. J. Bundock, *The Story of the National Union of Printing, Bookbinding and Paper Workers* (Oxford, 1959), pp. 356—368.

纸业从业人员的开放性组织;该组织只面向那些“有证”的人,也就是那些曾在认证过的造纸商那里当过7年学徒的人。[1] 因此,它本质上是一个匠人组织。由于在19世纪早期手工造纸技艺的主导地位,作为一个组织,它发挥了相当重要的影响,在它发布的排名中,几乎能找到英国从事造纸业的每一个捞纸工、伏辊工和修整工。

但是,因为OSP不愿涉足造纸行业中涉及机械的领域,它的影响力在造纸机普及后遭到了削弱。到20世纪后半叶,和手工造纸一样,OSP也已经变得无足轻重,行业中绝大多数人已经不再对其投以关注。OSP并未将机械造纸的工人纳入他们的行列,是因为传统手工造纸匠人对“劣等”的机器造纸感到不屑。这在很大程度上是一个地位问题,因为OSP认为,那些使用机器、从未学会制造“真正”纸张的人,不适合与真正的造纸者分享地位。正如邦多克(Bundock)所说,“除了……匠人的骄傲,没有任何理由能解释OSP为什么不接纳从事机械造纸的工人加入机构”[2]。当造纸厂的生产从“持证人”手工作业为主转向机械生产为主,OSP想要保持它的“匠人”纯粹性是非常困难的。严格意义上讲,这些机械造纸工人中,在手工作坊做满了7年学徒的,仍然有资格成为OSP的成员,但是OSP显然对他们中间有这样的机器操作工感到不舒服。19世纪90年代,仍有3家曾从事手工造纸后转为机械生产的工厂获得OSP主事者的勉强允许,从而留在了协会中,但协会重申早前定下的要求,不再允许其他此类工厂或工人进入协会。在比阿特丽斯和西德尼·韦伯(Beatrice and Sidney Webb)于20世纪末关于OSP的研究中,我们可以清楚地看到,协会认为这一问题仍然悬而未决:

> 但协会承认,机械造纸所引发的问题是一个难以解决的问题。他们似乎认为,目前采取的措施会导致协会内仅存的几个机械造纸者脱

---

〔1〕 BLPES: Webb Trade Union Collection, Coll. E, Sec. B, LXXIII, item (i), OSP Rulebook, Rule 2, p. 3.

〔2〕 Bundock, *Story*, p. 368.

离协会，整个协会最终会变成一个纯粹的手工造纸商协会。[1]

OSP不仅要把机械造纸者排除在协会之外，他们甚至还抵制起了机器制造的纸张产品。1884年，在达特福德郡，菲尼克斯工厂（Phoenix Mill）的老板要求厂内劳工对同属于该老板的一家机械工厂生产的纸张进行涂色处理，导致其中OSP会员的罢工。然而到了这一时期，OSP在这种对抗中的影响力并不大，罢工的结果是，工厂中所有的协会成员遭到了清除。正如《造纸业评论报》告诉读者的那样：

> 事实是，1884年造纸厂工人的罢工不太可能影响到工厂里的所有工人。造纸厂做的事不太可能会影响到拾布工人和整体劳工大军，协会的抗议活动对他们的利益没有影响。[2]

此外，报道中还说道，协会成员被清除后空出来的位置，很容易地就可以由非协会成员或造纸机械来填补。[3] 这一事件的重要之处在于，它很好地说明了，手工造纸和机器造纸之间已经产生了严重的分裂，造纸机对传统手工技艺的替代，严重削弱了造纸业劳动者对其工作环境的有效影响力。

由于OSP不愿扩大规模，拒绝接纳任何在机械造纸厂工作的工人，造纸业中越来越多的工人发现，在工作环境和薪资待遇给他们带来压力时，他们无法得到充分的保护。为填补这一空白，1854年9月，造纸者结成了造纸业兄弟联盟——一个专门为擅长机械造纸技能的人设立的组织。组织成员仅限打浆工、机械工和整饰工。1869年，该组织在是否接纳“流动工作”的工人为成员的问题上产生了严重分歧，那些强烈反对继续原有做法的人成立了现代造纸业协

---

〔1〕 Webb Collection，Coll. E，Sec. A，XXIX，item 3，p. 244.
〔2〕 *PTR*，5 December 1884，pp. 358—359.
〔3〕 *PTR*，5 December 1884，pp. 358—359.

会。[1] 但是直到 1894 年，这两个组织都维持了对非技术熟练工的排外。[2] 1894 年，现代造纸商协会和造纸业兄弟联盟终于解决了他们在流动工人问题上的分歧后，重新联合起来，组成了造纸业联合协会。在这一时期，新成立的工会仍然只接纳机械制造业的熟练工人。但是，联合协会的领导者意识到，有必要增加组织的成员数量，于是在 1907 年，联合协会发放了一批半会员资质，这些成员仅需支付一半的加盟费和会费，也仅能获得正式成员一半的福利。然而，即使这样，造纸行业的半熟练工和非熟练工依然未能得到组织的接纳，因为成为半会员的前提条件是，候选人必须“拥有我们规定的同等资质”[3]。由此可见，与传统的手工造纸工一样，机械制造厂的技术工人对那些没有技术的工人也存在同样的偏见。直到 1890 年 2 月 1 日全国造纸业工会（NUPMW）成立，造纸厂的无技能工人终于迎来了一个愿意接纳他们的组织。工会的规则手册明确提出，工会的成员资格向“任何一家造纸厂内的所有男女员工”开放，并承诺要建立一个涵盖整个行业的全国性工会。[4]

创立伊始，全国造纸业工会就多次发起提议，试图与造纸业联合协会合并。在 1891 年，工会在向成员报告时提到，与其他造纸业工会合并的问题，“在过去的一年里，得到了总部认真和持续的关注，从未受到来自现代造纸商协会和造纸业兄弟联盟官员的任何反对”[5]。除此之外，工会秘书长还发起提案，建议在这些协会的成员中建立起一套双重会员制度，也许是希望它能激发成员们合并机构的意愿。然而，这一提议似乎从未取得任何实质性进展。[6]

19 世纪 90 年代，造纸业联合协会发起了缩短工时的运动，这也是全国造纸

---

[1] “走工制度”是指年轻人和失业的造纸工人在不同的兄弟联盟工厂之间流动，工厂为他们安排住宿、发放补助，他们完成工作后再转移到下一个工厂。只有在预先指定的路线全部完成后，工人才可以回家。这种做法最初是作为一种训练年轻造纸者的方法，到 19 世纪末已经成为缓解当地劳动力市场紧张的一种手段。

[2] Webb Collection，Coll. E，Sec. B，LXXIII，item (3)，Rulebook of the Modern Society of Paper Makers，p. 3.

[3] Bundock，*Story*，p. 395.

[4] Webb Collection，Coll. E，Sec. C，78，Rulebook of the NUPMW (1890)，pp. 5—7.

[5] Modern Records Centre：NUPMW Annual Reports，41T/BOT，1891 Report，p. 32.

[6] Webb Collection，Coll. E，Sec. B，LXXIII，item 16.

者工会成立以来就一直在倡导的。这让人们重新燃起了希望,通过更深入的协同合作,两个工会或许在合并方面也能取得一些进展。1896 年 12 月 26 日,在 NUPMW 兰开夏及密德兰地区的年会上,与会成员在未达成完全一致的情况下,通过了一项决议:

> 本次会议对联合协会在缩减工时方面所作出的努力表示赞赏和喜悦,并敦促工会管理层作出承诺,工会将全力协助联合协会的工作,努力确保(工人们)周六下午放假、周日不上夜班。此外,我们坚定认为,要做到这一点,最好的办法是两个社团更紧密地团结起来,朝着合并的方向努力。我们相信,有关合并的提案或许在下次会议上就会得到代表们的一致通过。[1]

此次会议的提案非常到位,于是工会又再次向联合协会发出了信函,重提合并事宜。作为对该信函的回应,联合协会的秘书长承认,他们也需要作出适当的努力来保障两个组织的协作,但是断然排除了商讨合并的任何可能性。[2]在伯明翰举办的行业大会上,NUPMW 的秘书长威廉·罗斯(William Ross)利用这一机会造访了邻近的造纸厂,并试图结成一些利益共同体。但罗斯此行几乎处处碰钉子,他拜访过的所有联合协会成员似乎都不愿意加入 NUPMW。[3]

20 世纪头几年,就促进缩减工时一事,NUPMW 仅在为数不多的几个造纸厂取得了有限的进展,这促使罗斯产生了更大的紧迫感,不得不再次致函联合协会的秘书长戴森(Dyson),要求对方再考虑两个工会合并事宜:

> 我方执行委员会一致认为,造纸业联合协会和全国造纸业工会合并并将力量整合在一起,才是上策。我们的行业既没有容纳两个工会的余地,也没有容纳两个工会的必要,两个工会合二为一的好处几乎是无法估量的。不用我说您也知晓,全国造纸业工会时刻准备着,希

[1] NUPMW Reports, 41T/BOT, 1897 Report, p. 6.
[2] Bundock, *Story*, p. 384.
[3] NUPMW Reports, 41T/BOT, 1897 Report, p. 4.

望能和联合协会一起开会，商讨两者合并或联盟的最佳方案。[1]

然而，戴森的回复却相当令人失望：

深入探讨合并相关事宜后，我方决定推迟考虑该提案。我方一致认为：首先，目前尚无考虑合并的成熟时机；其次，考虑到目前仅有不到10%的造纸业工人加入工会，我方认为行业中仍有我们并存的空间。[2]

尽管联合协会在1912年还是最终改变了态度，与NUPMW就缩短工作时间的事宜开展合作，但它长期以来抗拒与NUPMW进行更加密切深入的合作，似乎是因为它害怕合作终将导致合并。两个工会在《商品法》的延伸和类似的问题上也进行了合作，甚至在其他无须共同推进的事宜上均达成了许多友好的协议，但毫无疑问，熟练工人的排他性阻碍了行业协会的合并。

因此，谈起19世纪下半叶造纸业内的劳动者组织，最恰当的描述词是支离破碎、严重分裂。这种分裂不仅存在于手工造纸者和机器造纸者之间，在机器造纸者内部也存在于熟练工人和非熟练工人之间。各种不和谐因素叠加在一起，削弱了劳工组织对大多数英国造纸厂的影响力。

美国工会

在美国就没有出现过这样分裂的场景。美国造纸业中出现的第一个正规组织是1884年在霍利奥克市出现的造纸机操作员工会，它的目的是保护造纸业中机械操作工的薪酬水平和岗位安全。正如它的名字所示，它本质上是一个基于工艺的工会，就像英国的兄弟联盟一样，只接纳熟练的机械操作工，看起来

---

〔1〕 Bundock, *Story*, p. 376.
〔2〕 Bundock, *Story*, p. 376.

偏保守,在任何情况下都维持着造纸厂中工人的现有等级制度。[1] 20世纪下半叶,美国手工造纸行业的重要性并不显著,这使得熟练的机械操作工位于造纸业工人的顶层阶级,也使得美国造纸业的劳工运动避开了让英国造纸业备受折磨的分裂问题。[2] 造纸机操作员工会迅速从它在马萨诸塞州的基地扩展到全国所有其他地区,到1893年,它加入了造纸业兄弟联盟,成为其美国分会。同年,美国劳工联合会(AFL)也给它颁布了特许状。在获得认证后不久,协会成员开始变少,协会的管理层意识到,如果这个联盟要生存下去,它就必须将其管辖权扩展到造纸业的所有领域。1897年,美国劳工联合会批准了协会的扩张,所有造纸厂的雇员都获准加入造纸业兄弟联盟的美国分部。但位于纽约的原造纸机操作员工会成员并不赞成此举,于是从兄弟联盟中脱离出来,成立了国际造纸机操作员工会(IPMTU)。然而,IPMTU未能获得美国劳联的认可,且由于兄弟联盟对所有造纸厂员工有优先管辖权,也无法真正积聚起足够的力量,不能将"混合"兄弟联盟赶走。到了1902年,IPMTU也意识到自己处于弱势地位,选择作为新成立的国际造纸业兄弟联盟(IBPM)的成员,回到兄弟联盟的组织中。[3]

美国造纸业工会的合并并未止步于此。第二年,IBPM纳入了所有纸浆加工厂的工人,此举再次扩大了兄弟联盟的成员数量,并提高了自身的议价能力。在1903年的IBPM大会上,纸浆和亚硫酸盐操作工人经过正式投票加入IBPM,其成员立即增加到6 000人。然而,制浆厂的工人仍然是工会中的少数派,在地方上与造纸厂工人的管理是分开的,他们也无法在工会的执行机构中拥有太多的话语权。不满的种子就此埋下了。在詹姆斯·菲茨杰拉德(James Fitzgerald)的领导下,IBPM的制浆工人分部要求在工会的日常运作中获得更

---

〔1〕 K. E. Voelker, "The History of the International Brotherhood of Pulp, Sulphite, and Paper Mill Workers from 1906 to 1929: A Case Study of Industrial Unionism before the Great Depression", Ph. D. thesis, University of Wisconsin (1969), p. 29.

〔2〕 C. M. Green, *Holyoke Massachusetts: A Case History of the Industrial Revolution in America* (New Haven, 1939), p. 100.

〔3〕 Brotslaw, "Trade Unionism", pp. 80—86; Voelker, "History", pp. 29—31.

大的发言权。菲茨杰拉德还有另一个要求：希望把现任工会主席凯里（Carey）赶下台。这两个人物显然都是相当专横的，随之产生了巨大而激烈的个性冲突，冲突甚至超越了纸浆厂工人的话语权问题。在1905年的全国代表大会上，凯里成功推动了一项议案的通过，该议案规定只有造纸工人才能成为工会主席。这是“压死骆驼的最后一根稻草”，这一事件后，菲茨杰拉德带领制浆厂和亚硫酸盐生产工人出走IBPM，并于1906年1月在弗吉尼亚州的伯灵顿召开了一次大会，会上宣布成立国际纸浆、亚硫酸盐和造纸厂工人兄弟联盟（IBPSPMW），这一组织实际由那些反对凯里主张的人构成。[1]

随之而来的是造纸业和制浆业之间为了行业的主导权进行的一场短时却激烈的斗争。IBPSPMW突然造访了IBPM成员所在的工厂，并对那些愿意让全体员工加入IBPSPMW的工厂提供了特殊待遇。IBPM对此的反应是，一旦工厂管理层与IBPSPMW达成共识，就鼓动该厂工人举行罢工。例如，在国际纸业公司（IPC）位于爱德华·米尔堡的工厂中，IBPM的成员声称一些隶属于IBPSPMW的造纸机操作工理应属于他们的工会。由于IBPSPMW拒绝放弃这些工人，而公司方面不想直接参与纠纷，因此IBPM发起了罢工。作为报复，当地IBPSPMW决定尽其所能地保证工厂正常运转，并向工厂管理层保证，罢工工人留下的空缺职位将由自己的成员填补。事实上，IBPSPMW终止罢工的意志是非常坚决的，它甚至让一些成员连续操作造纸机长达84个小时。最后，IBPM发现无法承受IBPSPMW带来的压力，不得不撤销了先前提出的管辖权要求，并指示其罢工成员返回工作岗位。然而，类似的事件还多次发生，真正从这些事件中获利的其实是那些在各地抓住机会延长工作时间并降低工资的雇主。[2]

但是，由于IBPM已经承认了非技术工人的平等地位，因此两个工会之间的争论，本质上并不是工艺和技能水平方面的争执，更多是出于政治因素和个人矛盾的。很有趣的一点是，1910年，作为斗争关键人物之一的菲茨杰拉德退

〔1〕 Brotslaw, “Trade Unionism”, pp. 88—93; Voelker, “History”, pp. 31—36.
〔2〕 Smith, *History*, p. 596; Brotslaw, “Trade Unionism”, pp. 93—95; Voelker, “History”, pp. 36—47.

出公众视野后,IBPM 和 IBPSPMW 之间迅速达成了和平协议,建立了临时协定,双方迎来了一段密切合作时期。两个工会在组织活动方面协同一致。例如,两个工会向某个地区的某个造纸厂派遣同一个人,组织起两个办事处,分别代表两个工会,而无论这个组织者由哪个工会派出,均由两个工会平均分摊该组织者的薪资和开销,这在两个组织之间已经成了惯例做法。从 1912 年开始,他们还形成了集体谈判政策,并多次统一立场与工厂管理层进行谈判。[1]

两个工会重新统一并形成协同合作后,很快遇到了来自国际纸业公司的考验。1910 年 3 月,国际纸业公司解雇了两名 IBPM 的员工。工会任命了一个工人委员会与国际纸业管理层见面商谈如何解决纠纷,结果管理层的直接反应是,将他们全部解雇。6 月 3 日,IBPM 和 IBPSPMW 携手进行了罢工。由于国际纸业在过去的几年中利用工会矛盾获利的投机行为,下属的工厂中仍普遍存在着对管理层的不满和敌意,因此罢工迅速蔓延到了国际纸业的其他造纸厂。短时间内,该公司所有的工厂都陷入了停工状态,近 6 000 名工人举行了罢工。11 周后,终于意识到这次 IBPM 和 IBPSPMW 之间的确结成了牢不可破的联盟,且联盟将会持续存在下去,国际纸业公司不得不作出妥协。工会方面提出的诉求一一得到满足,包括三巡制、每周六天工作制、对罢工者不歧视的保证,以及 5%的加薪。[2] 这是美国造纸业工人取得的最伟大的胜利,这种规模的胜利在英国是不可想象的。

相对优势

美国工会的强大力量突出体现在参与工会运动的人数上。根据沃尔克(Voelker)的说法,在 19 世纪 90 年代末,造纸业兄弟联盟公开其在美国的会员人数约为 35 000 人。如果这一数字属实,那么兄弟联盟的会员人数约占造纸业

---

[1] Voelker,"History",pp. 50,107—108.
[2] Brotslaw,"Trade Unionism",pp. 97—99.

劳动力总人数的三分之二。[1] 实际上，为了统计人均纳税，美国劳联（AFL）要求 IBPM 和 IBPSPMW 每年上报其会员人数，从报告中获得的数据也可以获得较可靠的工会会员人数统计。但即使是这些报告中的数据也往往低估了真实的会员人数，因为它们只记录当时已全额缴付会费的成员。此外，在这些报告中，工会明显倾向于低报会员人数，以便降低其应当向 AFL 支付的费用。如果我们暂时忽略这些因素，就可以得出结论：在 1905 年 IBPSPMW 分裂之前，兄弟联盟大概拥有 13 300 名成员，约占造纸业劳动力大军的 19.1%。根据同样的数据来源，到 1913 年，这两个工会的成员总数已降至仅 8 000 人，约占造纸业劳动力总人员的 8.5%。[2] 这两个组织成员的严重损失似乎均发生在 1906 年至 1910 年之间，很可能是两个工会之间冲突所导致的。

要想了解英国工会的成员数量和覆盖度就比较困难了，因为英国各个工会之间的冲突太大了。从各种数据来源可以拼凑出，在 1894 年，英国大约有 2 741 名缴纳了会员费的工会成员，大致占当年劳动力总人数的 8.6%。[3] 表 6.1 给出了 NUPMW 和造纸商联合会在特定时期的会员人数，从表中可以看出，这个百分比在后续 10 年里肯定没有增加。1890 年时，NUPMW 会员人数为总劳动力人数的 15%，尽管在 1890 年之前 NUPMW 主要由无法得到其他组织接纳的非熟练工组成，但可想而知，真实人数也很难比上文估算出的数值更高了。毕竟，在英国劳动力参与造纸业工会的比例似乎普遍较低，而且这一比例可能从未超过总人数的 15%。

英国的工会，除了 NUPMW 之外，在对抗性方面也比美国的工会弱一些，他们认为自己存在的理由主要是为那些陷入困境的成员提供救济，但是，对那些困境产生的条件作出改变并非他们的首要任务。1902 年，戴森对《美国造纸

---

[1] Voelker, "History", p. 30.

[2] Brotslaw, "Trade Unionism", pp. 87, 108; Voelker, "History", p. 4.

[3] OSP 有 640 名成员，NUPMW 有 1 451 名成员，而联合会成员数为 650 人。有趣的是，成员总人数似乎与此前提到的戴森报告情况一致。Webb Collection, Coll. E, Sec. B, LXXIII, item 28, Annual Statement of the Receipt and Expenditure of the Original Society of Paper Makers (1894); NUPMW Reports, 41T/BOT 1894 Report; Bundock, *Story*, p. 380.

业期刊》说,他被美国国际兄弟联盟的规模、覆盖面和目标震惊了,英国的工会的立足点与美国完全不一样,纯粹是构建在商业目的上的。

表 6.1　1890—1905 年 NUPMW 和造纸商联合会会员人数　单位:人

年份	NUPMW	年份	造纸商联合会
1890	3 106	1894	650
1891	2 359	1896	800
1892	1 657	1903	1 015
1893	1 649	1904	1 054
1894	1 451	1905	1 095
1895	1 396		
1896	1 292		
1897	1 197		
1898	954		
1899	864		

资料来源:Bundock,*Story*,pp. 380,383,390,397; NUPMW Annual Reports (1890—1899)。

成员加入工会是因为他们能得到一定的经济利益。[1] 回到英国后,戴森试图扩大造纸商联合会的规模,在 1905 年 4 月,他提议成立一个协会,由分部部长组成,专职代表工会成员来处理与雇主之间纠纷或调节分部之间的矛盾。然而,在工会的年度大会上,这一提议在未经讨论的情况下就遭到了成员们的否决,因为许多成员认为,这一提议的实施成本过高,且有较强的对抗性,这种对抗性是毁灭性的,且毫无意义。正如一位反对者所言:

> 目前,一般来说,企业主和劳工之间的关系较为和睦,这种关系不应当遭到破坏。但是,如果我们派部长到全国各地去组织对抗、解决纠纷,我们担心企业主和劳工之间现有的良好关系会受到干扰,同时发生罢工的风险也较大。至于争端的解决,我们担心许多企业主根本

〔1〕 Reported in *PMC*,10 January 1903,p. 25. 另参见 *PMC*,11 April 1903,p. 148。

不会容忍第三方的干涉。[1]

当时工会中许多人的态度由此可见一斑，这极大地限制了工会的规模。当时，NUPMW 正试图通过行业手段向个别造纸厂老板施压，要求缩短工作时间，而联合会则倾向于请求英国和爱尔兰造纸商协会（Paper Makers Association of Great Britain and Ireland）和劳工代表团谈判。雇主方面的协会毫无顾虑地拒绝了这一请求，随后联合会陷入困境，不知道下一步该怎么办。联合会也没别的手段，只能再度提出要派代表团与造纸商协会谈判。1908 年 4 月，联合会在伦敦召开的年会上，再次指示秘书给造纸商协会写信，要求对方重新考虑谈判的可能性。到了这个阶段，联合会的部分成员已经厌倦了这些小伎俩，认为与联合会的目标不同，联合会的谨小慎微严重地束缚了他们的手脚。约克郡特纳造纸厂的工会成员声称，造纸业联合协会不应该仅仅是一个行业福利协会，是时候成为一个真正的工会了。[2] 但在当时，持这种观点的仍然是少数派。

毫无疑问，英国造纸业联合协会充其量只能算是一个救济会，且它无意改变现状，这使得它的影响力有限，很难聚集力量去影响英国造纸厂里面的各种规则。因此，雇主们对联合会的活动毫无顾忌，基本忽视其存在。[3] 位于达特福德的伦敦造纸厂公司（London Paper Mill Company）董事总经理在 1904 年对关税委员会说："各种工会对薪资水平的影响力很小。工会就像真正的慈善团体，在人们困难的时候提供帮助。据我所知，我们从未遇到过工会方面提供帮助或组织的罢工行为。"[4]同样，威廉·史密斯，一位来自德里的造纸工人，在 1894 年游历了美国的造纸地区，回来后告诉业内记者，美国造纸业工会的强大力量和组织能力给他留下了深刻的印象。[5]

现代可追溯到的证据显示，两国在操作每台造纸机的工人数量上没有差

---

〔1〕 Bundock, *Story*, pp. 392—393.

〔2〕 Bundock, *Story*, p. 397.

〔3〕 例如，*PMC* 中唯一提到 NUPMW 的是一篇很简短的文章，介绍了该协会争取缩短工时的努力。*PMC*, 10 July 1894, p. 273.

〔4〕 Tariff Collection, TC3 1/89, p. 1.

〔5〕 *PMC*, 11 June 1894.

别,这也说明英国工会显然无力左右工厂的人员安排。[1] 此外,甚至没有证据表明英国的工会曾经在这一方面作出任何努力,因为这 3 个组织的规则手册或记录中都没有提到每台机器或每个工厂的最低人员要求,也没有提到任何其他方面的规定,如机器运转速度等。只有初始造纸商协会的规章中有关于学徒制的规则,这些规则是为了限制手工造纸厂的人员配置,而不是为了增加劳动力上岗机会。[2] 在机器造纸厂里,工会方面完全不构成任何阻力,因为在这个领域里,连学徒制都早已被废除了。[3]

同样,在行业期刊、政府报告、工会档案或个人文件中都没有证据表明,这种惯例及雇主方面对惯例的有意默许,对造纸厂的做法产生过任何非正式的、工会之外的约束。[4] 尽管造纸厂里并非人人都愿意改变造纸机速度和工作环境,但鉴于工人在工作场所的弱势地位,以及雇主方对上述改变的渴望,似乎反对改变的人对此毫无办法。无论如何,绝大多数在机械造纸厂工作的人对手工造纸及其工艺传统既没有经验,也没有好感。事实上,由于 19 世纪下半叶的机器造纸在很大程度上仍处于起步阶段,因此这些工人也没有任何适合本身情况的经验可以借鉴。除此之外,这一个世纪中,单是工人工作时间不断变长、机器速度不断提高,而雇主都没有遭到明显反对这些方面清楚地表明,如果真的有什么机器造纸业的传统做法,它也丝毫没有得到重视。

---

〔1〕 根据造纸机的实际尺寸不同,每台机器配备的劳动力人数为 5～7 人。参见 *PMC*,10 March 1903,p. 103; Webb Collection, Coll. E, Sec. B, LXXIII, item 18, p. 243; Brotslaw, "Trade unionism", p. 48。

〔2〕 Webb Collection, Coll. E, Sec. C, LXXIII, OSP Rulebook, p. 78 and Sec. A, XXIX, item 3, p. 204; Fourth Report of the Commissioners on the Employment of Children and Young Persons in Trades and Manufactures not already Regulated by Law, PPXX(1865) (hereafter Fourth Report on Employment), 292.

〔3〕 *RC Labour*, p. 755; Spicer, *Paper Trade*, p. 170; Bundock, *Story*, p. 373.

〔4〕 E. J. Hobsbawm, *Labouring Men: Studies in the History of Labour* (London, 1964), pp. 344—347.

本章小结

现有的证据非常有力地表明，英国造纸者及工会没有、不能、很可能甚至不想对英国的雇主施压，因此英国无法像美国那样实行更高的劳动力/机器比率或更严格的工作管理规则。此外，美国造纸业的劳动者中有更大比例的人员加入工会、行业不同领域之间的分歧更少、工会采用的手段对抗性更强，因此美国造纸业工会的影响力更大，对行业的控制力更强，比英国的工会更能保证较高的劳动场所标准。那么，至少在这种情况下，英国较低的劳动生产率水平也不能归结为劳资关系影响的结果。

第七章

原材料、女工和省工机械：1860—1890年英美生产率差距

我们在第五章发现，1860—1890 年间，美国造纸业劳动生产率是英国的两倍之多，单从前者对后者的技术优势来分析，很难解释清楚这么大的差距。相反，现有数据甚至表明，在技术方面，英国造纸业在这一时期处于优势地位。英美劳动力差距的根源，更确切地说，似乎是英国造纸厂的人员配备普遍过剩。而很多人认为，英国造纸厂之所以人员配备普遍过剩，又是缘于维多利亚时代中后期英国工人对行业变革强烈的抗拒和抵制。但是我们在第六章推翻了这一解释，至少对于英国造纸厂而言，这并非人员配置过多的主因。那么，英国造纸厂人员配备过剩究竟是出于何种原因呢？本章的主旨就是解答这一问题。本研究给出的答案是，英国造纸厂人员过剩主要是由以下两个因素造成的：首先，美英对造纸原材料的选择不同；其次，美国更普遍地应用节约劳动力的机械。美国之所以在这两方面作出了与英国不同的选择，都是基于其独特的历史以及资源和要素禀赋。在这两个选择的共同作用下，英国和美国造纸厂对劳动力的需求，尤其是对女工的需求，出现了差异，这种差异从 19 世纪中期一直延续到 1890 年左右。本章第一节重点探讨 19 世纪后半叶美国在造纸原材料方面的选择；第二节考虑这些选择对造纸厂的劳动力需求产生了何种影响；而最后一节则讨论美国造纸业中普遍使用的节约劳动力的省工设备。

再谈原材料

19 世纪，所有国家造纸业面临的最紧迫的问题之一是：传统原材料碎布的供应不足，使得纸张产量跟不上市场对纸张的需求。从 1860 年开始，碎布供应量不足的问题变得尤为尖锐，本书第四章的讨论中曾提到，探索其他原材料、解决碎布供应不足问题，成为这一时期造纸业的一个持久追求。尽管到第一次世界大战时，世界各地造纸业纷纷采用木浆作为造纸原料，木浆也由此成了造纸业的救星，但在此前的一段时期，英美两国的造纸商为应对碎布供应不足的问题，分别采用了不同的方法。直到 19 世纪 80 年代末期，英国的造纸厂在尽可能获取碎布的同时，几乎只选择使用细茎针草来进行生产。相比之下，美国造纸商则试验了更多种材料来替代碎布，他们对碎布的依赖程度的降低速度也比英国的同行们快得多。虽然尝试过各种各样的材料，但从 19 世纪中叶开始，美国造纸厂的焦点主要放在 3 种最初被英国人拒绝过的材料上，分别是稻草、玉米壳和木材。

上述材料中，稻草是 20 世纪中期最受欢迎的、对碎布替代性最高的原材料。到 19 世纪 20 年代，美国造纸业已经将其广泛应用于包装纸的生产中，但直到 1829 年，稻草生产的印刷纸才第一次开始向公众出售。科学家马提亚斯·库普斯也曾多次证明，印刷纸和书信纸可以用稻草制作，但直到 1829 年，这种材料才第一次如此大规模地用于商业生产。碳酸钾制造商威廉·马高(William Magaw)偶然发现了一种稻草处理工艺，来自宾夕法尼亚州张伯斯堡的造纸商 G. A. 夏洛克(G. A. Shryock)首次采用这一工艺后，立即放弃了碎布造纸，开始完全采用稻草作为造纸原料。[1] 他平均每天生产约 300 令纸，大部分是印刷用纸，每令售价不到 2 美元，这一壮举使得他的工厂成为美国规模最大、成本最低的工厂之一，直到南北战争期间被南部联盟军摧毁。他采用的工艺成本十分低廉，用稻草作为原材料生产的印刷纸制作出一本《新约全书》(*New Testament*)，零售价仅为 5 美分。[2]

夏洛克的崛起标志着稻草在美国造纸业逐渐普及的开始，即便在部分造纸

---

〔1〕 G. A. Shryock, *History of the Origin and Manufacture of Straw and Wood Paper* (Philadelphia, 1866), p. 1.

〔2〕 Stevenson, *Background*, p. 17; Hunter, *Papermaking*, pp. 394—395, 545; Calder, *First Hundred Years*, p. 16.

厂，稻草还未能完全取代碎布，也被采纳为碎布的补充材料。在接下来的几十年里，化学处理方法不断改进，使得利用稻草甚至可以生产出最洁白的纸张，从而得到进一步传播。到1849年，很多造纸商——如马萨诸塞州斯普林菲尔德的亨利·尼克松（Henry Nixon）——纷纷采纳米勒造纸工艺，开始完全利用稻草大量生产白纸。在其他东部州，特别是纽约的造纸厂也有强烈的意愿选择使用稻草作为原材料。因此到了1854年，来自不同州的几家大报，包括费城的《公众纪事报》（*Public Ledge*）和《萨拉托加辉格报》（*Saratoga Whig*），几乎全部使用稻草生产的纸张印制。[1] 在接下来的几十年里，稻草的普及程度继续提高。到了1884年，当纽约州出现稻草短缺时，奥尔巴尼的造纸商同意暂时减少他们的产量，而非提高稻草的价格。[2]

在木浆出现之前，玉米壳也是一种较为普及的原材料。在1802年和1829年，美国使用了多项玉米壳造纸专利，但令人惊讶的是，推动美国造纸业采用玉米壳的实际上是一位奥地利人。19世纪60年代，奥地利驻纽约总领事在推动造纸业采用玉米壳作为原材料上付出了极大的努力，他对玉米壳在造纸方面的价值深信不疑。在许多美国人的支持下，他给造纸业的重量级人物写了大量的信件，还公开发布了广告和宣传单，详细介绍了维也纳帝国印刷局利用韦尔斯巴赫（Welsbach）的工艺，将玉米壳成功生产成印刷纸的实例。[3] 在此之前，玉米壳的用途几乎仅限于各种包装纸的制造。然而，到1863年底，最初在波士顿进行的玉米壳造纸试验取得了较大的进展，一种新的印刷纸制造技术诞生了，甚至得到了英国《造纸业评论报》的高度赞扬。接下来的几年里，对工艺的改进持续进行下去，玉米壳很快成为可靠的造纸原材料，美联社甚至专门撰文提倡

---

〔1〕 *PMC*, 10 April 1902, p. 139; J. A. Guthrie, *The Economics of Pulp and Paper* (Pullman, 1950), p. 2; L. H. Weeks, *A History of Paper Manufacturing in the United States*, 1690—1916 (New York, 1969 [1916]), p. 275; D. C. Vandermeulen, "Technological Change in the Paper Industry: The Introduction of the Sulphite Process", Ph. D. thesis, Harvard University (1947), p. 33; J. E. A. Smith, *A History of Paper: its Genesis and its Revelation* (Holyoke, 1882), p. 101.

〔2〕 *PTR*, 11 July 1884, p. 20.

〔3〕 例如，见HML: Pamphlet Collection, J. T. Harris, "一本小册子里面阐释了玉米作物的作用、价值等，玉米壳和玉米茎的商业价值以及各类纸浆等……" (Baltimore, 1867)。

使用玉米壳造纸。[1]

木浆，像所有其他碎布替代品一样，在美国也有很长的使用历史。早期的可能是杜撰的记载中，第一次出现“木浆”一词是在1794年，佛蒙特州费尔黑文的马修·里昂(Matthew Lyon)曾用碎布和椴树树皮造出纸张，用于印刷他的报纸《农民的图书馆》(*Farmer's Library*)；1830年，宾夕法尼亚的《克劳福德信使》(*Crawford Messenger*)据说也是用木浆制造的纸张印刷的。我们很难找到实例来佐证上述两种说法，因此，即使它确实有可能说明木浆曾被用于造纸，遗留下来的证据也往往使人认为，这两次对木浆的使用，本质上仅是临时性的实验。[2]

从19世纪50年代开始，木浆已经开始应用于规模化的商业性生产，尽管其重要性在接下来的10年才开始凸显。[3] 据我们所知，到1863年，《波士顿信使》已经开始使用沃尔特—凯勒工艺制作的当地纸浆来生产报纸。《造纸业评论》驻美国记者惊奇地向读者描述了这一工艺：

> 从颜色、形态和外观来看，它与碎布制成的纸张非常相似。仅在纤维长度方面，稍次于碎布纸张。你可能会说，将木材还原成纤维的工艺，只有美国人才能想出来，在我们这个老古董国家里，没有这么聪明的人——至少现在还没有。木材被纵向放置在一个圆筒里，用蒸汽动力产生很大的力量对其进行研磨。蒸汽产生的爆破力足以使木材表皮脱落或分解成最细的纤维。这一工艺能把木头彻底分解成细纤维，几乎像魔术而不是机械力量的作用结果。后续再把这些纤维丝制成纸张，就十分容易了。[4]

---

[1] *SC Paper*, p. 291; *PTR*, 1 September 1864, p. 232; Hunter, *Papermaking*, p. 397; Smith, *History*, p. 129.

[2] *PMC*, 10 August 1895, p. 406; Smith, *History*, p. 128; Hunter, *Papermaking*, p. 380.

[3] Guthrie, *Economics*, p. 3; Clark, *History of Manufacture*, vol. Ⅱ, p. 36.

[4] *PTR*, 1 May 1863, p. 101. 1853年，纽约特洛伊公司在生产其印刷纸时，也在纸浆中加入了25%的木浆。见Calder, *First Hundred Years*, p. 19。

木浆工艺的发展显然也很不错，宾夕法尼亚和其他波士顿的造纸厂也纷纷迅速采取行动，开始使用木材作为原材料。[1] 由休・伯吉斯开发的烧碱制浆法也早早得到引进，1855年，第一家采用这一工艺的工厂落成，位于费城附近的马拉扬克，占地10英亩。到1863年时，该工厂更名为美国木材造纸公司，该公司的第二家综合造纸厂全面运作了两年后，生产报刊用纸的木浆原材料稳定保持在木材和稻草3∶1的比例，厂里日产12～15吨木浆，完全可以自给自足。[2] 该公司最早的固定客户之一《波士顿日报》(*Boston Journal*)在1863年已经完全使用木浆生产的纸张了。后续10年中，其他报纸也逐步完全转向木浆纸，具体有1868年的《纽约斯塔茨报》(*New York Staats-Zeitung*)、1870年的《纽约世界》(*New York World*)、1871年的《普罗维登斯日报》(*Providence Journal*)和《布鲁克林鹰》(*Brooklyn Eagle*)、1873年的《奥尔巴尼阿格斯》(*Albany Argus*)和《纽约小鹰》(*New York Tinies*)。[3] 1866年12月，美国第一家木材研磨厂在马萨诸塞州的伯克夏县(Berkshire County)建成，该厂在建设过程中得到了来自马德斯普隆一位训练有素的机械师、木工弗雷德里克・威茨巴赫(Frederick Wuertzbach)和5名经验丰富的德国木材研磨机操作工的指导。不到3个月，它就生产出了第一批木浆。[4] 起初，要克服生产者和消费者对木材的偏见是很困难的。许多报社经营者仍然坚决反对木浆造纸，他们要么完全禁止使用，要么对于新闻用纸的生产过程中木浆的最大比例进行严格的规定。[5] 正如维茨巴赫后来抱怨的那样：

> 我未能获得他们的支持。当时最著名的造纸商之一甚至跟我说，他对劣等货不感兴趣。某家报社经理甚至告诉普兰(沃特在美国的代

---

[1] *PTR*, 2 March 1863, p. 75.

[2] A. Proteaux, *Practical Guide for the Manufacture of Paper and Boards* (Philadelphia, 1866), pp. 263－268; Vandermeulen, "Technological Change", p. 53; Clark, *History of Manufacture*, vol. Ⅱ, p. 132.

[3] H. E. Weston, *A Chronology of Papermaking in the United States* (Wilmington, DE, 1945), p. 6; Hunter, *Papermaking*, pp. 381－382.

[4] Smith, *History*, p. 132; McGaw, *Most Wonderful Machine*, p. 201.

[5] Clark, *History of Manufacture*, vol. Ⅱ, p. 485.

理人），出版新闻的利润甚为丰厚，没有必要（为省钱）去采用所谓的劣等纸浆。[1]

然而，木浆的优势一旦建立起来并为人们所知，就迅速流行起来，随处可见新开的木浆厂和生产研磨机械的厂家。到 1870 年，已经有 11 家木材研磨厂在运营中，而基于沃特专利的木材研磨机进入美国市场短短不到 10 年的时间里，已经在美国售出了 120 台——比自 1850 年以来卖出的德国机器还要多大约 20 台。与此同时，在美国本土还对研磨机进行了改进，使研磨后的木浆更适用于造纸。例如，在 19 世纪 70 年代，美国机械师率先采用热磨工艺，通过减少用水量和增加压力来提取木材中的纤维素；这一创新明显节省了能源，并将机器的生产率提高 300％以上。[2] 到 1876 年，《造纸业期刊》（*Paper Trade Journal*）自信地宣布，尽管有多种造纸原材料，但“在这个国家，木材和稻草占领了较大的份额”[3]。

1860 年，尽管已经普遍接纳了稻草和玉米壳作为原材料，碎布仍然在美国造纸原材料的使用中占主导地位，约占所有原材料消耗量的 88％。但这一数字仍然远远低于英国，英国在此时对碎布的使用量几乎占原材料总消耗量的 100％。[4] 在这一阶段，美国在生产较为粗糙、便宜的纸张时，已经几乎完全不使用碎布作为原材料了。例如，用于制作纸板的纤维素，通常来自旧纸张、绳子和包装袋的混合物，但偶尔也使用吕守绳、黄麻或稻草。这些材料或单独使用，或与废纸混合，成为当时大多数包装纸所使用的原材料。甚至绝大多数的报刊用纸和廉价印刷纸也不是用碎布制成的，稻草是生产这些纸张最常见的原材料。但碎布并没有完全从美国造纸商的原材料选项中消失。对于书写用纸和较高等级的印刷用纸，碎布仍是最优选择；但是对于一些中等印刷纸和高级报

〔1〕 Smith, *History*, p. 133.

〔2〕 Vandermeulen, "Technological Change", pp. 45—51; Karges, "David Clark Everest", p. 21.

〔3〕 *Paper Trade Journal* (hereafter PTJ), 11 March 1876. 又见 *PTR*, 24 October 1884, p. 261; *PMC*, 11 June 1894, p. 277; 10 September 1896, p. 440.

〔4〕 Stevenson, *Background*, p. 18.

刊用纸的生产,则已经开始用碎布配合适量稻草、木材或废纸进行生产。[1] 1880 年造纸业行业普查,对原材料的使用情况首次进行了记录,从记录中明显可以看出,碎布的使用量进一步下跌了。在这一年中,除了木材,用于造纸的其他全部原材料共有 619 682 吨,其中 41%是稻草,14%是旧纸张,14%是吕守绳浆料,2%是其他材料,只有 29%是碎布。不幸的是,这些数据中没有包括木浆,因此碎布的用量被严重夸大了。1881 年,美国每天经由化学工艺生产的木浆为 1 297 吨,经由机械工艺生产的木浆则多达 3 844 吨,通过这些数据可以对木浆制造的纸张量进行估计。[2] 假设一年中有 250 天,每天都如前文所述,产出 5 000 吨木浆,尽管这一假设可能低估了木浆的实际使用量,我们仍能大致估算出,木浆年平均使用量高达 1 250 000 吨左右。将这一数字与行业普查提供的数据结合起来,我们可以得到更真实的估算结果,即木材在原材料使用总量中的占比大约为 66.6%,稻草占 13.6%,碎布占 9.6%,旧纸张占 4.6%,吕守绳占 4.6%,其他材料占 1%。相较之下,1880 年英国的原材料使用情况,如第四章计算出的那样,木材仅占 10%,细茎针草占 50.4%,碎布占 39.6%。由这些估算可以看出,即便美国不使用木材作为造纸的主要原料,使用的碎布量也仍然远低于英国的用量。

与英国一样,美国早在 19 世纪中叶就开始寻找碎布的替代品,这是因为当时所有造纸者面临同样的压力和激励。然而,在美国,碎布的短缺比英国更为严重。美国的人口更加分散,这使得收集碎布的工作在某种程度上也更加困难。同时,较低的收入水平和较高的纺织品成本,也意味着在美国,往往衣服被穿到极为破旧、造纸工人无法加以利用的地步。[3] 因此,美国造纸业对碎布的需求很快就远远超过了国内的供给水平,因此,为了避免行业陷入停顿,美国开始极度依赖进口碎布。1860 年,美国制造的全部纸张中,有 65%来自国内收集

---

[1] Vandermeulen,"Technological Change",p. 35.

[2] Weeks,*History*,p. 290.

[3] V. Carlson,"Associations and Combinations in the American Paper Industry",Ph. D. thesis, Harvard University (1931),p. 302; Vandermeulen,"Technological Change",p. 30.

的碎布，12%来自棉花废料、绳子和包装袋，而其余的碎布则必须进口，用于购买国外碎布的总金额不少于 1 540 000 美元。[1] 令英国造纸商非常恼怒的一点是，美国进口碎布最主要的来源地正是英国。1857 年，碎布价格开始以惊人的速度上涨，造纸商被迫将视线投向其他有潜力的纤维素来源。[2]

美国南北战争的爆发将这种压力进一步提升，甚至到了无法承受的程度。战争爆发后，造纸业几乎完全处于联邦军控制范围内，他们逐渐发现，由于南部被封锁，也由于政府雇佣的承包商大量购进碎布用于毯子和织物的生产，进口碎布和废弃棉花的供给难以得到维持。[3] 与此同时，由于读者渴望听到有关战争的消息，报纸的发行量大幅增长，这也使得市场产生了对纸张的更大需求。在这两个因素的共同作用下，美国造纸业迈入了一个新阶段，这一时期的特征是，碎布价格不断飙升，同时纸张进口量不断上涨。《造纸业评论报》将这一时期称为“美国纸张恐慌”时期。[4] 例如，费城的碎布商人 F. A. 塞尔韦尔（F. A. Server）记录过，在这一时期，他贩卖纯白碎布的价格上涨了 348%，从 1861 年的每磅 5.75 美分涨到 1864 年末的 20 美分；同期，他的“混合”碎布价格则上涨了 300%，从 4 美分上涨到 12 美分。[5]

大环境的变化迫使造纸者转而开发新的原材料，即使新材料制造出来的纸张一开始不能做到像纯碎布生产的纸张一样洁白、耐用，触摸起来的手感也不如碎布生产的纸张那么光滑。与英国不同的是，美国得天独厚的自然资源提供了大量待开发的替代性材料。中西部的造纸厂坐拥大量的稻草供给，这进一步推动了造纸业从新英格兰向俄亥俄州、伊利诺伊州和纽约州逐步转移，这一转移过程甚至早在战前就已经开始了。[6] 但是，单是稻草还不足以满足人们对

---

〔1〕 Weeks, *History*, p. 272.

〔2〕 *SC Paper*, p. 291; McGaw, *Most Wonderful Machine*, p. 191.

〔3〕 F. J. Crawford, “Manufacturing in the United States, 1860—1870”, Ph. D. thesis, University of Wisconsin (1922), pp. 72—103; Proteaux, *Practical Guide*, p. vi; and Carlson, “Associations”, pp. 42, 331.

〔4〕 *PTR*, 2 March 1863, p. 75; 1 May 1863, p. 101; 1 January 1863, p. 39.

〔5〕 HML: Pamphlet Collection, “表格以附有实际支付价格的账单和许可证为依据，显示了纽约和费城在战前和战争中与造纸相关的物品的批发价”, pp. 4—7。

〔6〕 Guthrie, *Economics*, p. 3.

原材料日益增长的需求，因此，其他材料，尤其是木材和玉米壳，也逐渐被造纸厂采纳为原材料。[1] 随着时间的推移，人们获得了更多的经验，对各种新材料的理解也逐步加深，这些新材料不再是纯实验性的，而早期出现过的纸张质量缺陷也被一一克服，碎布不再是生产高品质纸张的唯一选择。正如下一节我们将要讨论的，使用这些新材料还能节省劳动力，这不仅促成了更多造纸厂采用新型原材料，而且确保了战后造纸厂仍然继续使用这些原材料。毕竟，在19世纪，因为有足够的土地资源可供开发，所以劳动力成本对任何美国造纸商来说就成为一个特别重要的考虑因素。几乎所有当代的研究者对美国当时状况的描述都指出，美国的工资总体上要比英国高得多。造纸业也是如此。戴森就曾说过，美国造纸业的平均工资比英国大约高出50%，纸浆和纸张特别委员会的工作人员也是如此。同样，一群在1887年访问过英国的美国制造商也注意到，他们付给员工的工资至少是英国人的1.5倍。[2] 因此，1893年4月，一个英国造纸机操作工每周可以挣到44先令到49先令5便士，一个打浆工可以挣到39先令到44先令6便士；而在美国，同样岗位的工人每周工作6天，分别可以挣到大约72先令和60先令。[3]

本质上，美国造纸商之所以在19世纪下半叶更倾向使用除碎布外的其他原材料，也是受到了南北战争的影响。南北战争期间，碎布价格大幅上升，对美国造纸商而言，这是历史发展中的一个偶然因素，却将他们推向了新的技术发展路径。鉴于这次技术革新的本地化特性，这次技术发展几乎只影响了美国的造纸厂，使他们早早就对碎布的替代性材料产生了足够的了解。一旦走上这条创新路径，美国本身的资源和要素禀赋确保造纸商们不会开倒车。南北战争后，由于劳动力价值相对昂贵，美国造纸商选择继续使用能节约劳动力的材料，也就是木材。

一个很有意思的问题是，为什么美国造纸商几乎完全忽视了细茎针草作为

---

〔1〕 *PTR*, 1 Sept. 1864, p. 232; Clark, *History of Manufacture*, vol. Ⅱ, p. 132.

〔2〕 Dyson, "Paper Trade", p. 215; *Pulp and Paper*, vol. Ⅴ, p. 3031; *PMC* 10 December 1887, p. 432; Carlson, "Association", pp. 36, 329; *SC Paper*, p. 291.

〔3〕 Spicer, *Paper Trade*, appendix X; *PMC* 11 June 1894, p. 277.

造纸原材料的可能性?众所周知,细茎针草在造纸方面的优势远大于稻草,至少细茎针草生产的纸张质量远胜稻草,也正是出于这一原因,英国造纸商纷纷选择使用细茎针草作为碎布的替代品。这当然不是因为美国造纸商不知道细茎针草这种材料,毕竟当时主要的行业杂志纷纷报道了英国采纳细茎针草的进展。此外,麦高(McGaw)告诉我们,马萨诸塞州伯克夏的史密斯纸业公司(Smith Paper Company)等公司曾在1873年用细茎针草做过实验,尽管实验报告显示细茎针草能产生出一种"非常漂亮的白色纤维状纸浆",但不久后就因为太过昂贵而遭到了否决。[1] 美国造纸企业否决细茎针草的原因是,其生产要素成本和资源成本过高。细茎针草的处理需要支付额外的劳动力成本,细茎针草的运输则需要跨越大西洋,更不用提工程师和机械工还需要一段时间熟悉细茎针草而将对生产造成的影响,都使得细茎针草变成一种奢侈的选择,美国造纸商坚持使用碎布、木材和稻草才比较符合他们的经济效益。比如说,史密斯纸业在试验了细茎针草后指出:"细茎针草的研磨和漂白过程相当昂贵,同等成本下,完全可以选择其他材料,生产出的纸张一样很好。"[2]无论如何,这一时期,美国人中西部地区拥有大量的稻草资源,靠近造纸厂分布的东北地区则具备丰富的木材资源,造纸厂完全可以以更低廉的成本获取其他原材料。此外,我们在下一节还将谈到,这一举措也能节省相对昂贵的劳动力成本。[3]

女工和配员要求

原材料问题有多重要呢?下文的论述将指出其重要性。每一种材料被加工成适合造纸的形态,都需要不同数量的劳动力来完成,所以原材料的选择也直接影响到对劳动力配备的要求。碎布是最耗费劳动力的原材料,当造纸商选

---

〔1〕 McGaw, *Most Wonderful Machine*, p. 198.

〔2〕 McGaw, *Most Wonderful Machine*, p. 199.

〔3〕 造纸业期刊也持有同样观点。*Paper Trade*, *Helps to Profitable Paper Making* (Chicago, 1898), pp. 94—95.

择用其他材料替换碎布时，尤其需要考虑到这一点。因此，在20世纪中期，当美国造纸商开始使用碎布以外的其他替代性材料时，同时也获得了节省劳动力和提高劳动生产率的大好良机。正如我们下文将看到的那样，选用不同的替代性材料，在生产准备阶段也能相应节省一定量的劳动力。

用碎布生产纸张时，纸浆制备是一道复杂的、劳动密集型的工序。碎布成袋成捆地运到工厂，有些旧衣物十分破旧肮脏，因此需要将其扔进除尘器，除尘器则是专门用来除去旧衣服上的灰尘和污垢的机器。除尘完毕后，将碎布从除尘器中取出，倒在一张盖着铁丝网的桌子上。桌子上方放置一把长刀，斜向工人，用于切割碎布，使其成为4英寸左右的小块。同时，工人还须根据碎布的类型、颜色、破旧程度和清洁度，将其分成不同等级。碎布分拣是造纸流程中必不可少的一部分，打浆机处理的同一批布料，如果在材质和状态上有差异的话，在粗糙布料分解充分前，最好的布料就已经被磨碎并被水流冲走了。此外，分拣员还必须除去任何与碎布混在一起的纽扣和松紧带，如果没有去除干净的纽扣和松紧带混进了纸浆，势必会影响纸张的质量。分拣后，碎布被扔进直立的长方形小木箱里，放在裁切桌上。这些质量相近的碎布会从箱子里被送到打浆机里，被打浆机打成造纸所需的浆料。

总而言之，碎布打浆流程需要配备大量工人。表7.1提供了1885年美国一个普通碎布加工车间的雇员数据，从中可以看出，厂里近60%的员工被分配到生产准备阶段，仅碎布分拣间就需要配备50%的人手。碎布分拣间里的大多数工人是女性，她们负责分拣和裁布这类累人而又乏味的工作。为了保证厂里的机器和备料缸不空置，需要大量的低技能工人来负责准备工作。碎布分拣间里还需要大量男性非熟练工，他们的主要工作就是把碎布从储藏室搬到除尘器里，然后从除尘器搬到裁剪和分类台，最后再搬到打浆机旁。作为打浆厂里技能最熟练、收入最高的一类工人，以及操作和维持打浆机运转的工人，在工作之余，还需要负责监督这些低技能工人。〔1〕

〔1〕 Spicer, *Paper Trade*, pp. 10—11.

表 7.1　　1885 年马萨诸塞州一家印刷造纸厂各岗位员工人数　　单位：人

岗位	男性员工	女性员工
整饰工	29	12
造纸机操作工	11	0
打浆工	12	0
碎布分拣工	17	52
修理工	5	0

资料来源：*First Annual Report of the Commissioner of Labour*, p. 389, establishment no. 460。

如果使用细茎针草、稻草和木材，备料阶段所需配备劳动力要比使用碎布少得多。成捆的干细茎针草和干稻草被运送到造纸厂后，由女工解开，挑拣出根茎和其他不适合造纸的部分。然而，与拣布相比，这种分拣工作的难度低得多，需要花费的时间也少得多，对于同样大小的工厂来说，需要的工人也少得多。分拣完成后，材料被放入植物除尘器中，它的功能相当于碎布分拣间的除尘器。经过除尘后的细茎针草和稻草被送到打浆间，接下来的流程与碎布生产相似，草料被打浆，形成了纸浆。整个准备阶段中，无须对原材料进行手工切割，这也减少了加工原材料所需的劳动力人数。[1]

如果使用木材造纸，在备料阶段所需的劳动力甚至还可以更少。对于 19 世纪大多数使用木材为原材料的造纸厂来说，木浆的制备过程并不在造纸厂内进行，因此除了需要少数非熟练工把木浆送入造纸机所在的车间，就没有除造纸机操作工以外的其他人员配备需求了。无论造纸厂使用的纸浆是由化学流程制成的还是由机械打磨制成的，都是如此。如果木材纸浆的流程放在造纸厂内完成，那么就需要配备工人来操作研磨机，但需要配备的人员数量无论是与细茎针草还是与碎布制备纸浆所需的人手数量相比，都不值一提。正如前文所述，在美国建立的第一个机械木浆厂只需配备 6 名操作员就可投产。然而，在 19 世纪 90 年代之前，这样的综合性工厂是很少见的。我们可以确定的是，这一

〔1〕 Spicer, *Paper Trade*, p. 15; Hills, *Paper making*, p. 14; Association of Makers of Esparto Papers, *Esparto*, p. 3.

时期之前，造纸厂采用的原材料从其他各种材料转向使用机械或化学流程制成的木浆，已经大大减少了工厂对劳动力配备的需求。在备料阶段，使用其他原材料替代碎布，也同样降低了配员要求，因为相较于碎布和绳索等，新型原材料更能保证打浆机不断循环使用，制浆厂得以使用更大的打浆机，在同样的劳动力配备下可以加工的原材料也更多。[1]

从斯派塞于1907年提供的信息中，我们可以了解到使用不同原材料的造纸厂对劳动力的不同需求。根据斯派塞的说法，使用碎布为原材料的小型手工造纸厂每生产1吨纸张，需要配备21名工人；使用碎布为原材料、生产高质量纸张的机器造纸厂每产出1吨纸张，则需要配备约14名工人；使用碎布为原材料、生产中等品质纸张的机器造纸厂每生产1吨纸张，则需要配备4～5名工人。但无论是哪一种造纸厂，只要使用碎布为原材料，就比使用其他原材料的造纸厂人员配备高。使用细茎针草为原材料的造纸厂每生产1吨纸张，需要2名工人；而在使用机械研磨木浆的造纸厂，每生产4吨纸张，却只需要1个工人。[2] 换算下来，细茎针草造纸厂只需要配备碎布造纸厂一半的劳动力来制造普通纸张，却比木浆造纸厂的人员配备多了8倍。造纸厂无论是使用细茎针草、稻草还是木材，都可以减少加工材料所需的劳动力数量。换句话说，在其他条件不变的情况下，把造纸原材料从碎布转为木材或细茎针草，甚至从细茎针草转为木材，都可以提高工人的劳动生产率。关于这一点，有一个很有意思的例子可以佐证。第二次世界大战期间，造纸业的劳动生产率较1939年水平下降了约17%。根据1942年牛津大学纳菲尔德学院《社会重建调研项目》（*Social Reconstruction Survey*）中梅瑞狄斯（Meredith）提交的行业报告，造纸业生产率下降并非战争期间效率下降带来的结果，而是因为这一时期，造纸业使用废纸和稻草取代了一些原本的材料，大大增加了备料阶段需要的劳动力人数。而且，产量的下降严重夸大了生产率的真实下降程度，实际上，造纸业中产量下降较为严重的是新闻纸张等产品，对于这些产品来说，“机制的影响最严重，劳

[1] *PTR*, 14 March 1890, p. 2; Spicer, *Paper Trade*, pp. 58, 167.

[2] Spicer, *Paper Trade*, pp. 148—149.

动力的影响最轻微”[1]。

为了研究英国和美国对原材料的选择是否会对造纸厂配员产生足够的影响,从而造成劳动生产率的差距,理想情况下需要了解英美两国造纸厂在备料阶段的配员情况。不幸的是,造纸业雇员数据无法获取,因此我们无法直接进行这种比较。但是,如上文所述,我们至少知道,在碎布造纸流程中,有超过一半的劳动力参与材料制备的工作,因此,备料工艺的任何改变都会对整个造纸业的雇员状况产生重大影响。妇女在传统造纸厂的独特地位给我们提供了一个视角,可以以定量的方式来观察原材料变迁带来的变化。

传统的碎布造纸厂中,无论是手工生产还是机械生产,女工的职责本质上都是对实际造纸流程的补充,而后者几乎完全是男工人的专利。女工负责的任务主要有3个,按其重要性排列分别为:将碎布车间里的碎布进行分类和裁剪;对纸张成品进行修整、检查和包装;辅助男工人操作量纸、上釉、卷纸和裁纸的机器。[2] 由于女工负责的工序仍未能实现机械化生产,因此造纸机和打浆机速度及宽度的任何提升,都意味着需要成比例地增加女工数量,因为碎布分拣间的工作特别依赖女工来完成。[3] 也因为几乎只有碎布分拣间需要雇佣女工,所以一旦造纸厂采用了新的原材料,女工的岗位就会大量缩减。在这种情况下,女工数量的缩减与其他岗位相比是不成比例的。因此,我们可以根据不同时期造纸厂雇佣女工的比例来推断备料阶段配员情况的变化。我们可以认为,生产中使用的碎布越少,工厂里雇佣的女工就越少。正如哈钦斯(Hutchins)在其1904年的著作中所观察到的:“造纸业中,雇佣的女性人数也不断减少,因为造纸厂用木浆代替了碎布,也就不再需要女工来分拣和裁剪碎

---

[1] H. Meredith, “The Impact of War on the Paper, Printing and Stationery Industries”, unpublished paper, September 1942, p. 16, held in Nuffield College: Nuffield College Social Reconstruction Survey, C4/119.

[2] *Fourth Report on Employment*, pp. 293—294; B. L. Hutchins, “The Employment of Women in Paper Mills”, *Economic Journal* 14 (1904), 235—236.

[3] J. A. McGaw, “Technological Change and Women’s Work: Mechanization in the Berkshire Paper Industry, 1820—1855”, in M. M. Trescott (ed.), *Dynamos and Virgins Revisited: Women and Technological Change in History* (Metuchen, 1979), pp. 82, 87, 95.

布了。”[1]

1871 年,肯特郡的造纸厂对碎布的依赖性仍然较高,而兰开夏郡和约克郡则已经开始大量使用细茎针草和木材作为造纸原材料,如果对比这几个地区造纸业劳动力大军中 13 岁以上女性的比例,也可以得出类似结论。与我们预期的一样,肯特郡造纸厂雇佣的劳动力中 60.2%是女性,而约克郡和兰开夏郡分别只有 37.3%和 35.5%的员工是女性。[2]

但是,在我们进行下一步研究之前,必须记住,造纸厂的整饰间往往也雇佣了大量女性员工,此外还有其他因素也能影响造纸厂雇佣的女工数量。在许多情况下,在造纸厂引进某种新纤维素,导致女性工作岗位消失的同时,也会产生只能由男性填补的新工作岗位。例如,木材的打磨工作只能由男性工人来完成。[3] 如果将这些因素都考虑在内,显然会影响表 7.2 所列的全国女工百分比。可以这么说,只要造纸厂采纳碎布以外的原材料,也就意味着造纸厂不再需要对纸张进行那么复杂的整饰工作了,甚至也意味着对纸张质量的控制没有原先那么严格和麻烦了。因此,一旦造纸厂采用了新材料,整饰车间雇佣的女工数量势必也会降低,进一步影响造纸业对女工的整体雇佣水平。这一推断似乎也确实在许多造纸厂的整饰车间得到了验证。[4] 此处需要重申一点,在分析美英劳动力配备情况时,研究造纸业劳动力大军中的女性占比,仍不失为一个绝佳的切入点。本书认为,美国造纸厂由于采用木材和其他碎布以外的原材料,减少了雇佣的女工,这与分析劳动力大军女性占比得出的结论相一致。但是也应当注意,这个结论的意义仅限于此。

表 7.2 表明,即使从 19 世纪 50 年代开始,美国造纸业的女性劳动力比例也低于英国。但是在这个阶段,两国的差距不大,主要是这一时期两国造纸业都仍将碎布作为最主要的纤维素来源。但在那之后,美国和英国造纸业雇佣女

---

[1] Hutchins, “Employment”, p. 240.
[2] Returns of Factories and Workshops, PPLXII (1871), 142—143.
[3] Hutchins, “Employment”, p. 240.
[4] McGaw, *Most Wonderful Machine*, p. 286.

性的比例开始出现较大的差距。19 世纪 50 年代,伴随着稻草和其他原材料的出现,美英女工占比的差距逐渐出现并慢慢扩大,但 1860 年后,由于木材和稻草取代了碎布,成为美国造纸业最主要的纤维素来源,使得这一差距快速扩大。这也验证了当代研究者们的观察。例如,1887 年,一群来自荷利奥克(Holyoke)的美国造纸商曾在英国考察了一整个夏天,其间参观了 8 家英国工厂。他们指出,两国造纸业最明显的区别之一就是,英国雇佣女性劳动力的比例更大。[1] 在英国,女性在造纸业劳动力大军中的占比一直相对较高,直到 19 世纪 80 年代木材成为当地流行的原材料后,这一比例才真正开始下降。即使在那时,这种下降也是缓慢的,而且由于长期使用细茎针草和碎布作为原材料,女工占比的下降并不像在美国那样显著。值得注意的是,在两次世界大战之间的几年中,英国造纸业的女工占比仍保持缓慢的下降态势,因此到 1939 年为止,造纸业中的女性劳动力占比不到四分之一。[2]

表 7.2　　1850—1907 年英/美造纸业劳动力大军中女性占比　　单位:%

年份	英国	美国
1850—1851	48.6	43.5
1860—1861	47.2	40.3
1870—1871	43.7	34.4
1880—1881	48.8	32.1
1890—1891	43.3	21.8
1900—1901	40.0	16.0
1905—1907	32.6	13.5

资料来源:Spicer,*Paper Trade*,p. 146; *Seventh to Thirteenth Census of Manufactures* (1850—1905)。

斯派塞把女工占比的逐渐下降部分归因于 1867 年的《工厂法扩展法案》(Factory Act Extension Act),该项法案限制女性只能白天在造纸厂工作。[3] 然而,1904 年,英国行业协会委员会(Committee of the British Association)调

〔1〕 *PMC*,10 December 1887,p. 432.
〔2〕 Meredith,"Impact",p. 13 in Social Reconstruction Survey,C4/119.
〔3〕 Spicer,*Paper Trade*,p. 147.

查《工厂法扩展法案》对女性就业的影响时,负责调查的哈钦斯表示,并没有发现大量妇女受到这项立法的影响,也没有发现这项规定造成了任何严重的不便。这是因为造纸业中,男人和女人的工作本质上是不同的,所以没有必要让男人和女人同时在一起工作。此外,由于造纸厂普遍认为裁剪和分拣碎布的工作需要明亮的阳光,而不能依赖人造光来完成,因此女性的工作时间被限制在早上6点到下午6点之间。即使在1867年以前,通常也从早上8点开始,到下午5点半结束。[1] 19世纪80年代女性劳动力占比上升,也证实了这一结论。

部分英国造纸企业的经历也说明女工占比之所以迅速下降,与造纸厂采用木材作为原材料之间有千丝万缕的联系。表7.3列出了英国埃斯克公司(Esk)位于达尔摩的工厂中所有女性员工的比例。这是一家专门生产印刷精美的机内施胶纸的工厂。1871年,碎布和细茎针草是该厂制作纸张的主要原材料。但是,19世纪80年代,该厂开始试验木浆在造纸中的应用,并稳步加大造纸过程中采用木浆的比例,因此到了19世纪90年代早期,木浆成为该公司的主要纤维来源。女工所占比例的下降与工厂开始采用木浆的情况相吻合。[2]

表7.3　1871—1906年达尔摩纸厂雇佣劳工中女工占比

年份	百分比(%)
1871	54.6
1881	59.6
1883	50.0
1889	42.3
1896	32.9
1900	33.3
1906	24.9

资料来源:Watson, *Last Mill*, pp. 27,145。

综上所述,原材料的选择能左右造纸厂雇佣的劳动力数量,从而对造纸厂的劳动生产率水平产生直接影响。库克和纳托尔有限公司(Cooke and Nuttal

[1] Hutchins, "Employment", pp. 237—238.
[2] Watson, *Last Mill*, pp. 27,145.

Limited)的纳托尔十分肯定地认为:“国内造纸业产量的大幅增加并未导致劳动力数量的相应增加,这是因为现在造纸采用的纸浆主要由木材制成,很大程度上已经是一种半成品了,因此我们无须像从前那样从零开始自行生产纸浆。”但同时,纳托尔也承认这并不是唯一有影响的因素:“当然,这(劳动力人数并未相应上涨)也不完全是由于采用不同的生产方法或用木材替代碎布造成的,分工经济和更高速的造纸机同样影响了劳动力的雇佣。”[1]

省工机械

造纸厂一旦引入机械设备,显然也会对劳动生产率产生影响。除了更多地使用碎布以外的原材料,美国造纸厂更倾向于使用更省力省工的机器,这也是促使美国的劳动生产率领先于英国的另一个主要因素。在当代研究者的文献中,对19世纪中叶开始英美之间在省工机械方面的运用,有着各种各样的论述。例如,戴森强烈认为:“与英国相比,美国造纸厂更多采用节省劳动力的机械设备,这使得美国普通工人的工作变得更加容易。”[2]英国的业界评论员尤其对美国同行所取得的成就感到惊讶,他们借助机械设备简化了造纸厂处理原材料的流程,从而节省了昂贵的劳动力。我们发现,早在1862年,就有英国造纸业媒体对新泽西州帕特森市艾芬豪造纸厂(Ivanhoe Mill)取得的进步赞不绝口:“工厂内各个建筑布置得令人赞叹,各个部门……内部自成体系的同时,又能很好地相互联通,非常先进;也可以最大限度地节省劳动力,保持整个工厂的井然有序和整洁干净。”[3]32年后,美国造纸厂的这种特性仍然给来访的英国造纸业人士留下了深刻的印象,他们认为美国造纸厂之所以在劳动生产率方面取得领先地位,至少部分归因于这一因素:“霍利奥克市的造纸厂使用的机械大

---

〔1〕 Tariff Collection, TC7 28/2, p. E(1).

〔2〕 Dyson, “Paper Trade”, p. 215. 其他例子有:*PMC*, 10 March 1903, p. 98; 10 July 1901, p. 306; Reed’s comments in Tariff Collection, TC3 1/88, p. 7。

〔3〕 *PTR*, December 1862, p. 29.

大节省了劳动力,他们有一套非常整洁的设备,可以把碎布和纸料从一个部门传送到另一个。"[1]

美国造纸厂在生产流程的各个环节都使用了节省劳动力的机械:从分拣间里取代女工手工劳动的碎布剪碎机,到整饰间里的自动喂料轧光机,都能大大节约劳动力配备。有很多机械在美国造纸厂随处可见,在英国却难见其踪。其中最典型的例子就是辅助替换造纸机旧电线的装置。造纸机换线是一项耗时耗力的工作,且每两周就得换一次。在没有机器帮助的情况下,光是将一根旧电线拆除并换上新电线,通常就要花整整6个小时的时间。而在19世纪下半叶的美国,这一工作已经通过各种器具实现了机械化,使用这些器具可以将胸辊、伏辊和压辊抬起,使得寥寥几人就可以在短短80分钟内完成换线工作。[2]

有关英美两国19世纪中叶以来资本密集度的情况,我们未能获得足够的数据来进行对比。在本书第三章中,我们曾用造纸机数量来衡量资本规模,但由于美国直到19世纪晚期才开始统计这一数据,所以我们无法通过计算造纸机数量来对比英美两国的资本密集度。衡量资本水平的另一个常用指标是工业的能源需求。有关工业能源使用情况,美国的行业普查也确实提供了相关数据,英国却没有定期公布能源使用情况,但是我们对英国的情况也并非一无所知。1871年发布的《工厂和车间收益情况报告》给我们提供了足够的信息,让我们了解英国造纸业工程的能源消耗情况(以马力计),因此至少我们可以对该年度英美造纸厂的能源消耗情况进行对比。

表7.4　　1870—1871年英/美造纸厂能源消耗情况　　单位:马力

	蒸汽电	水力电	每吨产出耗电	年人均耗电
美国	11 922	41 684	0.16	2.85
英国	26 703	7 660	0.16	1.30

资料来源:*Returns of Factories and Workshop*, p. 218; *Ninth Census of Manufactures* (1870), p. 463。

假设造纸厂使用的机器越多,需要的能源就越多,表7.4中的数据证实了

[1] *PMC*, 11 June 1894, p. 278.
[2] *PMC*, 10 March 1903, pp. 97, 103.

当代研究者的猜测,即美国的工人比英国的工人使用更多的机器,二者之比超过2∶1。表7.4还显示,两国的资本生产率水平很接近。尽管给出肯定的结论还有点冒险,但如果我们从字面上解读每吨产出的耗电量,就意味着1870年美国造纸业的能源浪费显然并不比英国多。对于造纸材料的使用,则不然。根据1880年两国原材料使用量的估算,这个估计值较早计算得出,平均而言,美国造纸商每生产1吨纸和纸板,其原材料消耗量是英国的两倍多,两国的消耗量分别是4.1吨和1.7吨。由于这些数据最多只能算粗略估计,而且英国造纸首选材料是碎布,其单位重量的纤维素含量比其他多数材料高,因此根据原材料消耗量的估算数据来对比英美之间原材料的消耗量,得出的结果可能有点夸大了。当然,在某种程度上,我们有理由确定这一差距确实存在。至少从欧洲的角度来看,19世纪美国工业常态特征之一就是对原材料的肆意使用,尤其是在与木材和森林相关的产业中。

那么针对美国更广泛地应用省工机械这一现象,该如何进行解读呢?就像美国南北战争后对原材料的选择一样,原因似乎在于相对要素价格。可以看到,早期美国造纸厂所有工种的工资都是英国同等工种的工资的两倍。[1] 虽然缺乏关于两国机械价格的类似信息,但我们注意到,访问美国的英国造纸商曾对美国的物价之低表示过惊讶;这在很大程度上是因为,19世纪80年代,造纸机在美国的存在时间虽然较短[2],但它的发展是迅速的,到了19世纪中叶,美国造纸机制造商们不仅确立了自己的地位,而且以其丰富的经验和创新力成为造纸业中不可多得的一股力量,生产出了各种各样的高质量和负担得起的产品。美国造纸厂出于需要,不得不依靠进口的外国零件、毛毡、金属网或压胶辊来维持造纸机运转的日子已经一去不复返了。[3] 但最重要的一点是,19世纪下半叶美

---

〔1〕 美国造纸业的资本密集度更高,因此可能使得其生产率也更高,最终导致其工资水平也相对较高。实际上,这一现象是19世纪美国所有产业的一个共同特点,这说明其中的因果关系更有可能是相反的。换句话说,美国造纸业的工资高于英国,很可能是由于美国某种特殊的环境因素(比如疆域),而不是源自美国造纸业更高的资本密集度。机器的引进可能进一步带来压力,促使工资上涨,但这只会进一步推动资本提高密集度,取代劳动力。

〔2〕 例如,见 *PMC*,11 February 1889,p. 52。

〔3〕 Keir,*Manufacturing*,p. 482; Weeks,*History*,pp. 182—183.

国造纸机价格的相对下降，最好地证明了美国造纸机制造商的成熟程度。

自 19 世纪 30 年代以来，大批专业造纸机制造商在美国造纸业集中的全部地区纷纷建立了自己的工厂。这些公司在技术和商业上都迅速变得更加先进，在很多情况下，它们会在战后向客户提供以旧换新的服务。除此之外，许多最初专门生产其他类型机械（通常是纺织和农业）的制造厂也扩展其业务范围，以满足当地造纸商的需求。仅在马萨诸塞州的伯克夏县，1860 年就有 6 家这样的非专门的机械厂和铸造厂，为造纸业生产零部件、工具和造纸机；25 年后，这个数字增加了一倍多。自 19 世纪 40 年代以来，美国造纸业集中的地区有大量机械厂兴起和聚集，逐渐降低了造纸商的机械成本。机械厂在竞争激烈的环境中培养出经验和专业知识，运输成本下降，造纸机安装和维修速度提升，造纸厂由此可以保障自身停工时间缩短，这也是美国造纸商机械成本的因素之一。[1] 另一个促使美国造纸商机械成本更低的原因是，常常发生邻近几家工厂共用那些不常使用的设备的情况。位于伯克夏县的拜伦·韦斯顿造纸厂（Byron Weston）与毗邻的巴特利特和卡廷联合公司（Bartlett and Cutting）合资购买了一台日历车床。随着企业拥有一家以上工厂的现象越来越普遍，机械共享的做法也越来越常见。例如，从 1875 年开始，由史密斯纸业公司经营的 4 家工厂不仅共用快速修理所需的机器，甚至还共用同一个机器车间。[2]

造成美国机械使用成本低廉的另一个关键因素是其丰富的自然资源。英国造纸厂对美国的湍急河流和现成的廉价能源供应十分羡慕。[3] 美国制造商似乎也很清楚，很少有其他国家能像美国这样拥有水力发电的优势。[4] 如果将图 7.4 中两国所提供的能源使用数据根据其来源（蒸汽或水）进行区分，也能证明当代研究者们的观点。1871 年，美国造纸厂消耗能源总量的 77.8%是水

[1] McGaw, *Most Wonderful Machine*, pp. 168—176.

[2] McGaw, *Most Wonderful Machine*, pp. 172—173.

[3] Dyson, "Paper Trade", p. 216; *Paper Maker and British Paper Trade Journal* (hereafter PMBPTJ), November 1902, p. 49.

[4] *Pulp and Paper*, vol. Ⅱ, p. 433; D. L. Boese, *Papermakers: The Blandin Paper Company and Grand Rapids, Minnesota* (Grand Rapids, 1984), p. 55; and E. Amigo, M. Neuffer, E. R. Maunder, *Beyond the Adirondacks: The Story of St. Regis Paper Company* (Westport, 1980), p. 4.

力发的电，而在英国，水力发电仅占其总能源消耗量的 22.3%。因为水是一种相对容易利用的资源，这不仅降低了美国造纸商运行造纸机械的成本，也给他们提供了强大的经济激励，使他们愿意引入更多机械来节省高昂的人工成本。同样，美国造纸厂在获得廉价且现成的纤维素来源（如木材和稻草）方面十分有优势，引进大量机械后又为他们节省了劳动力开支，因此即使原材料方面有大量浪费，也是值得的。在英国，由于其自身独特的资源禀赋而产生的要素价格平衡，造纸商根本无法作出同样的选择。

因此，美国造纸厂选择更多地使用省工装置，因为这样做对他们来说，有很好的经济效益。正如麦高所解释的那样，至少就美国工业的早期机械化而言："开发新机器的初始成本虽然比手工设备高很多，但总成本远远低于节省下来的工资，因此，美国造纸商往往能迅速接受新型机械，因为这对他们来说有良好的经济效益。"〔1〕

这是十分顺理成章的逻辑，因为廉价的机械加上廉价的能源和材料提供了足够的激励，促使造纸商用资本来替代相对昂贵的劳动力。在这方面，造纸业与美国其他技术型制造业一样，表现出比英国更大的资本密集度。〔2〕

本章小结

1860—1890 年间，美国工业的两个特点使其劳动生产率保持在英国的两倍。其中一个特点就是，这一时期美国造纸商对原材料的选择和英国不同，他们的选择反映了其独特的历史和经济环境。美国南北战争使得造纸业遭受严峻的布料短缺，导致造纸商无法继续采用碎布作为原材料，从而促使他们广泛试验和引进木材等原材料。而在英国，并未对新型原材料投以同等的关注。这

〔1〕 McGaw, Most Wonderful Machine, p. 179.

〔2〕 J. James and J. S. Skinner, "The Resolution of the Labor-scarcity Paradox", *Journal of Economic History* 45 (1985), 513－540; N. Rosenberg, (ed.), *The American System of Manufacturing* (Edinburgh, 1969).

种差别所产生的结果是，对于那些英美两国造纸业以前都不熟悉的原材料，美国造纸业获得了相当多的经验和专业知识。特别是在这一时期，美国造纸商攻克了以前阻碍他们选择使用木材作为造纸原料的技术难关，因此到 19 世纪 60 年代末（南北战争结束后），即使美国造纸业恢复了表面的常态，造纸商们对原材料的选择也远比以前更多。碎布以前之所以是造纸商们的不二选择，是因为他们没有其他的替代性方案。到这一时期，美国造纸商已经可以自由选择各种各样的材料了。19 世纪下半叶的各种因素和资源成本，推动美国造纸厂选择劳动力需求较低且成本相对低廉的木浆作为主要的原材料。

美国造纸商们在放弃使用碎布并选择木材等对劳动力需求较低的原材料的同时，也在有意识地改变他们工厂的运作方式。造纸原材料从碎布到木材的转变给造纸厂的人员配置带来了巨大的变化，也使女性在造纸业中的作用发生了重大变化。但是，这些变化不仅改变了造纸业劳动力的组成，还极大地影响了工人所从事工作的性质。在引入新资源之前，造纸厂雇佣的所有工人中，有一半以上是在备料阶段负责碎布的前期处理。在使用了碎布以外的其他原材料后，这类工人的数量显著减少。因此，新原材料在美国的迅速扩散，使得美国造纸商生产同样数量纸张所需要的劳动力人数既低于英国，也低于以前。

伴随着木材和稻草成为造纸原材料，美国造纸厂也更多地采用节省劳力的机械装置。这在很大程度上是因为，美国的劳动力成本相对较高，却坐拥丰富的水资源、低廉的电力和各种各样的造纸原材料。显然，资源禀赋，无论是资源的类型还是其可用性，都对 19 世纪后半叶英美造纸工业的独特发展产生了至关重要的影响。环境对造纸业的影响是多方面的。因此，原材料的影响是广泛的，不仅能决定生产过程中的投入成本规模，而且，正如我们所看到的，还能决定行业内的工作方式和人员管理方式，上述种种因素对劳动生产率都有重要的影响。因此，根据本书前文所讨论的几点：英国推迟采用木浆是理性的；美国造纸业资本密集度更高；美国对原材料的选择也反映了其独特的历史进程和资源禀赋，目前我们很难将 1860—1890 年间英美两国出现的劳动生产率差距归因于英国造纸业的企业运作失误。

第八章

技术分化：1890—1913年英美差距

我们在第七章提到，从19世纪中期直到1890年，产生英美两国劳动生产率水平差距的原因可能在于：两国采用不同原材料、使用不同的省工机械，引发了造纸厂的劳动力配置状况不同。然而，从1890年往后，仅从劳动力雇佣状况不同，很难解释清楚为何两国生产率差距始终存在。本书第三章和第五章曾给出了有关机器运行速度、产能和总生产率的数据，数据显示，正是从这个时期开始，美国的技术开始领先于英国。但是，如果美国技术确实超过了英国，这种超越又是如何实现的呢？

这一现象之所以出现，或许是因为两国造纸技术发展的路径不同，特别是美国造纸业此前引入了各种各样的机器。然而，两国造纸业在19世纪后半叶所采用的基本技术实际上是一样的，这是不可否认的事实。此外，即便我们假设两国采用了不同的造纸技术，在美国也是圆网造纸机比长网造纸机更受青睐，对后者进行改进和加速的空间更小一些。造纸机类型的差异无法解释美国造纸业在第一次世界大战前25年里出现的技术超越。

英美技术差距之所以产生，还有一个解释是，英国的工会和工作实践限制了造纸机的运行速度和(或)时间。然而，正如第六章所讨论的，根本没有证据表明工会或工作惯例对英国造纸工程产生了多大的影响。英国造纸业的工会规模小、分歧大、力量弱，根本不具备限制造纸机运行速度和时间的能力。具有讽刺意味的是，造纸业工人运动反而在美国开展得颇有成效。无论如何，1890—1913年这一时期，英国在机器运转速度和工作时长等方面的做法远远谈不上保守。事实上，两国的工厂都在疯狂地提高造纸机运行速度和延长造纸工人的工作时间。

表 8.1　　1905—1907 年英/美纸张产品结构百分比　　单位：%

	英国	美国
印刷用纸、报刊用纸及海报用纸	52.4	46.9
包装用纸	21.7	21.2
胶合纸板、硬纸板和厚纸板	6.2	17.1
信封纸、书写用纸和画纸	13.6	4.8
其他种类纸张和纸板	6.1	10.0

资料来源：*Census of Production* (1907), table 1, p. 624; *Thirteenth Census of Manufactures*(1905), table 20, p. 757。

鉴于英国造纸商对美国纸张质量的轻蔑是出了名的，那么英美之间生产率差距还有一种可能性更大的解释：英国制造商专注于生产高质量的纸，因此速度不仅不重要，而且对最终产品有害。但从表 8.1 中的数据来看，这一解释也说不太通。事实上恰恰相反，1907 年，英国出产的纸张大多为印刷用纸和报刊用纸[1]，这两种纸张在整体产出中的比例甚至高于美国，而对这两种纸张的生产商而言，速度才是生存的关键所在。尽管英国制造高端纸的比例也确实高于美国，但那些生产速度要求最大化的纸张(如印刷用纸、包装用纸和纸板)的产量占比方面，英美两国并无太大差别。关键在于，这些纸张的生产在行业里并非无足轻重的一部分，事实上，这几类产品占当时英国生产的纸张和纸板总量的 80%以上。此外，我们也没有什么证据表明，1890 年英国造纸业的产品结构发生了任何变动。虽然我们没有途径获取 1890 年的产品结构数据，但可以推测，1890 年生产报刊用纸、印刷用纸和从事精细手工造纸的公司所占比例与 1907 年的几乎相同。当然，这一推断没有考虑到各造纸厂规模的改变，因此无法反映各类产品份额的真实情况；然而，由于这段时期印刷和报刊用纸厂的数量变多了，也意味着 1890—1907 年之间纸张产品的结构可能没有发生太大的变化。综上所述，英国造纸行业的产品构成并不能解释两国技术表现的差异。

想找到英美劳动生产率产生的原因，还有一个思路是寻找某种奖励机制，

[1] 根据每年发布的造纸厂目录，1890 年，英国造纸厂中 33.8%主营报刊用纸和印刷用纸，6.5%从事手工制纸。到了 1907 年，这两类造纸厂分别占英国造纸厂总数的 36.8%和 6.4%。

如果该奖励机制在一个国家存在而在另一个国家没有,那么它就有可能是激励工人努力创新并取得成功的原因。但这个思路也没有带来太多的帮助,因为在1890—1914年间,美国和英国的造纸工业都受到了加速生产的刺激,且程度差不多。两国在任何环境和任何时间点,总是存在着大量激励生产者创新的机制,要区分其中哪些机制发挥了作用而哪些没有发挥作用,是十分困难的。此外,如果我们假设技术变革是由某种奖励机制引发的,那么那些在没有奖励激励的情况下出现的技术变革就无法解释了。这也就意味着,那些没有明显激励机制就出现的技术变革,一定还有其他因素在起作用。换句话说,在现实世界里,并非一切事情都遵循绝对理性或极速反应的原则,因此要解释技术变革出现的原因,必须要具体考虑为什么某种技术变革在某个特定的时间点出现在某个特定的公司。要做到这一点,首先需要了解行业技术变革的本质,然后考察环境和背景对这种类型的技术变革的影响。

在第二章,我们回顾了造纸业技术变革的过程,19世纪晚期造纸机械的创新是以技术知识逐渐积累的形式出现的,这些知识对已有技术不断进行补充,并非一蹴而就。这种变化本质上是量变引发质变,并且很多改进只针对本公司自身的技术,不具备普及性。当然,研究其他持续性生产技术的学者,对于这些特征一定不会感到陌生。人们不太熟悉,当然也不太了解的是,影响特定企业和行业中技术积累速度的因素有哪些?我们在第二章讨论过,企业如果想实现这种类型的技术变革,主要是通过以下两种机制。

第一种机制是围绕着日常生产经验的实践经济。通过有意或无意地实施某种措施,支持技术改进的缓慢推进,一个行业(或企业)可以提高其内部产生技术变革的可能性。要做到这一点,就必须向公司或行业内的人员提供更好的机会和奖励,鼓励他们从经验中学习,然后在这种学习的基础上,对技术改进提出建议并最终将改进方案落到实处,从而实现对现有技术的提高和延伸。在追求此类改进的过程中,技术体系是否具备潜力,行业对集体行动、商业组织、培训和劳资关系持何种态度和行业采取何种政策,都是至关重要的因素。

第二种机制虽然不一定与第一种机制相互排斥,却为那些不愿采用第一种机制的公司提供了机会。制造商可以直接从专业生产商和其他公司购买创新技术成果乃至新设备,而不必自己钻研技术创新。依赖这样的策略有它的缺点,尤其体现在成本上可能非常高昂。然而,若与第一种机制相结合,就成为一种强有力的战略,即使在企业内部的创新停滞不前的情况下,也能保障技术变革的进程持续下去。

本章接下来的部分将以这两种技术创新的机制为出发点,审视美国造纸业从 19 世纪 90 年代开始如何一步步成为技术领导者,并看看英国和美国之间是否存在某种体制差异,可以解释两者技术经验积累速度的不同。这种技术创新的方法有其独特的优点,它稳固地建立在这一时期造纸业技术变革实际过程的基础上,因此不像其他方法那么抽象难懂。本章最后一节对前四章的研究发现及其带来的启发进行总结。

新型机器

与大多数工业一样,19 世纪的造纸工业中,技术变革传播的最常见方式之一是购买新机器。在这一方面,美国造纸商似乎比他们的英国同行更熟练。事实上,造访过美国造纸厂的英国人经常提及的一件事就是,美国造纸企业,甚至是一些老造纸厂,在更换设备方面是多么轻而易举。例如,去过美国后,戴森曾说:"在英国,我们有非常好的、昂贵的机器,但在美国,只要造纸机收回成本了,他们就安装上一台新的。我们的造纸机使用时间太长了,一说到要不要换个新机器,雇主总是犹犹豫豫的。"[1]

从英国造纸机生产商的活动轨迹中几乎找不到对这一事实的解释,他们的运作方式似乎与他们的美国同行十分相似。他们也会到欧洲大陆和美国访问,

〔1〕 *PMBPTJ*, November 1902, p. 49. 类似论述可见 J. Dunbar, *Notes on the Manufacture of Wood Pulp and Wood-pulp Papers* (Leith, 1894), p. 55; *PMC*, 11 September 1893, p. 382; 11 May 1903, p. 172; 10 March 1903, p. 103; Tariff Collection, TC3 1/85, p. 27。

观察他们的新发展,从中汲取创意,如果发现了更成功的外国技术,也会积极谈判,争取获得专利许可。各种英国造纸机公司的记录证实,通过通信和频繁的访问,造纸商和造纸机生产商之间确实有大量有效的沟通和联系。[1] 因此,马森—斯科特造纸机公司(Masson, Scott and Co.)的安德鲁·马森(Andrew Masson)在一次访问美国后,很诚实地说道:

> "我过来看看有没有新发展,如果有的话,我就可以学起来。你们的机器很好,但是,我认为,跟我们的其实差不多。英国和美国的造纸机有一些不同之处,主要是在细节上。我认为,我们的机器制造商不需要担心来自他们方面的竞争,我们也不可能与你们竞争……"[2]

其他造纸机制造商在关税委员会(Tariff Commission)的发言也附和了这一观点,他们还声称,如果英国的造纸机平均水平不那么先进,那是造纸厂方面的问题,而不是造纸机制造商的问题。[3]

要想了解两国造纸机的替换率和购买率差异,并审视当时人们对这些比率的普遍看法,一种方法是观察两国造纸机平均宽度随时间变化的速率。这是一个很好的替代性思路,因为宽度是纸机的一个固定特性,单靠造纸厂内部是无法改进的。造纸厂若要获得更宽的造纸机,不可能自己熔几寸钢黏在原有机器上,必须从专业造纸机制造商那里重新购买一台,才能解决造纸机加宽少许而产生的所有复杂又细节的技术问题。因此,如果行业中增加了某种更新更快的造纸机,那么现有机器的平均宽度就会发生变化。此外,新机器安装得越频繁,这个平均值的增长就越快。表8.2列出了英国和美国在1868—1914年间的造纸机平均宽度。

---

〔1〕 *PMC*, 10 December 1891, p. 470; Shorter, *Paper-making*, p. 138.

〔2〕 *PMC*, 10 September 1896, p. 440. 另参见 *PMC*, 10 December 1891, p. 470; 10 July 1899 p. 302; 10 December 1889, p. 453; and 10 March 1904, p. 95。

〔3〕 Tariff Commission, *Engineering*, paras 132, 1255, 1260.

表 8.2　1868—1914 年英/美造纸机平均宽度　单位:英寸

年份	英国	美国
1868—1869	64.7	58.9
1885—1886	70.0	62.9
1888—1889	71.7	64.6
1893—1894	73.2	70.9
1897	75.1	74.5
1900	77.3	75.0
1903	77.7	77.4
1906	78.5	79.8
1909	80.5	84.5
1912	81.4	87.5
1914	82.8	88.4

资料来源:Sources: *Paper Mill Directory* (1869—1914); *Paper Mill Directory of the World*(1897—1914); *Lockwood Directory of Paper Manufactures in the United States and Canada*(1885/6,1888/9,1893/4); J. A. Murphy,*1868 List of Paper Manufacturers*。

有趣的是,在表 8.2 中给出的整个时期,美国造纸机宽度的年平均复合增长率几乎是英国的两倍:美国的增长率达到 1.01%,而英国仅为 0.54%,且两个国家的增长率都相当稳定。将美国的数据分成 3 个大约 15 年的时期(1868—1885 年、1885—1900 年、1900—1914 年),可以得出美国造纸机宽度在这 3 个时期分别保持 1.00%、1.01%和 1.01%的增长率。这几个时期,英国造纸机宽度的增长率也同样保持稳定。从表 8.2 提供的数据来看,当时英国人惊叹于美国替代率之高,可能并非毫无根据。他们在 19 世纪 90 年代之前没有注意到这一点,可能是因为只有在 19 世纪末,英国造纸商才开始认真关注其行业的相对进步。毕竟,在此之前,美国的造纸技术平均水平似乎并不比英国好,甚至还可能相对落后。

是什么原因促使美国的造纸商们更频繁地更换造纸机?19 世纪下半叶最重要的特征之一是市场对纸张需求的巨大增幅,尤其是报刊用纸。在 1860—1900 年的 40 年间,美国报纸总发行量平均每年复合增长率为 5.5%,从

13 663 409吨增加到114 299 334吨。[1] 纸张需求的激增,一方面,源于识字率的提高和廉价木浆纸的普及,以及应运而生的刊物数量和发行量的激增;另一方面,也源于人们对纸制品的使用范围越来越广。伴随着消费习惯的巨大变化,一场纸张革命由此而生。[2] 在这半个世纪里,大量生产的纸袋、容器和其他形式的包装出现了,明信片和廉价小说也开始流行起来。摄影和电报等卓越的新技术需要新的纸张品种,而旧的纸张则发展出了新的用途。从前食品零售杂货店购进的商品都被放在一个大包装内,需要将货物分成更方便、更好卖的数量,再重新包装放在店内售卖,现在商品的品类和品牌众多,由制造商提前单独包装好,放在现代化的自助商店里售卖,在方便商家的同时,也便于顾客辨认。[3] 在印刷行业,则出现了新型纸面,如用于复制摄影图像的半色调以及有色纸浆,均需要造纸业快速跟进。还开发出了纸张的一些不太寻常的用途,例如,用作建造船只、棺材甚至鱼雷的材料。纸质的衬衫前襟和纸手帕也成为流行的时尚配饰,此外还出现了一系列纸制一次性清洁用品和个人卫生用品,使日常生活更加健康。1871年,卫生纸出现了,到了19世纪末,西方社会已经普遍使用卫生纸。[4]

19世纪后半叶,美国的人口增长也相对较快。1860年,美国人口已经是英国人口的1.5倍,到了世纪之交,美国人口已接近英国人口的2.5倍。[5] 美国人口的巨大规模和增长率,再加上1860年后纸和纸板使用量的激增,庞大的内需显著拉动了美国造纸业的发展。尤其突出的是20世纪的最后25年里,在关税壁垒的保护下,美国造纸商拥有一个巨大的、不断增长的国内市场。

此外,南北战争后铁路运输的发展消除了纸张市场的地理限制。1860年,

---

[1] D. C. Smith,"Wood Pulp and Newspapers,1867—1900",*Business History Review* 38 (1964),345.

[2] Smith,*History*,p. 139; Hunter,*Papermaking*,pp. 385—389.

[3] 燕麦和饼干生产商是这一变化的先行者。H. T. Bettendorf,*Paperboard and Paperboard Containers: A History* (Camden,1946),p. 27; Karges,"David Clark Everest",p. 322.

[4] H. E. Wright,*Three Hundred Years of American Papermaking* (Washington,1991),p. 18; Hunter,*Papermaking*,p. 570 and *passim*.

[5] 1860年美国人口总数为31 443 000,1900年达到了75 994 000;同时间英国人口总数分别为20 646 000和36 686 000。Mitchell,*Historical Statistics*,pp. 11—13; Smith,"Wood pulp",p. 345.

美国的铁路网运营里程达 3 万英里，无疑是世界上最大的铁路网。然而，在内战结束后，铁路规模又开始了一个空前巨大的扩张时期，它稳步发展着，直到把这个国家最偏远的地区与东部沿海和老西北的巨大市场联系起来。例如，1860 年，威斯康星州只有 891 英里的铁路，但到了 1890 年，这一数字已经以每年 6.3%的复合增长率暴涨了 626%，达到 5 583 英里。铁路的发达，使得造纸商们不再局限于生产供给当地及周边市场的产品，首次进入大型的、标准化的市场。[1] 他们当中不少人充分利用这个机会，扩大生产规模，提高专业化程度，整个行业的整合度达到了一个前所未有的高度。造纸业的欣欣向荣还吸引了新企业的加入。行业普查报告显示，造纸业的企业数量从 1889 年的 649 家增加到 1909 年的 777 家。[2] 当然，英国也出现了同样的消费和生产趋势（工厂数量的下降除外），人均纸张消费也出现了增长，但受限于英国国内市场和出口市场的局限性及规模，上述消费趋势带来的纸张需求增长幅度与美国相比仍无法达到同样水平。

英美两国造纸业发展速度的差距，从实际消耗和生产的纸张数量中可见一斑。如表 8.3 所示，两国相对消费量的巨大差距从 19 世纪 90 年代开始表现得最为明显，到第一次世界大战时，美国的纸张消耗量已增长到英国的三倍多。从 1879 年开始，到 1912—1914 年间，美国纸张消耗量的平均年增长率达到 7.2%，英国仅为 4.6%。表 8.4 中纸张产量相关的数据也显示了类似的情况。同一时期，英国的纸张产量以年均 4.9%的速度增长，而美国的增长速度则要快得多，达到 7.5%。自 19 世纪中叶以来，两国均保持相当稳定的增长速度。

---

〔1〕 M. L. Branch, "The Paper Industry in the Lake Regions, 1834－1947", Ph. D. thesis, University of Wisconsin (1954), p. 27; W. B. Wheelwright and S. Kean, *The Lengthened Shadow of One Man* (Fitchburg, 1957), p. 14; J. M. McPherson, *Battle Cry of Freedom: The Civil War Era* (New York, 1988), p. 12; A. D. Chandler, "Development of Modern Management Structure in the US and UK", in L. Hannah (ed.), *Management Strategy and Business Development* (London, 1976), p. 47; E. Rothbarth, "Cause of the Superior Efficiency of the USA Industry as Compared with British Industry", *Economic Journal* 56 (1946), 386.

〔2〕 *Fourteenth Census of Manufactures* (1909), table 2, p. 750.

表 8.3　　1879—1914 年美/英纸张纸板消耗量对比　　单位:%

年份	美国/英国
1879	119.2
1889	125.6
1899	167.5
1907—1909	289.6
1912—1914	322.0

注:为与美国的数据对比,1879 年、1889 年和 1899 年英国的数据源于对 1875 年、1885 年、1895 年和 1907 年数据的插值计算。

资料来源:Wray,*Study*,p. 219; Frickey,*Production* p. 16。

表 8.4　　1860—1914 年英美纸张和纸板产量　　单位:英吨

年份	英国	美国
1860	111 905	113 400
1870	169 023	344 600
1880	229 638	403 600
1890	411 483	834 800
1900	699 404	1 935 700
1912—1914	1 085 243	4 705 400

资料来源: Hoffmann,*British Industry*,T54; Frickey,*Production*,p. 16。

美国之所以更快更换造纸机,也与美国纸张消耗和生产量的快速增长有关。理论上,在相同条件下,如果某个行业的增长速度超过了其他行业,它的平均资本存量将更年轻,新的资本设备反过来又能拉动技术进步,新资本的效率将更高,赋予快速增长的行业一个较低的成本结构。假设投资和产出的增长以及设备折旧率保持恒定的指数增长率,工业资本的平均年龄可以计算为这两个比率的倒数。[1] 因此,如果造纸机的折旧率为 5%(美国财政部规定的折旧率)[2],那么在 1913 年,美国造纸机的平均寿命为 8 年,英国机器的平均寿命为 10 年多

〔1〕 R. M. Solow,"Investment and Technical Progress",in K. J. Arrow, S. Karlin and P. Suppes (eds.),*Mathematical Methods in the Social Sciences* 1959 (Stanford,1960),pp. 89—104. 这一计算方法源于 Temin,"Relative Decline",p. 149,此书中,Temin 将该计算方法运用到了钢铁业研究上。

〔2〕 Stevenson,*Background*,p. 89.

一点(10.1 年)。这一计算结果相当接近现实情况,因为资料显示,在国际纸业公司成立时,有超过三分之二的机器只使用了不到 10 年,而大多数英国造纸商的机器似乎已经使用了 10 年或 10 年以上。[1]

若要赶上美国造纸业的增长率以及美国技术变化的速度,英国造纸业在 1881—1912 年间的出口增长率必须达到 12.5%,而不是实际达到的 5.9%。相当于要求 1912 年英国纸张产量中出口所占份额从实际的 15.3%增加到 49.6%。即便是假设英国造纸业能够通过保护国内纸张市场来保障国内供给,出口量仍需要在 1881—1912 年间保持 11.5%的年均复合增长率,才有机会追赶上美国。鉴于世界其他主要纸张消费市场的关税壁垒有效阻隔了英国造纸商进入,英联邦内部的传统市场也逐渐遭到美国和欧洲造纸商的渗透,同时像加拿大或澳大利亚等国还大力发展着本国造纸业,种种因素叠加起来,导致英国纸张出口量几乎不可能出现前文所述的高增长率。

但是在第一次世界大战之前的几十年里,美国纸张需求增速更快这一点,在新兴的技术差距中又发挥了何种作用呢?在很大程度上,这个问题的答案取决于技术变革的具体速度。在造纸工业中,想了解这一点,最好的方法是研究造纸机运转速度。由于造纸机最大运转速度和平均运转速度的年增长率从未超过 6%,我们前面计算出英美造纸机寿命之间平均有 2.1 年的差距,最多只能解释 12.6%的生产率差异。这一数字当然不能说微不足道,但在 1912—1914 年期间,两国造纸机平均速度差异达到了 36.2%,平均产能差异则达到了 48.1%,其中大部分的差异仍然无法解释。此外,我们还假定了两国在生产实践水平方面是差不多的。但是,如果造纸技术的实际状况不同,一般来说造纸机的技术复杂程度也会受到一定程度的影响。举例来说,假如能够证明美国造纸商比英国造纸商更快地推进他们行业的前沿技术,那么应运而生的技术变革则会以更快的速度到来。现在回过头看表 5.5,表中列举了自有记录以来运行

---

〔1〕 Vandermeulen,"Technological Change",p. 132. 如果定期维修并升级,造纸机使用寿命可达到 10 年以上。例如,加德 · 布里奇纸业于 1887 年购入的造纸机(Number 3)到了 1912 年仍在使用,而此时造纸业已经普遍实现了电气化。Weatherill,*One Hundred Years*,p. 25.

最快的造纸机速度，我们有理由相信这能代表某一特定时期最佳生产实践的水平。从表 5.5 中不难看出，19 世纪 90 年代后，实际发生的情况确实如前文所述。那么又是什么因素导致美国造纸业技术创新的爆发式增长呢？很显然，鼓励美国造纸商更频繁地更换和购买造纸机的因素，也同样能够刺激他们的创新和发明精神。自 1860 年以来，美国纸张产量的增长率一直比英国快 2.5%～3%，但两国造纸机的最高运转速度从 19 世纪 90 年代才开始出现差距，因此前文所提出的假设似乎不能很好地解释实际情况。

因此，要解释这一问题，需要研究推动造纸企业技术进步的另一套机制，即实践经济。毕竟，并非所有的技术变革都与新机器的引入相关。回顾第二章可以发现，要理解这种技术变革的来源，需要考虑那些影响行业的因素以及企业从生产中学习的机会、能力和动机。本章接下来的几节将近距离审视那些在 1890 年后导致英美两国造纸业技术出现分化的体制性因素。

行业协会

英美两国造纸业的一大差异在于，它们对工会组织和全行业合作的态度不同。英国造纸业的结构和前景都具有极强的竞争性，官方对于行业协同的模式也表示反对；与之相反，美国造纸业则早早就表现出对自我监管和合作共赢模式的兴趣。在某种程度上，这是因为它们相信行业协作有利于提高利润和促进技术变革，但许多企业主对使他们致富的造纸行业也有一种更高的责任感，以正式、非正式的方式促进社区形成并推动行业发展。[1]

1819 年 5 月，美国造纸商举行了有史以来第一次造纸商大会，会上起草了要求国会提高进口关税的请愿书。30 年后，围绕保护性关税问题，造纸商再一次发起行业大会，这次大会上则呼吁国会编制一份备忘录，以抗议纸张税的下

〔1〕 McGaw, *Most Wonderful Machine*, p. 380.

调。为了达成这一目标，造纸商们收集了有关投资金额、雇佣的劳工人数和在运营的造纸厂数量等统计数据。虽然这两次会议都没有产生常设组织，但它们表明造纸商很早就愿意针对业界所有人关心的问题进行合作。[1] 直到1861年2月，36家高级书写用纸生产商中，有21家在马萨诸塞州皮茨菲尔德开会，书写纸行业由此成立了第一个正式的行业组织——书写纸制造商协会(Writing Paper Manufacturers Association)。这一组织设立的初衷基本上是作为一个保护性的组织，但是人们也希望它可以成为讨论与行业内人员有关问题的论坛。在第一次会议后，各方计划自发性限制产量，以应对市场中供过于求的局面，但同年晚些时候爆发了南北战争，上述计划不得暂时搁置。[2] 南北战争期间，美国造纸业的第一个全国性行业组织——造纸商协会(Paper Manufacturers Association)——成立，目的是为了处理伴随战争而来的各种紧急情况。这个协会及其开展的活动鲜为人知，人们仅仅知道它在1867—1870年之间的某个时候消亡，此前它为了会员和政府的利益，曾试图建立一个统计局。[3] 到1873年，书写纸制造商协会重组，该协会主要成员为书写用纸生产商，他们仍占有纸张市场四分之三的份额。重组后的书写纸制造商协会再次开始讨论该采取何种措施来补救当时不利的经济形势。会上商讨出的一系列措施包括所有造纸商签订一项协议，在60天的周期内，所有工厂只进行半天生产，减少产量，迫使市场中纸张的价格上涨。[4] 造纸业中其他类型的生产商也采取了类似的举措。纸巾和马尼拉纸的制造商在佛蒙特州的伯瑞特波罗举行了首次大会，并向其成员发出合作的呼吁。此前其他行业协会的成功使得这一呼吁格外具有诱惑力：

> 书写纸制造商就市场对他们的纸张产品需求问题多次召开会议并进行咨询，通过管理全行业的书写纸供应量来控制其价格，保障他

---

[1] Carlson, "Associations", pp. 34—35, 293.

[2] Carlson, "Associations", p. 60; American Paper and Pulp Association, *The American Paper and Pulp Association: Constitution, Officers, Committees, Members, Historical Sketch* (New York, 1897) (hereafter APPA, *American Paper*), p. 43; Stevenson, *Background*, p. 18; McGaw, *Most Wonderful Machine*, pp. 194, 246.

[3] APPA, *American Paper*, p. 61. 更多论述，见 Carlson, "Associations", pp. 38 40。

[4] Smith, *History*, p. 196.

> 们的投资回报率达到一定的比例。许多其他种类纸张的制造商,信封、纸袋、纸巾、电线的制造商,甚至书籍出版商均意识到有必要举行类似的会议,通过协商和共同行动,以促进他们的共同利益。因此,相信在这个时候,马尼拉纸厂家也应该互相熟悉并了解对方,这有利于促进他们的共同利益……[1]

此次会议也同样倡导各个商家控制产量。

越来越多造纸业集体大会的召开,也证明了行业中日渐高涨的合作精神。1863 年,芝加哥北部五州的 33 家造纸厂参与了一次集体大会,会上展示了稻草、玉米壳、高粱秸和椴木制成的纸浆样品。[2] 召开此类行业大会迅速成为美国造纸业的常态。20 世纪末,西弗吉尼亚纸浆造纸公司总裁 J. 卢克(J. Luke)说:"自从我对造纸行业有所了解以来,就一直有许多造纸商大会。"[3]这些会议起到了论坛的作用,造纸商们可以就共同关心的问题进行辩论和促进合作,还可以宣传新的技术突破和新的产品。在 1878 年的一次行业大会上,美国造纸商协会(American Paper Manufacturers Association)应运而生,这是首个全国性造纸商协会,代表整个行业的共同利益。协会诞生的最初目的是为了实施合作性措施来操纵市场和控制价格波动,但最终该协会承担了更多的社会职责,通过协助新点子的传播并为其成员提供对话交流的平台,帮助他们探讨行业面临的问题,影响行业采纳各种新的做法。协会也积极鼓励会员进行创新和扩张。如果有谁提出了对全行业有帮助的点子,可以从协会得到表彰奖励。此外在协会的倡议下,还成立了造纸业互助保险公司(Paper Mill Mutual Insurance Company),给造纸商提供较低利率的资金支持。美国造纸商协会还积极促进产品出口,在 1883 年专门成立了一个委员会来研究和监督各项促进出口的办法。然而,它的主要职能并不是规避竞争,反而是通过消除无谓的动荡并传播行业相关的信息来强化竞争,使行业内的竞争更理性、更明智。正如该协

---

〔1〕 Smith, *History*, p. 196.

〔2〕 Clark, *History of Manufacture*, vol. Ⅱ, p. 36; Carlson, "Association", p. 220.

〔3〕 *Pulp and Paper*, vol. Ⅲ, p. 1483.

会主席在1914年所解释的那样:

> 我们的会员充分意识到,协会不会强制他们固定价格或限制生产,反而完全是提供一种普及性教育,我们提供各种数据,并真诚地希望在他们了解各种信息后,行业内的定价能更加统一,同时整体产量将与实际需求更匹配。我们一直致力于通过有效的方法创造良性的环境,使造纸商获利的同时,也能使消费者受益。[1]

为保护协会成员的利益并鼓励最佳生产实践技术的传播,在造纸业的各个领域均出现了类似的协会。20世纪初成立的新闻用纸制造商协会(The Newsprint Manufacturers Association)就是一个例子。[2] 这些组织传播大量信息,提高业内对普遍性问题的意识,并帮助他们了解解决这些问题的办法,发挥了极为重要作用。例如,1862年,造纸厂老板艾迪生·拉夫林(Addison Laflin)给书写纸制造商协会做了一次演讲。在演讲中,他认为行业当前的问题,是因为业内会计的计算方式低估了真实的生产成本。他向协会成员提供了他的工厂生产各种不同等级纸张的详细成本表,这种大方和开放是同时代的英国造纸商无法想象的。他向与会者介绍了过程成本的概念,第一次区分了纸张的实际制造成本和最终完成成本。[3] 事实证明,经过造纸商协会的推广,会计方法和技术创新得到了快速的传播。艾伦认为,这是一种集体性的创新形式,在技术逐渐积累的过程中发挥着至关重要的作用,特别是在造纸工业等行业,帮助所有造纸厂避免了他们共同面临的、因技术相似而导致的发展困难。[4]

在这方面,美国造纸业的经历与英国形成了鲜明的对比。英国的造纸商协

---

〔1〕 *PTJ*,19 February 1914,p. 269. 协会举办的其他活动,请见 *PTR*,21 November 1883,p. 218; 11 January 1884,p. 333; 8 August 1884,p. 85;21 November 1884,p. 325;and Carlson,"Association", pp. 3—7,281—282; APPA,*American Paper*,pp. 56,60; *The Progress of Paper* (New York,1947), p. 360;Weeks, *History*,p. 299。1883年,协会更名为美国造纸商协会(The American Paper Manufacturers Association);1891年,再次更名为美国制浆与造纸协会(American Paper and Pulp Association)。

〔2〕 Weeks, *History*,p. 300. 其他相似协会,请见 Carlson,"Association",pp. 62—64。

〔3〕 J. A. McGaw,"Accounting for Innovation: Technological Change and Business Practice in the Berkshire County Paper Industry",*Technology and Culture* 26 (1985),715—717.

〔4〕 Allen,"Collective invention".

会——大不列颠及爱尔兰造纸商协会(Paper Makers association of Great Britain and Ireland)——无论是在政治方面还是在经济方面都十分无能，所起到的作用更像一个时髦的俱乐部，而不是一个行业协会。拉佐尼克(Lazonick)认为，英国造纸商们之所以无法采取协调一致的集体行动，并非由于英国造纸业生产过于分散[1]，因为同时期的美国造纸商也同样分散并互相竞争，本质上，英国造纸商们的不团结是一种流行的商业文化，他们厌恶彼此之间的协同配合。英国造纸商协会主席约翰·埃文斯在 1886 年向贸易和产业萧条皇家委员会(Royal Commission on the Depression of Trade and Industry)承认，就经济萧条及应对措施一事，他无法给协会提出任何意见，因为近期协会开会时，参与者总是寥寥无几。此外，他还指出，即便那些在意造纸商协会的人，无一例外都对协会规则表示出强烈的反对，甚至讨论过干预协会规则的可能性。在行业面临困境时，行业协会竟然无法提出任何补救办法，这令皇家委员会成员艾尔德(Aird)感到万分困惑：

> 艾尔德先生：你不认为，热情关心行业利益本就是造纸商们应该承担的责任吗？他们本身就是利益相关者，难道不该关心并参与决策他们所在行业各种事务吗？
>
> 约翰·埃文斯：我也认为如果我们能够安排此类事项(大会或协商)当然是最好的，但是我们内部有各种各样互相矛盾的政治观点。当然，有时似乎有一个主流的观点，认为任何阻碍自由贸易的事项都不在讨论范围内，这是一种普遍存在的信念，没有人可以反对或亵渎它。持有这个信念的人不在少数，所以想就某事达成一致意见是十分困难的。[2]

这种想法甚至妨碍了造纸商协会收集行业统计数据。历史上曾两次出现

---

〔1〕 B. Elbaum and W. Lazonick, (eds.), *The Decline of the British Economy* (Oxford, 1986), pp. 42—43.

〔2〕 Third Report of the Royal Commission on the Depression of Trade and Industry, *PP* XXIII (1886) (hereafter *RC Depression*), 587. George Chater 的类似论述，见 p. 593。

协会未能提供官方数据的情况：一次是在1885年，皇家委员会要求造纸商协会提供数据，结果协会未能做到；另一次是在1904年，张伯伦(Chamberlain)领导下的关税税则委员会(Tariff Commission)要求协会提供数据，同样未果。1904年，只有不到三分之一的业内人士对协会分发的问卷进行了回复。相比之下，美国造纸商协会早在1883年就已经成功地完成了这项工作，正如前文所述，其他机构甚至较之更早地就已经做到了这一点。[1]

相较之下，比收集统计数字未果更糟糕的是，那些本有可能对行业发展有益的想法，未能获得任何交流的机会。一位评论家认为"造纸商'俱乐部'的餐后讨论令人倦怠"，这已经引起了很多英国造纸商的反感，他们觉得美国造纸业之所以如此成功，最主要原因之一正是美国造纸商愿意费心去关注行业内的其他成员，甚至给予实质性的物质帮助。[2] 1889年，美国造纸商协会第十二次周年大会上，对于英国行业协会未能效仿美国模式，以及他们认为合作就一定不利于商业自由的想法，来自《造纸业评论报》的一位撰稿人发表了直接的谴责：

> 很明显，美国的造纸商们在不触及个人细节或个人行动的情况下已经达成了共识。其目的不是以任何方式侵犯个人企业管理，而是促进更高尚的竞争，鼓励在所有涉及行业的问题上建立更牢固的团结纽带，从而促进其作为一个国家性产业的持久进步。
>
> 与之相反！英国造纸商协会如何看待英国造纸行业的利益呢？会议定期举行了，但造纸商们秉持着高度的保守主义……作为一个整体，在行业共同利益的认可和保护上，造纸商们却无法达成任何一致，这是毫无道理的。[3]

---

[1] George Chater, p. 591; *PMC*, 10 November 1904, p. 411; 10 November 1883, p. 247; APPA, *American Paper*, p. 61. 美国造纸商协会于1908年设立了一个常驻数据统计部门。Carlson, "Association", p. 288.

[2] *PMC*, 10 November 1883, p. 252; *PTR*, 2 November 1883, p. 181. 1904年，亚瑟·皮尔森(C. Arthur Pearson)在造纸商协会年度晚宴上发表餐后演讲时指出："如果同行之间能交流对彼此有利又能接受的信息，造纸商们将变得势不可挡。我希望看到大家公开自己代表性的文献及其他各类成果。" *PMC*, 10 March 1904, p. 92.

[3] *PTR*, 30 August 1889, p. 14.

当然，与从前一样，这个呼吁仍旧没有引起大家的重视。1914 年，第一次世界大战爆发后，代表英国造纸业的组织，仍然是一个在政治舞台上毫无话语权的组织，在英国造纸商面临实际问题需要建议时，这个组织仍然无法提供合适的机会帮助他们实现沟通。至此，在整个行业中传播思想和创新的宝贵渠道被彻底放弃了。[1]

教育程度

美国的各大行业协会以及生产商们也在相对较早的阶段就看到了科学指导和研究的重要性。在世纪之交，美国的造纸技术学校和夜校课程体系比英国完善得多，而且在大多数情况下，显然水平也远远领先于英国。在许多地区，政府会支付或至少部分补贴这些课程的费用，而在另一些地区，则由富有的慈善家捐献遗产或礼金来支付这些课程的费用。芝加哥阿罗学院（Arrow Institute of Chicago）、布鲁克林普拉特学院（Pratt Institute of Brooklyn）和纽约库珀学院（Cooper Institute of New York）均为后者的代表。这些机构的设备都很齐全，即使以前没有工作经验，他们的毕业生往往也会很快在造纸厂找到工作。学院对偏远地区的学生作了特殊安排，他们可以学习函授课程。例如，20 世纪初，国际函授学校（International Correspondence School）已经可以为美国学生提供完整的造纸技术函授课程。[2]

美国造纸商也更早地设立了本行业专门的研究机构。1910 年，在威斯康星州的沃桑建立了第一个配有研磨机、剥皮机和湿磨机的小型研究实验室，主要是为了检查和分析与研磨木浆机械的制造和使用有关的问题。两年后，威斯康

〔1〕 美国造纸业在合作和沟通方面的优势一直持续到 20 世纪。欧洲经济合作组织（OEEC）中针对欧洲工业战后重建设立的委员会曾赞美美国的行业协会，认为他们为“市场的发展和美国造纸业的进步”作出了卓越的贡献，并建议欧洲各国的造纸商们效仿他们的做法。OEEC，*The Pulp and Paper Industry in the U. S. A.* (Paris，1951)，p. 83.

〔2〕 *PMC*，10 March 1903，pp. 96—97，102—103；International Correspondence Schools Reference Library，*Sulphuric Acid，Alkalis and Hydrochloric Acid. Manufacture of Paper* (Scranton，1902).

星大学麦迪逊分校成立了政府林业产品实验室,缅因大学也开设了第一门大学的造纸课程。[1]

但是,这些研究机构的设立实际上补充而不是取代了造纸企业已有的功能。美国造纸工人很幸运,他们不仅能从普通的日间学校教育中获益,还能从工作后的技术指导中获益。根据戴森的说法,这一点使得美国工人的平均受教育程度高于英国工人。[2] 例如,位于宾夕法尼亚州伊利市的哈默密尔造纸公司(Hammermill Paper Company)就承担了培训和教育所有员工的责任,并认为这种教育是确保随时提供熟练劳动力和持续高质量的工艺的最佳方式。[3] 除了这些关于造纸科学和技术的常规性课程之外,其他公司也发现,为文盲和来工作的新移民进行英语教育也能带来极大的好处。早期最严格的教育项目是由霍利奥克市的美国书写纸公司(American Writing Paper Company)资助的。这所学校的运作非常类似于职业高中,每周有 6 个晚上需要上课,并将附近的某废弃工厂作为实验室。虽然我们不太清楚这一时期在该学校学习的具体人数,但在 1917 年,这所学校大约有 250 名学生。[4] 在这类专门学校中,一些已经开办多年,在提高工人的技术技能水平和知识水平方面发挥了重要作用,很有可能通过各种学习来提高造纸厂的创新能力。

在英国,同样类型的造纸技术教育是不存在的。直到 1893 年,NUPMW 的秘书长威廉·罗斯(William Ross)还公开称,据他所知,英国不存在这样的培训机构,而且据他估计,至少 80%的造纸厂工人根本没有接受过任何工作技能培训。[5]

英国造纸业产生的各种问题始于行业内的年轻人。委员会第四次报告指出童工问题,在英国造纸厂里工作的孩子们受教育程度极低,其中一些人既不

---

〔1〕 Cohen,"Economic Determination",p. 3/11; Weeks,*History*,p. 301.

〔2〕 Dyson,"Paper Trade",p. 215.

〔3〕 M. J. McQuillen and W. P. Garvey,*The Best Known Name in Paper: Hammermill. A History of the Company* (Erie,1985),p. 29.

〔4〕 Smith,*History*,p. 618.

〔5〕 RC Labour,pp. 510,749. 戴森在 10 年后的著作"Paper Trade",p. 215 中,再次重申了这一点。

知道英格兰是由国王还是女王统治的，也从未听说过维多利亚女王的名字，甚至无法说出他们所在郡县主要城镇的名字。[1] 部分造纸厂，如亚历山大考恩父子公司和海莱造纸厂（Hele Paper Works），的确也提供了基本的教育设施，并坚持要求工人接受少量的教育，但这样的造纸厂寥寥无几。造纸厂开设这些课程也并非完全出于家长式的动机，正如海莱造纸厂的柯林斯所言，这也是一项投资，当年轻人逐渐成长起来，能够承担更多责任时，这项投资就会获得回报。然而有一点需要记住，这些课程的重点始终是在阅读、写作和算术（女孩则学习缝纫）上，造纸技术的指导反而不是重点，因此，即便是在造纸厂内部，孩子们对于造纸技术也只能跟着大人们学习。[2] 这种学习方式并非在几代人之间传递技术的最有效渠道，特别是部分老员工并不乐意帮助年轻员工解决问题，或者他们对自己正在做的工作也知之甚少。正如1884年，某个年轻的造纸工人向《造纸业评论报》所抱怨的那样："就我自身的经验而言，我们去问老员工工作相关的问题时，大多数的人要么不回答我的问题，要么回答得毫无含金量。但是，如果你问他们参加德比的是哪匹马，他们反而会津津乐道。"[3]

因此，年轻认真的造纸工人鲜少有机会通过教育来提高自己的技能水平。同一年，另一个16岁的孩子也向《造纸业评论报》建议，造纸厂老板应该组织有关造纸技术的课程和写作比赛，帮助成长中的孩子们。这不仅对孩子们有利，而且"最终会给工厂老板带来好处"[4]。这一时期总有人提出这样的建议，也没什么好奇怪的。毕竟，这一时期，在皇家技术指导委员会（Royal Commission on Technical Instruction）的管理下，即使在造纸业中，也有不少人讨论如何改进现有的工作方法。[5] 但是，那些经验至上主义者往往对变革表示强烈的反对：

〔1〕 *Fourth Report on Employment*，p. 299.

〔2〕 *Fourth Report on Employment*，pp. 328—329；Cowans Collection，GD 311/1/9.

〔3〕 *PTR*，13 June 1884，p. 683.

〔4〕 *PTR*，6 June 1884，p. 667.

〔5〕 *PTR*，1 February 1884，p. 379；*PMC*，10 March 1887，p. 76. 皇家委员会本身并未公布任何有关造纸业的报告，但有两位墙纸生产商寄来信件，双双认为除了提高普罗大众的品味，给工人进行技术指导实质上毫无意义。Second Report of the Royal Commission on Technical Instruction，*PP* XXXI (1884)，668.

> 就拿机械工人来说吧。理论上,他可能是一个对机器了如指掌的人,但是,如果让他管理一台高速运转的机器,一旦纸张生产中断了一小时,他很可能说不清问题所在,只会激动得分不清机器的“干段”和“湿段”。这样的人太多了,而且我敢说,如果设置某个严格的造纸技术考试,他们都能通过考试,而许多实践能力强的人反而无法通过。[1]

从1884年起,伦敦城市与行业协会(City and Guilds of London Institute)开始提供造纸课程,但由于大多数人对造纸课程毫无兴趣,导致这些课程从一开始就举步维艰。在1899—1900学年,全国只有两个造纸技术学习班,登记上课的学生仅有32人。有趣的是,这些学生中的大多数实际上并非造纸工人。[2] 当人们开始意识到英国造纸工业落后于美国时,造纸商协会成立了一个委员会,由刘易斯·埃文斯(Lewis Evans)和理查德·巴顿(Richard Barton)领导,重新开始研究技术教育问题。1899年10月,该委员会发布了一份报告,建议采取适当的措施,改革现有的组织和结构,给予适当的奖励,不再由行业协会进行强制性干预。报告中认为,伦敦城市与行业协会提供的课程之所以不成功,是因为授课内容过于理论化,不能满足全国各地造纸业的实际需要。为了纠正这些缺陷,委员会建议在设计课程和考试时,应有明显的实践意义,对于拿到荣誉成绩的造纸工人,协会将提供1英镑的奖学金,而顺利通过课程的工人则能拿到10先令。委员会还督促造纸厂主们自己主动在当地组织开设技术课程,并鼓励他们雇佣的工人参与培训。[3]

委员会的工作曾短暂获得一些小小的成功。曼彻斯特技术学校(Manchester Technical School)、达文郡科学和艺术学校(Science and Art School in Darwen)、伯里郡市政技术学校(Municipal Technical School in Bury)、梅德斯通郡技术学校(Technical School in Maidstone)以及位于赫默尔亨普斯特德郡和沃

---

〔1〕 一位造纸商的观点,见 *PTR*,15 February 1884,p. 441。
〔2〕 *PTR*,28 November 1884,p. 337; *PMC*,10 November 1899,p. 513.
〔3〕 *PMC*,10 October 1899,p. 436.

特福德郡的狄金森造纸厂内部都开设了新课程。1901 年,共有 231 名学生注册学习造纸课程。[1] 这些学校中最重要、存续时间最久的是曼彻斯特技术学校,该校的老师们甚至自主制造了一台 24 英寸宽的小型长网造纸机。学校还专门为学生安装了韦氏缝边器等(Hemmer and Brotler of Weidenfels)[2],但不要误会这所学校是向所有造纸工人开放的。该校录取学生,需要学生本身已经具备相当的教育水平和经验。此外,正如学校校长 J. 雷诺兹(J. Reynolds)所解释的那样:"我们技术学校要招收的学生不是造纸厂的工人,而是老板和经理的儿子——未来的行业领袖。"[3]

事实证明,上述新课程中的大多数仅是昙花一现。即使委员会做了各种努力,试图将新课程推广到英国南部,也不幸遭遇到冷漠的高墙。1902 年,巴特西理工学院(Battersea Polytechnic)的校长给伦敦地区的 75 家造纸厂、85 家文具批发商和造纸厂代理商发了信函,询问他们是否对理工学院正考虑开办的造纸技术课程感兴趣。他发出的 160 封信函,有 6 封收到了答复,其中仅有 3 封是赞成该计划的。[4] 第二年,面对国内开班数量和学生人数的下降,造纸商协会的技术委员会不得不承认战略失败,从那之后,就再也没有任何有关该委员会的消息了。[5] 因此,在第一次世界大战之前的几年里,英国的造纸技术教育没有取得任何进展。[6]

上述问题的核心是,造纸商们仍然不相信技术课程能带来任何好处,许多造纸商们甚至不知道有此类课程存在。他们中的大多数人认为,工人需要掌握

---

[1] *PMC*,10 May 1901,p. 201; 10 May 1902,p. 170.

[2] 英国造纸商拒绝了这种机器,因为他们认为这不过是个"玩具"罢了。*PMC*,10 July 1902, p. 246.

[3] *PMC*,10 October 1902,p. 377. 发表过同样言论的还有一位讲师,Julius Hübner,in *PMC*,10 February 1902,p. 46。

[4] *PMC*,10 October 1902,p. 378.

[5] *PMC*, 10 March 1903,p. 93.

[6] 英国造纸业在战后的发展也不理想。1942 年,梅雷迪思指出:"实际上,除了参与造纸流程,我们不知道还有其他任何办法可以培训造纸工人。但一方面,造纸并非一个适合学徒培养的工艺,也不适合进行技能培训;另一方面,造纸技术又并非短时间内可以速成的技艺,对造纸技术全盘掌握至少需要 6~7 年时间。因此,不熟练的工人无论对他自己来说,还是对他的同事来说,都是一个危险来源,还有可能给雇主带来巨大的损失。" Meredith,"Impact",pp. 9—10, in Social Reconstruction Survey,C14/119.

的一切知识都可以在工作中学到。英国最大的造纸厂之一，伦敦造纸厂（London Paper Mill）的 A. 波尔特（A. Poulter）就此发表评论："我认为大多数工人的受教育程度已经满足了实际造纸过程的需求，造纸过程毕竟只是一个机械性的过程。我不觉得填充打浆机或操作机器需要大学学历。"[1]从他的观点中，可以看出当时行业中大多数人的普遍意见是什么，与上文提到的造纸商们早在20 年前就提出的观点不谋而合。

和他同时代的同行们一样，波尔特并没有意识到技术教育不仅能教会工人如何执行特定的任务，还能帮助他们理解和解决在工厂日常运行中发生的问题。结果，英国的造纸技术教育始终没有发展起来，造纸业因此丧失了性能提高和技术积累的手段。即使是像爱德华·劳埃德有限公司这样非常先进的公司，也难以以最佳速度运行他们的新机器，这一事实很好地证明了我们的观点。一位造纸厂监工尼尔·特纳（Neil Turner）解释说："我们面临的困难往往不是来源于造纸机本身，而是在于操作机器的人。工人们需要接受一定量的训练，才能对高速运转的造纸机应对自如。"这家公司随后采取循序渐进的措施，慢慢使员工水平达到标准。[2] 这种无知无畏，导致造纸技术培训和教育方面的不足，使得原本可能获得的技术知识流失了。林林总总算下来，英国造纸厂缺乏适当的培训，可能导致整个行业付出了巨大的代价。

企业规模和结构

美国造纸业试图控制市场的行为并非仅局限在各种官方组织中。19 世纪末期，美国工业发展的一大特点就是公司不断合并、不断产生更大型的工

---

〔1〕 Tariff Collection, TC3 1/89, p. 7. 表达过同样观点的还有 Evans, TC7 28/2 E (4); Dixon, TC3 1/86 p. 10; and Green, *PMC*, 10 March 1903 p. 99。

〔2〕 *PMC*, 10 December 1900, p. 551.

厂。[1] 虽然在1890—1913年间，这一发展趋势仍处于早期阶段，但其发展速度已经快到足以对美国技术积累的速度产生一些影响。对于那些能够实现长期连续生产的美国大公司来说尤其如此，它们往往也是最容易从实践经济中获益的。

对于周围环境中不断出现的更大规模的联合或合并行为，威克斯(Weeks)曾在1916年进行反思，并指出："长期以来，在几乎所有行业中，人们的决策都倾向于践行所谓的'君子协定'。"[2]然而，企业之间的不断融合直到1890—1914年期间才达到高潮。[3] 不断融合的趋势，归根到底，是因为一旦企业扩大生产规模，就可以获得巨大的规模经济效益，但达到这个规模，需要投入大量资本以推动现代化的实现。此外，制造商始终渴望对市场施加影响来维持较高的价格和利润，这也是促使他们不断扩大规模的因素之一。[4] 但最深层的原因，依然是美国市场中对纸张的需求量快速增长，没有这种需求，造纸商们根本不可能计划如此大胆的扩张。

企业规模的扩张，给造纸业带来了前所未有的飞速发展。尽管有这样或那样的担忧，但造纸厂的投资规模往往高达数百万美元，而原有的造纸企业也追加了数额差不多的资本。1895—1905年间，以产出量衡量的话，美国造纸业企业规模平均增长200%以上，同期造纸厂的平均规模也增长了121%。[5] 成立一家一般规模造纸厂所需要的资本投资，从1849年的16 390美元大幅上涨，到1914年已高达约744 603美元，造纸企业的规模增长从中可见一斑。[6] 平均规模的增长在报刊用纸企业中表现得最为明显，从1895年到1905年，报刊用纸行业以224%的惊人速度增长，或者说以14.1%的年复合增长率增长，从日

[1] 因此，狄金森评价美国造纸商们："美国造纸商没有过度思考，他们就想着开个造纸厂，装上6～8台造纸机就能生产了。英国造纸商看到一个厂房里有8台造纸机往往瞠目结舌，毕竟我们的厂房规模都很小，大部分只配备1～2台造纸机。" Tariff Collection, TC3 1/86, p. 5.

[2] Weeks, *History*, p. 302.

[3] Cummins, "Concentration", pp. 36, 130, 136; Lamoreaux, "Industrial Concentration", ch. 4.

[4] Lamoreaux, "Industrial Concentration", pp. 393－394.

[5] Cummins, "Concentration", pp. 38, 42; Weeks, *History*, p. 311.

[6] Cohen, "Economic Determination", p. 3/11.

产量 45 400 磅增长到 169 800 磅。[1]

这也是行业集中化发展最快的时期。到 1895 年，全行业 3%的 22 家公司的产量达到全行业总产量的四分之一。1897—1907 年间，造纸业多达 22%的公司因合并而消失；在报刊用纸(47.4%)、图书和书写用纸(36.9%)等领域，消失的企业甚至更多。这一时期的另一个特点是，大型联合企业占主导地位，因为少数几家联合企业本身就是由好几个规模较大的造纸公司组成的，它们也是企业收购兼并的主要发起方，大多数收购和合并由它们参与。此外，绝大多数情况下(93.4%)，合并往往发生在同类纸张的生产者之间。[2]

在企业合并潮中，最成功的显然是国际纸业公司(IPC)。它成立于 1898 年，后来陆续收购了东部 5 个州的 16 家报刊用纸制造厂，并逐渐在自己的版图中增加了其他类型的造纸厂、纸浆厂、林地甚至水力发电厂。1900 年，它控制了 34 家工厂，其中工厂的资产达到 41 586 964 美元，林地和其他资产则价值 4 101 723 美元。[3] 该公司不仅规模庞大，而且通过雇佣专业管理人员，打破了所有的家族关系，开始进行集中管理，促进生产的合理化，还制定了纵向一体化、产品多样化和创造需求等长期战略。

在这一时期，几乎所有像国际纸业这样希望能自己生产纸浆的造纸企业，都选择不再和其他公司合作，转而建立新的纸浆厂并收购了专供自己的木材产地。[4] 1898 年，国际纸业在纽约、密歇根和新英格兰各州共拥有 50 万英亩的云杉林地，得益于积极收购更多原料供应地的公司政策，到第二年年底，国际纸业的林地占有量增加了一倍多。与此同时，圣里吉斯纸业公司(St Regis Paper Company)在纽约北部获得了用水权以及 98 000 英亩的林地。[5] 美国造纸企业大举收购的行为使得他们绕过了原材料供应问题，而该问题一直是很多英国造纸商共同的烦恼。例如，苏格兰的布朗造纸公司(Messrs Brown and Co.)与

---

[1] Cummins, "Concentration", p. 45.
[2] Cummins, "Concentration", pp. 80—98.
[3] Weeks, *History*, p. 302.
[4] Cummins, "Concentration", p. 99.
[5] Amigo, Nueffer, and Maunder, *Beyond the Adirondacks*, p. 43.

供应商之间一直存在问题，导致造纸厂中原材料无法得到正常供应。针对细茎针草供货不稳定导致的种种问题，该公司曾向供应商发起过投诉：

> 我方非常反对增加(发货)数量。在电告发船交货时，我方需要225吨货，这也是合同约定的数量。至于贵方提出发货数量超出的情况，本公司本不想退货，但届时细茎针草的总量将超出我们所需求的量，而且由于储存空间不足，将给我们带来极大的不便……而且由于你方之前一批未能发货，导致我们不得不从别处购买，目前这批货也尚有一些在库存中。[1]

同越来越多的其他美国公司一样，国际纸业也积极建立自己的销售部门，在国内外主要城市设有办事处。这些部门肩负着促进销量的责任。例如，1899年1月，国际纸业在伦敦设立了一个办事处，由斯马特(Smart)领导，斯马特以前曾任加的夫市托马斯欧文纸业公司的经理。[2] 但是，英国造纸商们通常不关心他们产品的销售问题，而是将其完全交给独立的代理商和纸张经销商。[3] 这一战略并非没有优势，因为它以相对适中的成本——利润的2.5%～5%——转移了大量风险和销售产品的负担。此外，考虑到经销商对不同市场所具备的专业知识和详细了解，这一机制确实行之有效。但是，由于需要销售的纸张产品越来越多，又或者造纸企业希望将业务开展到造纸业的其他领域，现有的体系及其各个环节产生的交易费用就变得难以接受了。1877年，布朗公司(Brown and Co.)的威廉·托德(William Todd)对一位想代理其产品的伦敦纸张商人说，造纸厂的繁荣很大程度上依赖于代理人的努力，但造纸厂对他的行动基本上一无所知，因此也很难对其行为负责：

---

〔1〕 Brown Collection，GD 1/575/8，p. 201. 该问题也体现在收到货物的质量方面。Cowans Collection，GD 311/2/45，p. 272.

〔2〕 *PMC*，10 January 1899，p. 23. 当年稍晚时间，他就被原劳埃德公司的威廉辛克莱取代了。*PMC*，10 August 1899，p. 349. 其他公司的销售机构，请见 Carlson，"Association"，pp. 141—142。

〔3〕 W. Reader，*Bowaters*：*A History* (Cambridge，1981)，pp. 9—10. 例如，参见 Ketelbey，*Tullis Russell*，pp. 6—7；Weatherill，*One Hundred Years*，p. 5；CKS：Hollingworth Collection，U1999 B8/8。

请贵司为我们找出麦克默里先生(工厂的独家代理)联系的批发商或其他经销商,也可以查查他定期把我们的纸张卖给谁了。我们没办法从他或者他的下属那边打听到任何消息,我们也很想知道我们的产品在市场上表现如何,如果出现任何麦克默里先生外行的情况,我们也愿意请贵司帮忙。[1]

国际纸业购进林地和将部分利润投资于长期发展的项目中,使得该公司能够在政治和经济上遭到强烈反对的情况下,依然获得并保持自身在行业中的卓越地位。到1901年,国际纸业在报刊用纸市场的份额达到65%,尽管在随后的几十年里,尤其是在面临加拿大造纸商的竞争后,略有下降。国际纸业大力推进技术变革,并定期投入资金试验新技术和战略,以促进未来的增长。为了在新的纤维素、研磨机械和林业技术投入生产使用前进行实验,该公司还在格伦斯福尔斯市经营了一家工厂,在佛蒙特州经营了一家苗圃,专供实验使用。仅在1901年,该公司就花了100万美元来改进厂房和设备。[2]

随着新世纪的到来,国际纸业等公司成为美国造纸业重组和现代化运动的先锋。[3] 然而,在第一次世界大战之前,现代化进程在很大程度上仍处于初级阶段,到20世纪10年代末,只有五分之一的造纸公司具备自己生产一些纸浆的能力。[4] 此外,直到世纪之交,造纸企业刚开始大肆合并和收购时,美国造纸厂的厂房平均规模仍与英国大致相同。到1914年时,两国普通造纸厂的生

[1] Brown Collection,GD 1/575/8,p. 13. 1880年,该公司最终撤换了代理商,偶尔还接受直接订单。GD 1/575/8,p. 121.

[2] Vandermeulen,"Technological Change",p. 265; Smith,*History*,pp. 201—203. 当行业中出现适合自己领域的新发明时,不少企业有相关的购买政策,这是为了确保自己独家使用该技术的特权。芝加哥的联合纸袋和纸张公司(Union Bag and Paper Company)从1871年起,先后购入了300余项专利,其中半数于1896年在该公司的生产中仍在运用。*PMC*,10 January 1896,p. 11; Carlson,"Association",p. 64.

[3] 国际纸业并非唯一的大型集团公司:它仅是最知名的一家。其他知名大集团包括但不限于:大北公司(The Great Northern Company,1899年)、美国书写纸公司(The American Writing Paper Company,1899年)、美国信封公司(United States Envelope Company,1898年)、联合纸袋和纸张公司、美国纸袋生产商联盟(United Stated Paper Bag Manufacturers Association)、美国纸板公司(American Straw Board Company,1889年)和国家纸板公司(National Straw Board Company)。上述集团公司中有很多经营不善,最后不得不以解散收场。有关上述公司和IPC的更多信息,请见Chandler,Scale and Scope,pp. 112—113; Weeks,*History*,pp. 302—313,and Keir,*Manufacturing*,pp. 492—494。

[4] Ohanian,*American Pulp*,p. 22.

产规模差距也还没有超过 10%的关口。因此，我们不能把爱德华七世时期美国劳动生产率对英国的领先归因于企业合并带来的规模效应。

尽管如此，这些大规模的现代美国公司确实发挥了非常重要的作用，它们使业界对创新的必要性有了新的认识。更重要的是，这些大公司拥有极高的行业地位，以及更长时间、更专业的生产流程，从而也就拥有足够的机会从生产实践中学习，在第一次世界大战前的几十年中，造纸机速度的大幅度提升，几乎都是由大企业主导的。确实，带来创新潮需要的诸多技术突破，均源于且成熟于大企业的厂房内。此外，通过引领技术步伐，特别是在报刊用纸领域，这些大型的一体化公司也迫使同行业的其他公司纷纷效仿，从而保持竞争力。

在 1913 年这个时间节点，距离垂直一体化成为美国造纸业常态仍有很长的路要走，但是毫无疑问，美国人在这条道路上比英国同行走得更远。当时的英国造纸企业与美国大型、一体化、专业经营的造纸企业相比，简直是小巫见大巫。沃尔墙纸制造公司（Wall Paper Manufacturer Company）成立于 1899 年，它成功占领了英国墙纸市场相当大的份额。此外，伦敦新闻周刊（*Weekly News in London*）的出版人爱德华·劳埃德（Edward Lloyd）不仅在肯特郡的锡廷伯恩开办了自己的造纸厂，还在阿尔及利亚购入了 180 000 英亩的土地，并在挪威收购了锯木厂，后两项收购完全是为了能给他的造纸厂输送造纸所需的细茎针草和木材。然而，这种做法在英国肯定不是常态。无论如何，就规模而言，英国造纸商的种种努力与美国的大型集团相比都相形见绌。1910 年，尽管爱德华·劳埃德有限公司是欧洲最大的造纸商，但它的年产量仅达到国际纸业的七分之一。[1]

---

[1] J. Munsell, *Chronology of the Origin and Progress of Paper and Paper-making* (New York, 1980 [1876]), p. 221; and *PMBPTJ*, November 1902, p. 15. 1910 年，劳埃德公司的产量为 67 500 吨。国际纸业产量为 470 000 吨。详见 *Pulp and Paper*, vol. V, p. 3294。狄金森也是一家非常先进的公司，雇佣了职业经理人，在海外也有代理人。但该公司原本就是纸类文具商，在尚未开始自产纸张前，就已经有上述管理结构了。详见 Evans, *Endless Web*, *passim*, and L. Evans, *The Firm of John Dickinson and Company Limited* (London, 1896), p. 21。

劳资关系

鉴于工业技术变革中很大一部分源自劳动者的想法和创新，因此技术变革的实现程度很大意义上取决于劳资之间的关系好坏。在一个劳资双方有明显矛盾的环境中，面对劳资之间的长期摩擦和老板的憎恶，工人可能根本没有意愿帮助老板改进机器，至少在没有回报的情况下免谈。许多美国的造纸商们也注意到了这一点。事实上，总体而言，美国工厂主们比英国人更了解为工人提供合适的工作环境和条件的必要性，也更重视向他们灌输一种对技术变革积极而理想的态度。正如一位美国造纸商在1887年所指出的那样，造纸业的成功源自对工人的关心、知识的教育、工人的忠诚和足够的情报，单靠长时间工作和压榨工人薪水是不可能获得成功的。[1]

美国造纸业成功的另一个关键点在于，工人感觉自己受到了公正、公平和平等的对待。很大程度上，美国工业中，工人和企业主普遍都体会到这种公正、公平和平等。这种感觉有可能源于老板和工人共同的经历与活动，比如他们可能都加入了镇上的棒球队和消防队，一起参与某种活动或从事某种工作；但也有可能确实是因为人们真实地相信身份地位的差距是可以消弭的，通过努力和勤奋，一个人完全可以从助理逐级晋升成为股东。即使在20世纪头10年，仍然有证据表明，这种信念依然留存在人们心中。例如，戴维·克拉克·埃弗里斯特(David Clark Everest)在1900年是一名办公室勤杂员，后来他晋升为助理经理，进而成为威斯康星州马拉松造纸厂公司(Marathon Paper Mills Company)的合伙人，他的升迁过程仅花费了9年。帕金斯·古德温(Perkins-Goodwin)公司的卢·考尔德(Lou Calder)也有类似的经历。除此之外，戴森在美国之旅中，不仅遇到许多持同样观点的美国工人，而且发现不少英国的造纸业劳

〔1〕 Green, *Holyoke*, p. 210. 例如，见 *Helps to Profitable Paper-making*, pp. 78－83; and McQuillen and Garvey, *Hammermill*, p. 10。

工因为大西洋彼岸有更好的机会和条件而离开他们的祖国。[1]

但是，美国工厂老板们除了支付高薪，在其他方面也保持了家长式的作风。许多工厂还积极关心工人的健康，确保他们接种疫苗，确保工厂始终保持健康和舒适。[2] 因此，美国造纸厂通常比英国的照明更好、通风更好、安全性也更高。其中，美国造纸厂的通风设施尤其令人印象深刻。戴森在1902年12月告诉《美国造纸业期刊》：

> 我敢说，(包括劳合社在内)在英国没有一家工厂重视通风问题。当然，工厂确实安装了排气扇来排出蒸汽，它们也能降低热度，但工人们工作时仍然相当不舒服。因此，如果他们没有贵国的工人们工作卖力，也没什么可指责的，毕竟他们的工作环境相当糟糕，污浊的空气很快就会使人疲惫。[3]

但是，美国造纸厂之所以对工人坚持这种态度和做法，并不完全是因为美国的老板们更慷慨大方。很多雇主认为，给工人们体面的生活水平、工作保障以及公开表达不满的机会，是提高社会凝聚力和保障长期商业繁荣的必要条件。这些也是保证工厂免受工会打扰的有效手段。[4] 美国工会活动的威胁更大，使得美国的造纸商不会简单粗暴地进行对抗，而是更热衷于寻找其他方式来处理工人的要求。某位专家评论道，美国造纸厂的做法确实产生了一定的效果，整个造纸行业的劳动力流动率异常低。[5]

美国造纸企业也非常积极地尝试为工人提供各种额外福利，如提供免费技术指导、建立互助救济和基本保险协会。更重要的是，美国造纸厂为提出技术改进建议的员工发放分红、奖金和提供晋升机会，这套做法已经被广泛采纳，而

---

〔1〕 Boese, *Papermakers*, p. 66; Karges, "David Clark Everest", p. 28; Calder, *The First Hundred Years*, p. 42; McGaw, *Most Wonderful Machine*, pp. 319—328; *PMC*, 10 January 1903, p. 26.

〔2〕 *PMC*, 10 April 1884, p. 94.

〔3〕 *PMC*, 10 January 1903, p. 25; also 11 June 1894, p. 278.

〔4〕 Karges, "David Clark Everest", pp. 195, 218.

〔5〕 Green, *Holyoke*, p. 100. 在 *PMC*, 10 February 1899, p. 55. Voelker, "History", p. 75 中，也提到尽管罢工时有发生，但热情友爱才是常态。

且往往能带来多方面有益的结果。在美国造纸业最有影响力的杂志《造纸业期刊》最早的几期中，曾有不少读者咨询，奖金是否是提高员工对工作感兴趣程度的有效手段？在接下来的几年里，有关奖金的讨论继续迅速蔓延，到19世纪90年代，东部各州的许多造纸企业已经将利润分享方案付诸实践了。[1]

位于缅因州康金瀑布（Congin Falls）的S. D. 沃伦公司（S. D. Warren Co.）就是这类公司的典范。[2] 1854年，沃伦公司以50名员工起家，1875年，它在雅茅斯收购了一家木浆厂，在进行了一系列扩张和整合后，到了1888年，公司在册员工人数达到990名。该公司之所以能获得成功，其中一个重要因素是它对员工的开明对待。波特兰的《东部阿格斯报》（*Eastern Argus*）中写道："在这里，不存在资本和劳动力之间的摩擦，这为真正解决劳资问题提供了一个现实榜样。"[3]沃伦公司在社区活动中也非常活跃，它提供了一个建筑场地和5 000美元用于当地教堂的建设，并为韦斯特布鲁克（Westbrook）附近的礼堂、图书馆和公共阅览室捐款。它也真诚地关心其工作人员的福利。公司贷款给员工，用于购买住房、支付账单或子女教育，公司提供的还款条件很宽松，允许员工通过在每周工资中少量扣款的方式免息偿还贷款。在19世纪90年代早期，它也是最早引进8小时三班倒工作制的工厂之一。公司一贯的政策是培养工人对公司产生积极的兴趣。为了实现这一目标，该公司的核心方案是1891年实施的利润分配方案。这项方案规定，那些工作时间超出全年工作日75%的雇员将获得股息，股息的计算方法是将净收益中的一部分按雇员总收益的比例分配。公司明确表示，实施这一方案的目的是提高公司全体员工的竞争力和福利，并敦促员工在工作中考虑经济效益，不要畏惧采用新机器或新做法。S. D. 沃伦在1891年3月12日写给J. E. 沃伦的信中解释道：

> 按照我们提出的新方案，工人们是为了自己而工作，越努力，就越有回报；而且，工人会更愿意向管理层指出他人在职责履行或劳动效

---

〔1〕 *PTJ*, 2 December 1872; Smith, *History*, pp. 594—595; Dyson, "Paper trade", *passim*.

〔2〕 Smith, *History*, pp. 159—164.

〔3〕 Smith, *History*, p. 162.

率方面的不足或问题，因为这也会影响到他自己的切身利益。[1]

事实证明，该方案大获成功。沃伦造纸公司的生产率和工厂的平均工资在短期内分别提高了 2.5%～7.5%。

S. D. 沃伦公司的做法引起了全国其他造纸厂的注意，并纷纷效仿。因此到 19 世纪末，发放奖金，甚至分享利润的做法在美国相当普遍。[2] 虽然凡事都有例外，但戴森在 1902 年仍认为，美国造纸厂的普遍做法就是在工人对机械操作发起或提出了任何改进建议后，给工人"切实"的奖励，一旦生产率确实得到提高，无论原本该工人是计件结算工资还是按时结算薪水，都可以合理期待从中得到相当比例的奖金。[3] 采用了奖金机制后，雇主和雇员之间的关系更紧密，工人们更愿意主动寻求技术变革的可能性，因为"对他们来说，现代化的机器既可以缓解焦虑，也可以带来双赢"[4]。相较于劳资双方互相猜疑的英国造纸厂，任何人都认为美国的劳资关系要健康得多，也更适合孕育技术的创新和变革。[5] 戴森也持有这样的观点。当被问及英国应该引进美国哪些方面的方法时，他回答说："改进机器，提高机器的运行速度，鼓励工人提出建议并给予奖励，为工人提供有效的通风和卫生的环境。"[6]

---

〔1〕 Smith, *History*, p. 164. S. D. Warren Company, *A History of S. D. Warren Company, 1854—1954* (Westbrook, 1955), *passim*.

〔2〕 其他采用奖金激励机制来鼓励工人提高生产率的企业还有：联合纸板公司（United Paperboard Co.）、丹尼森制造公司（Dennison Manufacturing Co.）、底特律亚硫酸盐制浆制纸公司（Detroit Sulphite Pulp and Paper Co.）、福克斯纸业（Fox Paper Co.）、半岛纸业（Peninsular Paper Co.）、克罗克和伯班克公司（Crocker and Burbank Co.）以及国家纸业（National Paper Co.）。National Civic Federation, *Profit-sharing by American Employers* (New York, 1920), pp. 60, 102, 148, 180; National Industrial Conference Board, *Practical Experience with Profit-sharing in Industrial Establishments* (Boston, 1920), pp. 83—86.

〔3〕 Dyson, "Paper Trade", p. 215. 尽管由于缺乏详细的调研数据，无法确认美国采取奖金激励机制的企业具体有多少家，但戴森认为，这种做法在美国更为普遍并非毫无依据的猜测。N. R. Gilman, *Profit-sharing between Employer and Employee: A Study in the Evolution of the Wages System* (New York, 1889), pp. 390—391 and M. W. Calkin, *Sharing the Profits* (Boston, 1888), p. 14. 这两本书中也提到，19 世纪 80 年代时，美国实施利润分享机制的造纸企业比英国多。

〔4〕 Dyson, "Paper Trade", p. 218.

〔5〕 1886 年发生在伯明翰的史密斯、肖尔和奈特公司（Messrs Smith, Shore and Knight）的一次劳资纠纷，就是体现这种互不信任的典型案例。该公司将工资削减了三分之一后，愤怒的工人们威胁将进行罢工，结果他们很快被公司从伯明翰等地招募来的失业员工替代了。*PMC*, 10 April 1886, p. 120. 其他类似纠纷，请见 *RC Labour*, p. 759; *PTR*, 5 December 1884, pp. 385—389。

〔6〕 Dyson, "Paper trade", p. 218.

戴森的报告在业内引起了很大的关注,所有主要的行业杂志都对其进行报道。[1] 1903 年 2 月,他被邀请在造纸商协会的年度晚宴上发表主题演讲。在这篇讲话之后,参会者进行了热烈的讨论和坦率的意见交流。讨论的结果之一是,协会在年度报告中呼吁那些发展良好的造纸商公开其内部管理的秘诀。[2] 在当年 6 月举行的周年大会上,这一方面似乎已经取得了一些进展。此次会议上,有人提议应当建立一个雇员建议登记机构,借此机构,对于工人们提交给它的有用建议,协会可以发放奖励。有人还建议,个别工厂也可以尝试效仿美国的方案,因为"它在美国结出了辉煌的果实"。会员们还得知,在锡廷伯恩的劳埃德工厂,已经尝试了类似的措施。厂房里贴了一张布告,上面写着:

> 如果在工厂中任何一个部门工作的员工,发现了更好、更快或更经济的工作方式,或想到了一些可能在工作中进行的改进,或产生了任何对厂内业务有益的想法,他们应该写下他们的建议,附上他们的姓名、工种、地址和日期,然后把它放到意见箱中。意见箱在大门旁门房间处的挂锁下,经理会在规定时间打开意见箱。管理层仔细考虑工人们提出的建议,如果发现有实际效用的建议,会给提出建议的工人发放绩效奖。任何人都可以随心所欲地提出多个建议。[3]

然而,一名参加了周年大会的造纸业工人却对这一计划的有效性表示严重怀疑。据这位工人说,问题在于,英国工人普遍认为,不能相信雇主会在这些问题上公平对待他们。此外,英国的雇主们似乎认为工人是他们的私有财产,理所应当全身心投入工作,即使任何人产生了什么有用的点子,也应当是雇主的财产。他还讲述了自己第一次到美国出差的亲身经历来证明上述观点。在赴美之旅中,他所工作的那家英国公司赚取了 1 000 英镑的可观利润,但这家公司拒绝为他的赴美之行购买人寿保险,也拒绝奖励他的杰出工作。另一方面,他

---

〔1〕 例如,see *PMBPTJ*, November 1902。

〔2〕 *PMC*, 10 March 1903, pp. 93—101.

〔3〕 *PMC*, 10 June 1903, p. 203.

曾帮助过一家美国公司解决造纸机的运转问题，这家公司则待他很友好，坚持要给他 100 英镑的奖金，作为他劳动的回报。这是他第一次得到这么一大笔钱，因此他说："如果造纸业的雇主们对那些提出了宝贵建议的工人们能给予公平且慷慨的奖励，那么几年后就会看到这种奖励机制对行业是高度有利的。"[1]然而，同造纸商协会发起的其他很多项目一样，设立雇员建议等级机构的建议也被搁置了，因为协会收到很多成员的投诉，不赞成把他们缴纳的会费浪费在看起来完全没必要的开支上，而且这么做很可能会干扰私人企业的管理运营。因此，每家工厂只能自寻良方，来激发员工在提高生产率方面的兴趣。这一时期，显然英国造纸商中的大多数选择了无所作为。[2]

当然，对 1903 年的英国造纸商来说，员工激励也算不上新鲜话题了。那时，在英国和其他地方早就有利润共享的做法了。例如沃尔斯考特勋爵（Lord Wallscourt），据说在 1829—1832 年间，他在英格兰的一个 100 英亩的农场里试验过各种员工奖励方案。但是，这些早期就实施利润共享方案的事例，大部分发生在法国或美国。无论如何，当时这种方案尚未在实践中产生足够巨大的知识或商业利益；尽管查尔斯·巴贝奇（Charles Babbage）对此进行了较多的讨论，但有关利润共享的首个详细的历史性理论研究实际是由一位名叫维克多·博默（Victor Böhmert）的德国学者在 1878 年完成的。[3] 博默对这一主题开展了前所未见的详细调研，因此，到 1889 年，当第一届利润共享国际大会（International Congress on Profit-Sharing）在巴黎召开时，对这一主题的倡导已经发展到国际层面上了。不久后卡尔金斯、吉尔曼和罗森（Calkins，Gilman，and

---

〔1〕 *PMC*，10 June 1903，p. 204.

〔2〕 *PMC*，10 March 1904，p. 84. 例如，当时业内的领先公司，威廉·萨默维尔有限公司（William Sommerville and Co. Ltd.）和泰晤士纸板厂（Thames Board Mill Ltd.），也是直到第二次世界大战后，才逐渐引入了奖金机制。事实证明，这一机制确实发挥了巨大的作用。Watson，*Last Mill*，p. 66 and British Productivity Council，*The British Productivity Council Case Studies* 2：*Plant Maintenance* （London，1956），pp. 42—45.

〔3〕 T. J. Hatton，"Profit Sharing in British Industry，1865—1913"，*International Journal of Industrial Organization* 6 （1988），69—90. C. C. Balderston，*Profit Sharing for Wage Earners* （New York，1937），pp. 7—9； Dr V. Böhmert，*Die Gewinnbeteiligung. Untersuchungen uber Arbeitslohn und Untermehmergewinn* （Leipzig，1878）.

Rawson)共同发表了一份论文,其中详细研究了大量案例。[1] 对倡导者而言,利润共享的做法是唯一"道德且经济地解决劳资关系问题的办法"。相应地,他们告诉雇主,实施利润共享,可以得到忠诚且富有合作精神的员工、降低劳动力流动率、提高材料经济、提高劳动生产效率、减少劳资纠纷、促进勤俭节约的精神。所有这一切,都是因为通过利润分享,雇主可以"强烈激励劳动者的雄心壮志、忠诚度和勤奋,从而实际上创造一个全新的利润来源"[2]。这些出版物所产生的学术氛围甚至引发了行业委员会对这一倡议的兴趣,在 1890—1914 年间,委员会编纂了 5 份关于英国及国外的利润分享和劳动合作伙伴关系的报告。[3] 造纸业也不例外,出现了利润分享做法的倡导者。早在 1889 年,《造纸商通告》(*Paper Maker's Circular*)上就刊登过一篇关于欧洲工厂分红制的文章。这篇文章关注了一批实施利润共享制度的公司,其中就包括法国的卷烟纸制造商阿巴迪公司(Messrs Abadie and Co.),他们将高达八分之一的年度净利润拿出来与员工分享。自从利润共享计划实施后的 10 年以来,该公司生产率得到了显著提升,管理层显然对其政策带来的成果非常满意:

> 由于共享机制带来的强大刺激,整个工人队伍拥有极大的工作热情,力求通过辛勤工作获得最大的回报:对赚取额外红利毫不感兴趣的工人是极其罕有的。现在来看,这个制度下,我们现有的工人队伍也愿意在我们的厂里工作多年。[4]

---

〔1〕 Calkins, Sharing, Gilman, *Profit-sharing*, H. G. Rawson, *Profit-sharing Precedents* (London, 1891). 其他早期研究包括 NCF, *Profit-sharing*, NICB, *Practical Experience*; and J. A. Bowie, *Sharing Profits with Employees* (London, 1922)。

〔2〕 Calkins, *Sharing*, pp. 9—12.

〔3〕 Board of Trade (Dept. of Labour), *Report by J. Lowry Whittle on Profit-sharing* (London, 1890); *Report by D. F. Schloss on Profit-sharing* (London, 1894); *Report on "Gain-sharing" and Certain other Systems of Bonus on Production* (London, 1895); *Report on Profit-sharing and Labour Co-partnership in the United Kingdom* (London, 1912); and *Report on Profit-sharing and Labour Co-partnership Abroad* (London, 1914).

〔4〕 *PMC*, 10 October 1889, p. 374.

在英国造纸业，这种合作生产获取奖金和利润分成的制度是非常罕见的。[1] 这一观点也确实有证据支撑，因为与美国的情况不同，英国的行业委员会曾收集1890年以来有关英国造纸厂利润分配的相当可靠的统计数据。根据1890年的记录，造纸业唯一采用利润分配做法的是德文郡的海莱造纸厂，该厂早在1889年7月就引入了一项奖金计划。到1912年，英国造纸业总共尝试过5项利润共享计划，其中此时仍然在运作中的也只有4项。这些留存的计划总共涉及约794名员工，仅占造纸业劳工总数的1.75%。[2] 除了利润分享之外，更常见的是在退休或节假日（如圣诞节）时向资深员工发放特惠津贴。例如，霍林沃斯公司（Hollingworths）每年都会给大部分员工发放圣诞奖金和礼物。礼物或礼金的慷慨程度往往取决于工人的劳动行为和生活条件。工会成员得到的礼物和礼金一般较少，而那些面临特殊困难的人得到的则相对较多。例如，克雷格夫人是该公司的一名碎布分拣工人，她有6个孩子，其中一个是智障儿，还有一个是跛子。在1885年的圣诞节，除了常规的2先令6便士奖金，克雷格夫人还额外获得了公司为孩子们购买的面包和火鸡。虽然赠送这些礼物可能会改善雇主和雇员的关系，但公司作出此类举动的初衷，完全只是基督教徒的慈善行为，并非作为一种激励机制来刺激员工努力工作或进行更多创新。[3]

为了促进创新，激励工人努力工作，部分英国工厂采用的唯一做法是给他们支付每吨产量的奖金。实际上，这种做法就是指，在工人完成工厂指定的最低产量后，每多生产一吨优质纸张，都可以额外领到奖金。如果这个方案能得到妥善实施，就可以让所有工人从中受益，从而产生令人满意的生产效果。[4] 问题是，这种做法容易被雇主肆意歪曲。事实上，许多工人显然认为产量奖励

---

〔1〕 *RC Labour*, p. 761. 我找到的唯一一个案例是造纸机制造商伯特拉姆斯（Bertrams），该公司的员工如果提出建议改进了厂房生产流程或机械，就可以得到公司颁发的奖金。*PMC*, 10 September 1891, p. 330. 部分企业直到第二次世界大战后才开始实施奖金制度。Watson, *Last Mill*, p. 66.

〔2〕 Board of Trade, *Report by D. F. Schloss on Profit-sharing*, p. 80; *Report on Profit-sharing and Labour Co-partnership in the United Kingdom*, p. 15.

〔3〕 Hollingworth Collection, U1999 B8/1. 另外一个例子是，弗兰克·劳埃德个人向病痛和丧葬救济基金捐出了1 000英镑，公司捐献了500英镑。*PMC*, 10 July 1896, p. 333.

〔4〕 Ketelbey, *Tullis Russell*, pp. 152—153.

制度是他们很不满的一个制度,1895 年 NUPMW 举行年度大会时,与会者一致认为,应该采取措施"废除这一极其不公、令人厌恶的制度,改为实施'做一天得一天报酬'的制度"[1]。产量奖金制度有两个主要的问题:第一,最低产量是可变的,当工人的产量接近这一数字时,雇主往往会人为提高最低产量;第二,即使雇主的确给工人支付产量奖金,也不是人人都能得到。[2] 这种制度下,几乎只有熟练工能得到好处。这一做法也经常被雇主用来规避劳工组织的干涉。表 8.5 中列出了 20 世纪第一个 10 年里,位于牛津郡泰晤士河畔桑福德的坎农和克拉珀顿造纸厂(Cannon and Clapperton Paper Mill)产量和奖金等相关数据的变化情况,从中可以发现一些基本特征。很明显,工人需要完成的最低吨数稳步上升,同时,工种差异带来的薪酬差异也同样明显。还有一点值得注意的是,大部分工人,如整饰工人和体力工人,完全被排除在这个奖励制度之外。1903 年后,不仅最低产量稳步提高,每吨奖励率也在不断下降甚至归零。例如,打浆工的每吨奖励费率降到了 1 先令,而 1903 年 1 月将锅炉房工人纳入机制后,仅维持了 3 个月就再次取消了他们的产量奖金。另一个有趣的方面是,造纸厂管理层在工资单上用红笔划了线,指示工厂不得为工会成员或有可能是工会成员的工人发放产量奖金。[3]

阻碍工人与管理部门交流想法的另一个因素是工头,他们中的许多人对老板和工人之间的交流产生了实质性的阻碍。工头对那些有创意的工人之所以带有敌对情绪,一方面是出于嫉妒和对旧经验法则的绝对维护,另一方面是由于许多雇主自己实际上鼓励他们的雇员,尤其是工头的这种态度。当然,《造纸业评论》似乎对这种态度表示了体谅:

> 工头在工龄达到一定长度后,可能比厂主更了解业务,但这不是公司雇佣他的目的。造纸厂的生产对实践领班和助手的需求是稳定的,这些人必须学会按照别人告诉他们的去做,不应当过度带入自己

---

〔1〕 NUPMW Reports, 41T/BOT, 1895 Report, p. 3. 另参见 *RC Labour*, p. 509。

〔2〕 NUPMW Reports, 41T/BOT, 1891 Report, p. 330; *RC Labour*, pp. 509, 755.

〔3〕 Oxford County Record Office: Cannon and Clapperton Paper Mill Records, Ca/Cl Ⅲ/i/1—3.

的想法。一旦雇佣了高服从性的雇员，就已经具备了成功的首要要素之一。[1]

表 8.5　**1902年、1904年、1907年坎农和克拉珀顿造纸厂最低产量标准和奖金费率**

工种	奖金费率	1902年(吨)	1904年(吨)	1907年(吨)
机械工	1/3	25	50	60
助理机械工	6d	25	50	60
打浆工	1/3	25	50	60
助理打浆工	9d	25	50	60
加煤机操作工	3d	25	50	60
切纸机操作工	6d		50	60
研光机操作工	6d			60

注："d"为"便士"。1902年、1904年、1907年各栏数据为最低产量标准。
资料来源：OCRO：Cannon and Clapperton Paper Mill，Ca/Cl Ⅲ/i/1—3。

也许事实的确如此，但是一个工头如果盲从于一个不切实际的雇主，可能会使得工厂很快走向破产，并最终导致他自己失业。而一家公司总是压制员工的创新意识，实际上也相当于放弃了公司长青的可能性。

综上所述，我们可以认为，正是因为英国在维多利亚时代晚期和爱德华七世时期对劳资关系的态度，英国的造纸业，至少相对于美国而言，丧失了技术积累的一个重要来源。因此，当进入20世纪时，美国工人能够更好、更主动地为行业经济和技术的进一步发展作出贡献。

本章小结

从第四章到第七章，我们尝试分析了各种因素，来解释为什么在维多利亚

[1] *PTR*，14 December 1883，p. 275. 另参见 *PMC*，10 March 1903，p. 101；Bundock，*Story*，p. 373。

晚期和爱德华七世时期,美国和英国造纸工业在劳动生产率水平上持续存在2∶1的差距。通过分析产量、造纸机械和劳动力雇佣方面的数据,我们已经能够确定在所研究的不同时期,构成这种劳动生产率差异的因素也不同。在1890年之前,似乎所有这些差距都可以单独解释为劳动生产率中劳动力投入的构成差异。实际上,这相当于说,英国造纸企业每台造纸机或每家工厂雇佣的劳动力人数比美国造纸商多。在对两国之间这一差别进行后续调查时发现,又可以进一步将这个差别归因于两个因素:原材料的选择和省工机械的应用。

第七章的内容显示,相较于美国造纸厂所选用的原材料,英国造纸企业使用的原材料需要投入更多的劳动力。然而,尽管这降低了英国相对于美国的劳动生产率,但正如我们在第四章看到的那样,这一选择对他们来说是完全合理的。除原材料外,影响相对劳动生产率的另一个因素是:在美国更普遍地使用省工机械设备。这种差异被证明与各自国家的劳动力、机械和能源的相对成本有关,因此,其根源并不是英国造纸商在企业运作方面的失策。应当指出的是,在此期间,两国均未发现因人员过多而造成的技术差异或劳动压力。

1890年以后,劳动生产率差距的性质发生了改变,对其进行解读的方式也相应发生了改变。从这一时期开始,之前讨论中至关重要的因素已不那么重要,新的因素开始凸显。我们的数据和当代学者们的观察都表明,在第一次世界大战之前的30年里,美国在技术上赶超英国,处于领先地位。本章前文提到,美国造纸机的更新换代速度加快,是造成这一时期平均技术复杂性激增的原因,这在很大程度上归因于美国市场的规模更大。然而,从需求因素出发,最多只能解释两国在这一时期技术差距的三分之一,却无法解释美国一代人优秀的创新精神从何而来。有人对19世纪造纸业技术变化的真实性质进行了分析,分析认为,要解释上述现象,可以看每个行业是否为技术变化的产生创造了环境。更明确地说,美国造纸商看起来更活跃,他们也更乐意就行业各类事宜开展合作、创建研究和教育机构、开展员工培训、设立奖励机制、保持与员工之间的友好关系、扩大和垂直整合生产,这些都是1890年后美国技术上获得成功不可或缺的因素。此外,工会发起的限制竞争协议、产业结构和技术差异,也被认为是1890年后英美之间出现劳动生产率差距的原因。

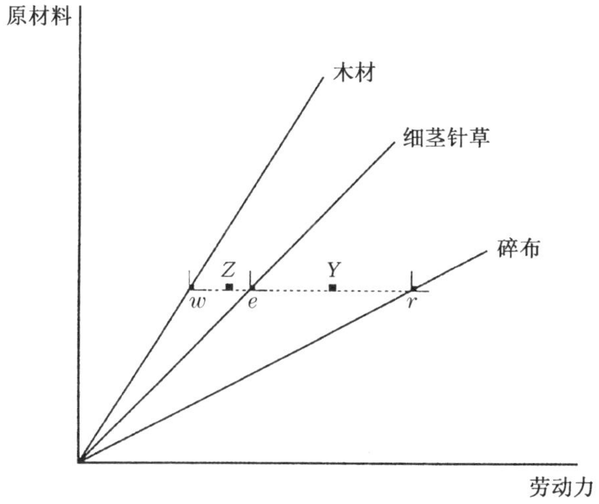

图8.1　原材料选择和劳动力投入

把上述发现和这些因素造成的影响放在一起看，可以用3张图来概括。第一张是图8.1，展示了原材料的选择对碎布间劳动力投入的影响。图8.1给出了用相同数量的木材、细茎针草和碎布生产x数量纸浆所需的劳动力。[1]每一种材料本质上都代表了一种不同的技术[2]，有它自己独特的等产量曲线。每一种材料对劳动力的需求，要求用一条从原点出发的射线来代表。由于每种材料所使用的技术是固定的，因此减少劳动力是不可能的，但投入更多的劳动力也对产出没有任何帮助。此外，从19世纪造纸技术可知，劳动力和任何原材料之间的替代都是不可能的。这就是说，投入更多的劳动力或减少原材料总是会导致产量的下降。基于这一点，无论是从技术上还是从经济上，用木材生产

---

[1] 尽管与线性规划非常相似，但图8.1与原材料的实际选择无关。

[2] 3张图中，技术和技巧之间有明显的区分。技术(technology)指的是某种知识体系，能直接应用于某项工业追求。整套技术中包括了多个技巧(technique)，为达成不同的生产目标可以使用不同的技巧，但这些技巧都是基于同一套技术原理。从这个定义出发，技术创新指的是新知识产生的过程，而技巧创新则仅是从一个技巧转向基于同一知识的另一个技巧，因此无须引入新知识。例如，从细茎针草制浆到木材制浆是技术革新，因为这一转变中涉及的知识体系发生了转移。但木浆制纸投入资本由多到少，只是一种技巧革新，因为采用的知识体系是一样的。J. Elster, *Explaining Technical Change* (Cambridge, 1983), p. 94.

数量为 x 的纸浆最有效的方法在 w 点，用细茎针草生产最有效的方法在 e 点，用碎布生产最有效的方法则在 r 点。因为企业可以搭配使用各种材料，这些材料的线性组合决定了可用的生产流程。

第四章和第七章的分析显示，1860—1880 年间，美国造纸商更多使用木材作为造纸原材料；而相较之下，英国造纸商则更依赖于碎布和细茎针草。19 世纪 60 年代和 80 年代，美国造纸商之所以对木浆更熟悉，是受到美国南北战争的影响：从各种意义上看，都是造纸业发展史上的一个偶然事件。正是这个偶然，加速了行业对新型原材料的引入，使得美国的技术创新有较强的本地化特征，也赋予了美国造纸业技术创新道路上的先发优势。因此，19 世纪 60 年代末，美国造纸业已经站到了 Z 点，尽管此时美国仍然混合使用木材和碎布作为造纸原料，但其中木材占了相当大的一部分。[1]

然而，在 19 世纪 60 年代的英国，木浆造纸所需的实用技术和专业知识还没有得到足够的开发，因此无法广泛引进木材作为造纸原材料。正如我们在第四章的分析中所看到的，这一现象并非因为英国造纸商不够努力。像考恩父子这样的造纸企业必然投入了大量的时间和金钱来试验木材造纸。同样，英国未能及早开始用木材造纸，也不是因为造纸商们不知道木材和稻草可以作为造纸原材料，毕竟库普斯早在 19 世纪初就进行了一系列相关实验。英国和美国的造纸商们所面临的共同问题是，如何设计出一种不仅实用，而且在商业上可行的造纸工艺。在建立用于研发的专门实验室之前，只能通过工厂的试错来开发新的造纸工艺。由于英国不像美国造纸商们那样具有南北战争带来的刺激，直到 1870 年，英国造纸商在这一方面仍然没有获得太大进展。然而，他们在使用细茎针草造纸方面取得了重大进展。因此，在图 8.1 中，英国从 Y 点开始，混合使用了碎布和细茎针草。与美国相比，使用这种原材料组合生产同样 x 数量的纸浆，需要投入更多的劳动力。

---

〔1〕 Z 点虽然在木材和细茎针草之间，但不应当认为美国造纸业也使用细茎针草作为原材料。该点之所以在它所处的位置，是因为美国造纸商们混合使用木材和碎布作为原材料。其中，木材占绝大部分比重，因此 Z 点会明显更靠近代表木材的射线，从而也就更靠近细茎针草的射线而非碎布射线。

尽管根据第四章中的分析，完全使用木材造纸的成本更为低廉，但英国造纸商仍然选择混合使用碎布和细茎针草。事实上，一旦有了充分而实用的木材造纸知识，我们完全有理由认为，英国和美国的生产者可以任何价格生产 w，除非劳动力是免费的。值得注意的是，w 代表一种理论上的极端情况，这是由于 19 世纪 60 年代后期的造纸商，在实际情况下无法很好地获得木材造纸的知识。

为简便起见，图 8.1 还假定两国纸浆生产的资本密集程度处于相同水平。[1] 但正如我们已经讨论过的，因为造纸方法的不同，美国造纸业可能比英国的资本密集程度高得多。在其他条件不变的前提下，如果抛开这一假设，并将资本使用量列入考虑，将会减少使用每一种材料单位所需的劳动力。换句话说，它将导致与每种原材料相关的等量值向左移动。更高的资本密集度带来的影响，使得美国造纸业在可利用的流程边界方面进一步左移；这一点也将扩大美国与英国之间的劳动力投入上的差距。

知识几乎不可能保持一成不变。在英国，随着人们获得了更多关于木材造纸的可靠信息，以及生产者通过反复试验对木材越来越熟悉和熟练，他们开始在纸浆中使用越来越多的木材。在图 8.1 中，这使得英国造纸业沿着可用的工艺边界左移，朝着 Z 点所在方向。到 19 世纪末，英国造纸业的劳动力投入水平已经完全达到了这一点。

当然，纸浆的制备只是生产过程的一部分。造纸车间里如果发生了什么变化，也同样能影响整体劳动生产率。图 8.2 中描述了在投入不同比例的资本（K）和劳动力（L）的情况下，运用不同方法将纸浆转化为纸张的情况。Q_1、Q_2、Q_3 分别为三条等产量曲线，代表了产量为 Q 值、可能采用的 3 种不同的资本和劳动力投入组合。等产量曲线离原点越近，所使用的技术越先进。例如，在图 8.2 中，英国处于较低的等产量曲线上，正如我们在第五章讨论的，这是因为英国在这一时期技术更先进。此外，等产量曲线上的点越是沿着曲线向左移动，

---

[1] 图 8.1 还假定每种原材料的纸浆转换率相同。尽管从严格意义上来说，这一点是无法成立的，但 19 世纪时期，不同原材料造纸的纸浆转换率即使有差异，也不足以对图 8.1 所示的情况产生显著影响。

所使用的技术的资本密集程度就越高。c_1 和 c_2 是等成本线,它们反映了每个国家的相对要素成本。从原点出发、分别标记为 α 和 β 的射线则代表了资本密集程度。正如本书前文所述,通过学习实现本地化创新的模式,每个国家的技术进步都应该围绕着这些射线进行。

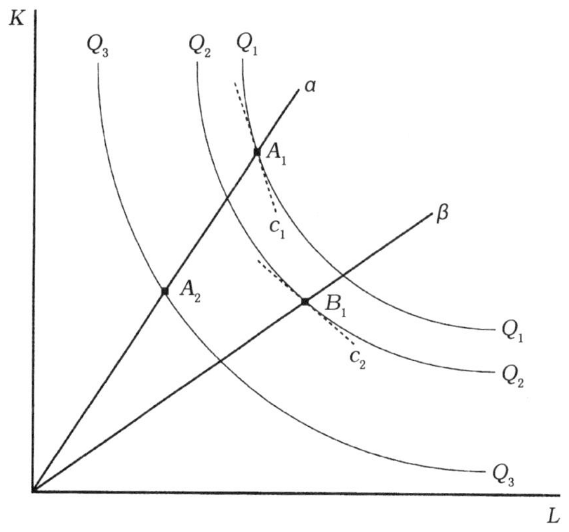

图 8.2　1861—1913 年美国、英国机房技术选择

我们研究的时期始于 19 世纪 60 年代末,此时美国造纸业在 A_1 点,英国造纸业在 B_1 点。美国的相对要素价格(c_1)更有利于资本密集型生产,而英国此时在等成本曲线 c_2 上则处于 B_1 点,更倾向劳动密集型的生产方式。这种选择带来的一个结果是,尽管英国在技术上领先,但它的劳动生产率却低于美国。当然,1860—1890 年之间美国在生产准备阶段对劳动力的需求较低,而这张图并未将这一点考虑进去,因此它实际上低估了这一时期两国造纸业整体劳动生产率的差距水平。1890 年以后,美国技术积累和新机器购置的速度加快,使其在技术上也超过了英国。为了简便起见,假设在此之前这两个国家都没有创新[1],那么美国的产量将会下降到等产量线 Q_3 上的 A_2 点。这也将拉大两国

〔1〕 这一假设并不实际,此处做此假设仅为了简化论证过程。此假设的真实性无法影响本章分析的有效性。

间在劳动生产率方面的差距。

图 8.1 和图 8.2 中的信息被一起整合到图 8.3 中，图 8.3 考虑了从纸浆制备到实际造纸的整个过程。从结构和外观上来看，图 8.3 与图 8.2 几乎完全相同，但与图 8.2 不同的一点是，图 8.3 假设 1860 年英国和美国的整体生产函数是不相同的。[1] 这一假设是比较合理的，因为正如我们所看到的，即使在相同的资本密集度下，用未加工的原材料生产出一定量纸张所需的劳动力投入，也会随着所用材料的不同而变化。由于这一原因，尽管最初英国在机器生产方面的技术处于领先地位，但英国等产量曲线 q_b 仍位于美国等产量曲线 q_a 的右侧，如果这一时期英国并非处于领先地位的话，q_b 将更加靠右。

在 19 世纪 60 年代后期，考虑到其相对要素价格（p_b），英国造纸业的生产处在 D 点上，而美国的生产则发生在资本密集度更高的 E 点上。因此，英国的劳动生产率（$1/x_4$）是美国的一半（$1/x_2$）。1890 年，英国造纸原材料的结构发生了改变，带来了两国生产技术的趋同，因此英国的生产到了等量线 q_a 上。这一变化本身就应该显著缩小两国之间的劳动生产率差距[（$1/x_3$）∶（$1/x_2$）]。然而，在这一阶段，美国的造纸机技术超过了英国，整个行业从等量线上的 q_3 降至 G，这使得两国继续保持 2∶1 的差距[（$1/x_3$）∶（$1/x_1$）]。

两国劳动生产率差异分析的一个显著意义在于，分析表明美国技术领先的基础随着时间的推移也发生了改变，这一事实如果大致正确，任何人如果试图用一个简单、常见的理论来解释两国造纸业总体生产率的差距，都是白费功夫。特别值得一提的是，在第六章中提出的证据，有力地反驳了对那些将英国工会的不利行为作为国家落后的罪魁祸首的理论。事实上，甚至没有什么证据能表明，英国造纸业出现过一个独特且持久的，以批量生产、计件工资和工匠主导为特征的制造业“体系”。这里需要澄清的是，本书反对的是人们对英国造纸业的这种刻板印象，而不是英国造纸业的性质和结构反映其独特环境的论调。毕

〔1〕 尽管包含所有原材料的基本生产函数仅是假设性的，但这并非说，任一时期都能达成等产量曲线上任一个点。反之，为了论述的简便性，图 8.3 中，针对纤维素提取技术认知程度的不同，分别设置了单独的生产函数。

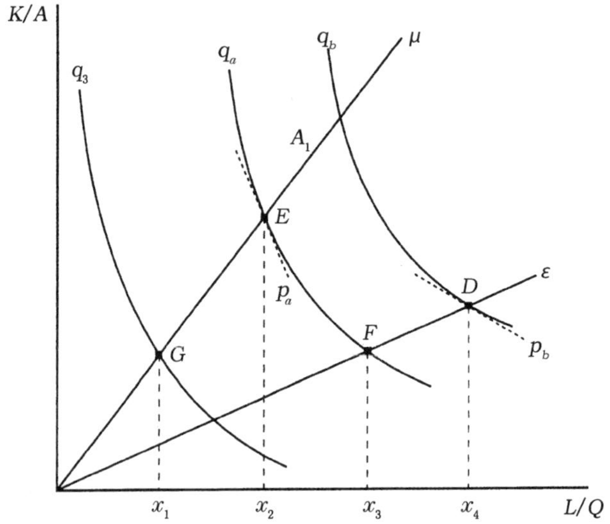

图 8.3　1861—1913 年美国和英国造纸工业的技术选择

竟,在 1890 年以后,美国使用省工机械设备且具备更大的产能,说明了需求模式、资源和要素禀赋的重要性。我的观点是,简单地假设英国造纸企业的主要目的总是利用劳动力,特别是熟练的劳动力密集型生产技术,或者该行业必然以工艺为基础,这是错误的;不能简单粗暴地认定英国造纸企业总是依赖劳动密集型的生产技术,或总是依赖熟练工进行作业,更不能认定英国造纸业是建立在工艺基础上的。

此外,如果认为美国和英国造纸的生产性质之间存在任何差异是常态的、不可改变的,也同样是错误的。造纸业不是恒定不变的。相反,在造纸业中,即使一开始选择了某条发展路径,后期也是可以改变的。在 1860 年之后的几十年里,尽管两国造纸机的技术十分相似,但纤维素的提取技术却不同,英国造纸商们开始采用劳动密集程度更高的方法。然而,随着 19 世纪后期木材在造纸业的盛行,英国和美国的纤维素提取技术逐渐趋同,到 1900 年,两国的纤维素提取技术和使用的机器几乎完全相同。然而,到了这个时期,美国技术变革更快地发展又使它得以继续保持 2∶1 的生产率领先优势。

第七章和第八章的分析也证实了布劳德伯利的论断,即技术领先不一定意味着生产率领先。[1] 正如我们所看到的，虽然英国在1860—1890年间在技术上领先于美国，但其劳动生产率始终只有美国造纸业的一半。这一发现也与以下观点大体吻合：战后美国的经济霸权在很大程度上与其资源禀赋、技术选择和大众市场密切相关。1890年以后，创新速度的加快也是一个重要因素。美国丰富的资源禀赋不仅为造纸商提供了原材料，使他们能够大幅削减对劳动力需求，还促使他们采用资本密集型的生产方法。有些人将美国制造业的生产力领先归因于其更大的市场需求，造纸业的发展情况也不外如此。美国造纸业生产率的提高，不仅是因为美国造纸业实践技术变革的速度更快，也是因为行业内发起了结构变革来提高产出、加快经验积累带来创新的速度。特别是从19世纪90年代开始，由于铁路的开放和关税壁垒的保护，美国巨大市场的潜力日益激励着美国的造纸商们，他们开始不断地扩张、专业化，并进行垂直整合。

至于英国造纸企业是否存在企业运作失误等情况，通过第六章和第七章的分析不难看出，在1890年之前，即使英美造纸业生产率存在差距，但这种差距本身并不能被视为英国造纸业运作失败的证明。正如前文所述，英国造纸企业的大部分决策是在绝对理性的基础上作出的。这并不是说，所有的英国造纸企业都表现得十分优秀，但它确实表明，就整个行业而言，并无普遍性的运作失误。然而，在1890年后，有证据表明，确实在企业运作方面，英国造纸商们开始出现一些失误。尽管美国快速增长的需求在一定程度上促进了造纸业技术的快速积累，但我们的分析显示，在爱德华七世时期，英国造纸业企业运作方面的活力也逐渐匮乏。英国造纸企业家们的活力匮乏，并非因为他们改变了自19世纪中期以来一直秉持的态度，而是由于他们孕育出并传递给他们的继任者的商业文化，已经不太适应新环境的需要了，也不太有利于新创意的诞生。英国造纸业的商业文化，不仅认为传统的等级制度和工厂里的各方关系是不可改变的，还认为这些传统看法是高尚的；它更多地将车间视作纠纷的潜在发生地，而忽视了合作的重要性。在这种商业文化的影响下，英国造纸企业家们还认为，

[1] Broadberry, "Technological Leadership", p. 292.

实际的工作经验是唯一有用的学习形式，除了必要的社交场合外，也完全没有必要和竞争对手进行接触，甚至认为和其他企业的联系会损害自身的长久繁荣。总的来说，这种观念，使得造纸商们迷信他们和父辈们共同秉持的信念，一旦有新的创意或概念冲击他们的信念，他们只会产生疑虑或蔑视。他们抗拒接受技术培训计划、工业合作和那些提高生产率的薪酬政策，这就足以反映他们的种种疑虑。到这一时期为止，对创新的厌恶并没有立即给这个行业带来致命的打击，事实上，对当时的许多人来说，这似乎是相当无害的，但这就是英国造纸业长期保守主义的开端，这种保守主义后来一直影响着英国造纸商们的命运。[1] 当然，这并不是说美国的一切都是理想的。即便在美国，也有个别造纸商和大多数英国制造商一样，对新做法表现出同样程度的抵制。不同的是，在美国，似乎更多造纸商日渐意识到创新和生产率增长不是自动化的，也不是生产活动的免费副产品，要加快创新，公司可以独立也可以与其他公司协作，努力创造并提供有利的创新环境，这也就是"以做促学"的要旨所在。

---

〔1〕 例如，见 C. F. Carter and B. R. Williams，*Industry and Technical Progress*（London，1957），ch. 5。

第九章

自由贸易和造纸

虽然美国在整个 19 世纪后半叶的生产力水平上领先于世界，但作为纸张出口国，美国在 19 世纪末之前对世界市场的影响甚微。这在很大程度上是由于美国国内市场的规模较大，且运输成本过于高昂，这些因素共同降低了美国造纸商的出口需求和能力。就当时的市场直接竞争而言，英国在这一时期的主要竞争对手是德国，而不是美国。这是一场既延伸到英国外部，也深入到英国内部市场的竞争，而且常常充满了火药味。当然，德国作为纸张生产国来说，并非微不足道的。它是仅次于美国的世界第二大造纸国。1913 年，它在世界纸张和纸板生产中的份额约为 20%。[1]

与其他位于欧洲大陆的造纸厂一样，德国造纸商在其本土市场获得了巨大成功，而本土市场的表现，也是 1861 年后英国造纸厂一个长久担忧的问题。在许多造纸业观察者看来，德国和其他欧洲造纸厂的成功意味着英国的商业政策出现了问题。英国的商业政策允许外国企业自由进入英国本土市场，而本国生产商却无法获得外国市场类似的准入权。特别是德国，在英国引起了激烈的批评，因为它不愿意在公平贸易问题上互有往来。而在 19 世纪后半叶，德国也绝不是唯一一个因不符合英国公平竞争的意识而受到英国舆论谴责的国家。在本章中，我们将通过审视英国纸张自由贸易对其造纸工业发展的影响，来确定这些批评的合理性。本章特别选择了 1861—1914 年英国与德国之间的纸张贸易作为观察对象。

[1] A. Hülbrock, "Organisation und Preisgestaltung auf dem deutschen Papiermarkt unter besonderer Berücksichtigung der Gegenwart", Ph. D. thesis, University of Frankfurt-am-Main (1927), p. 41.

既定事实

回忆第三章内容可知,虽然随着英国造纸业在商业循环中所处的位置不同,生产率出现了一些波动,但整体而言,英国造纸业劳动生产率水平始终高于德国。尽管英国劳动力生产率一度达到德国劳动生产率的 1.5 倍,但两国之间较稳定的劳动生产率差距在 10%～15%。考虑到 19 世纪德国享有的要素禀赋,这种劳动生产率差异不足为奇。当代研究者们都知道,德国工厂支付的工资平均只有英国工厂的 75%左右。例如,根据 1909 年美国的一份报告,一个德国机械操作工一天工作 12 个小时得到的报酬相当于 1.80 美元,一个打浆工可获得 90 美分,一个非熟练工人的日薪则仅为 75 美分;而具有同样工作量的英国工人则分别可以赚到 2.75 美元、1.20 美元和 90 美分。[1] 由于两国之间的工资差距巨大,人们可以合理猜测,德国造纸厂因此会采用比英国造纸厂更劳动密集型的生产方法。事实似乎确实如此。正如一家行业杂志的德国记者在 1884 年所报道的那样,德国造纸厂的平均用工量通常是英国的三倍。[2] 由于当时德国的造纸技术也不比英国好,这种劳动力配置上的差异势必会使德国的劳动生产率降低。

当然,这并不意味着德国的造纸机械有任何缺陷。特别是从 19 世纪 80 年代开始,德国造纸机械出口贸易蓬勃发展。有一位曾参与建设德皇威廉姆大帝(Kaiser Wilhelm)25 年统治成就纪念工程的人士自豪地宣称:“德国造纸机比其他任何机器都更重要,它不仅将外国机器从德国市场赶走,而且在海外广受欢迎。这样一台机器的成本至少为 30 万马克,它的出口是经济上的巨大成功。”[3]

德国造纸机制造商的客户中当然包括许多英国造纸商,比如弗雷德里克·

---

〔1〕 *Pulp and Paper*, vol. Ⅴ, p. 3031.

〔2〕 3 *PMC*, 10 April 1884, p. 95.

〔3〕 Ing. Heinel, “Die Maschinen-Industrie”, in *Deutschland unter Kaiser Wilhelm II* (Berlin, 1914), vol. Ⅱ, p. 554.

普拉特·巴洛(Frederick Pratt Barlow),他购买德国机器不是因为它们蕴含了先进的技术,而是因为它们坚固、可靠,最重要的是价格也很便宜。[1] 1897—1914 年期间,德国和英国的平均机器宽度有差距,证明了英国造纸技术的领先地位。造纸机的宽度增加,需要行业中一两项关键的机械改进,且改进过程需要进行一系列极为复杂的调整和创新。鉴于英国造纸机平均比德国造纸机宽15%左右,这有力地表明,英国造纸业必然使用了更先进的机器。[2]

尽管如此,德国产品对英国市场的日益渗透是 1860 年后英国市场的一大特征。威廉姆斯(Williams)曾对德国进口商品进行了激烈的抨击,这是因为他痛苦地意识到上文所述的现象。他还警告他的读者,不仅他们使用的纸张极有可能是德国制造的,甚至"你最喜欢的爱国报纸的材料也是从德国来的"[3]。表 9.1 和表 9.2 很好地反映了德国商品对英国市场的入侵。19 世纪 80 年代和 90 年代似乎是德国对英国市场影响力达到顶峰的 20 年。即便有什么误差,表 9.1 和表 9.2 中的数字也只会低估英国从德国进口的份额,因为一些德国纸张必须经由荷兰运往英国。[4]

在 1875 年之前的数据也是如此,因为在我们的计算中,只有从后来属于德国的港口出口的纸张才被认为是德国制造。在 1885 年,英国进口纸张中德国所占的比例达到了峰值,约为 30%(如果将所有从德国出口经由荷兰最终进入英国市场的纸张也算在内的话,则为 38.6%)。此后,英国进口纸张中德国所占的比例开始下降,但在 1905 年,因为英国国内需求大幅上升,曾出现过短暂的比例上升[5],但从绝对数量来看,德国进口的纸张量在这一时期持续保持稳步增长。英国进口纸张中德国所占的份额之所以下降,主要是由于斯堪的纳维亚和北美生产商之间日益激烈的竞争,后者此时正开始进军英国和欧洲大陆市

〔1〕 *RC Depression*, p. 598. 另参见 C. Franck,"Moderm Paper Making Machinery",*German Export Review* 15 (Sept. 1901), 103。

〔2〕 例如,1900 年,英国和德国造纸机的平均宽度分别为 77.3 英寸和 66.2 英寸。数据来源于 *Paper Mill Directory of the World*。

〔3〕 E. E. Williams, *Made in Germany* (London, 1896), pp. 10—11.

〔4〕 至少在乔治·查特的印象中是如此。*RC Depression*, p. 593.

〔5〕 J. Geuenich, *Geschichte der Papierindustrie im Duren-Jurlicher Wirtschaftsraum* (Düren, 1959), p. 66.

场。例如，在 1885 年，北美(美国和加拿大)生产的纸张仅占不到 1%，而斯堪的纳维亚(瑞典和挪威)地区的纸张则占当年英国纸张和纸板进口总额的 16%。到 1913 年，这两个数字分别上升到 9.7%和 36.3%。[1]

表 9.1　　1860—1913 年德国对英国的纸张和纸板出口量

年份	德国纸张和纸板总出口量(英担)	英国进口纸张和纸板中德国所占份额(%)	德国纸张和纸板出口总量中英国所占份额(%)
1860	1 249	4.4	
1865	5 956	2.5	
1875		17.2[a]	
1885	426 369	30.8 (38.6)	41.8[b]
1895	746 528	20.4 (24.9)	40.7
1905	543 284	6.8 (8.7)	26.5
1913	1 708 312	13.3 (16.5)	28.0

注：标 a 的数字代表收入份额。标 b 的数字代表不包括对德国其他州的出口。括号中的数字代表德国对荷兰的出口量。

资料来源：*Annual Statement of the Trade of the United Kingdom*，*and Statistiches Jahrbuch fur das deutsche Reich*。

英国市场是德国出口商最重要的一个市场，几乎一半的德国出口产品销往英国。特别是在布尔战争期间，由于报纸发行量大幅增长，英国进口的德国纸张份额甚至达到了更大的比例。例如，1900 年，英国报社进口的德国纸张数量飙升至 473 093 英担。德国的评论员甚至惊叹道，德国造纸业赶上了鼎盛时期，他们生产再多纸张都能顺利卖出去："英国采购人员们在德国掀起了采购狂热，他们愿意花任何价钱购买德国商品。"[2]在 20 世纪的头 20 年里，德国造纸商在被瑞典、挪威、美国和加拿大的报纸挤出英国市场的同时，也越来越多地在亚洲、大洋洲和南美洲寻找市场[3]，因此英国进口纸张中德国所占的比例有所下

[1] 本章所有数据，除有特别说明的，其他都来自 *Annual Statement of the Trade and Navigation of the United Kingdom with Foreign Countries and British Possessions* (London, 1860－1913), and *Statistiches Jahrbuch für das deutsche Reich* (Berlin, 1880－1913)。

[2] F. Demuth, "Die Papierfabrikation", *Schriften des Vereins fur Sozialpolitik* 107 (1903), 203.

[3] 并非徒劳无功。1895 年，德国出口的印刷和书写用纸中，有 17.2%是出口到南美洲的。到了 1913 年，这一数字已上升到 33.5%。与表 9.2 中的数据对比，1913 年，德国出口的印刷和包装用纸中有 19.7%是出口到南美洲的。

降。事实上，到第一次世界大战爆发时，阿根廷共和国对德国印刷纸的进口量已经和英国一样大了。上述地区传统上曾是英国的市场：英国出口的纸张和纸板中有70%是对其殖民地和占领地的，因此即使德国造纸业对英国国内市场的占有率降低了，它给英国造成的威胁还远远没有结束。印刷和包装用纸行业也有相似的情况。在造纸业这一领域中，最应当利用便宜的木浆作为原材料，20世纪德国出口的印刷和包装用纸在英国进口总量中所占份额的下降，其实是因为其他国家的造纸商们也在英国市场激烈竞争。为了应对这种局势，德国造纸业将业务向其他更专业的相关产品延伸，扩大了产品的多样性，开始生产如摄影纸、花式纸、彩纸和明信片等其他产品。这些产品立即在英国找到了现成的市场。[1]

表 9.2　　1865—1913 年德国对英国的印刷纸和包装纸出口量

年份	德国进口的印刷和包装用纸(cwt)	德国进口的印刷包装用纸占全部英国印刷和包装用纸进口总量的百分比(%)	德国出口到英国的印刷和包装用纸占德国印刷和包装用纸出口总量的百分比(%)
1865	5 732	3.2	
1875		13.2[a]	
1885	266 288	37.4	
1895	460 713	22.1 (27.6)	43.2
1905	398 457	8.2(10.0)	27.2
1913	1 367 033	17.7 (21.6)	31.6

注：标 a 的数字代表收入份额。括号中的数字代表德国对荷兰的出口量。

资料来源：*Annual Statement of the Trade of the United Kingdom*, and *Statistiches Jahrbuch fur das deutsche Reich*。

在维多利亚时代晚期和爱德华七世时期，德国的竞争成为英国造纸业发展过程中的一个重要方面。鉴于英国造纸业在生产率和技术方面的表现并不是太差，这让人感到有些困惑，德国出口渗透英国市场的程度为何如此之深？但是，反过来看则情形完全不同：英国对德国的出口仅占其全部进口总额的3%。

〔1〕 C. Buchheim, *Deutsche Gewerbeexporte nach England in der zweiten Halfte des 19. Fahrhunderts* (Ostfindem, 1982), *passim*. 布克海姆指出(第105页)：即使在维多利亚女皇登基六十周年大庆上，也有大量官方用品是用德国纸张加工而成的。*Geman Export Review* 15 (June 1901), 76—78.

考虑到生产率和技术数据,从某种意义上来看,德国造纸业的表现过于优秀了。

解析英国

至少对英国造纸商来说,这一令人迷惑的现象的源头是显而易见的。在他们看来,英国似乎盲目地坚持自由贸易的原则,这一点是十分令人沮丧的。确切地说,自由贸易的原则本身没什么大问题,但具体怎么实践自由贸易的原则仍有待商榷,造纸商们能感觉到,当时发生在他们周围的一切几乎是“自由的”,对他们来说当然也是不公平的。造纸商亚历山大·安南代尔(Alexander Annandale)宣称:“如果英国造纸商只期望公平,不期望优待,那么这种完全自由和公平的贸易环境就足够满足他们了。”但是,随后他却继续抱怨现实根本不公平。[1] 造纸商协会主席兼皇家学会研究员约翰·埃文斯哀叹道:“我们的自由贸易体系逐渐提高了海外的保护,提供这种保护,不仅使得外国公司有更好的防御能力,也提高了它们对我国市场的进攻能力。”[2]面对高额的外国关税和国外对英国出口纸张的敌意,英国造纸商认为自己始终处于一种吃紧的、必败的局面。1886年,约翰·埃文斯向皇家专员们生动地表达了造纸者的困境:

> 为了应对外国造纸商的竞争,英国造纸商们面临的最大问题是如何降低他们的产品价格;以及,或通过市场需求的增加,或通过关税的取消,或通过降低成本,大幅度提高大多数造纸厂的生产能力;通过产量的提升,他们能够减少他们的固定费用,从而降低他们的生产成本,这在某种程度上将赋予他们与外国造纸商竞争的能力。但近年来,外国造纸商也在作出同样的努力,并且已经在很大程度上改进了他们的工厂配备。现在我认为,整体上生产已经远大于需求了,我们最大的

〔1〕 引自安南代尔对主要商业协会传单的回函。*RC Depression*, appendix C, pp. 428—429.

〔2〕 *RC Depression*, appendix C, p. 585.

> 问题是如何处置过剩的产品。也就是说,我们的生产商若想维持工厂运转成本低廉,必然扩大生产规模,产量必然超过市场的正常需求,而我们需要解决产量过剩的部分。如果我们试图向任何欧洲大陆国家或美利坚合众国出口我们的剩余产品,我们将面临沉重的关税;而大陆制造商在这里有一个现成的市场来销售他们的剩余产品,这些剩余产品的销售价格低于受保护国家的正常价格;……过量生产使得制造商能够以略低于正常生产成本的价格出售,但仍能实现利润。[1]

其他被传唤到皇家委员会的业内人士,以及 20 年后出现在张伯伦关税委员会面前的业内人士,都同意埃文斯对形势评估的观点,并认为德国生产商是罪魁祸首。[2] 例如,一家英国纸板制造商告诉关税委员会,在英国生产每吨 6 英镑、在德国售价 7 英镑的德国制造纸板,在英国只需要 5 英镑就能买到;他和其他相关人士坚持认为,之所以会出现这种情况,是因为德国生产商准备亏本出售过剩产品。[3] 当然,尽管德国似乎一直是英国造纸商愤怒斥责的主要对象,但美国和欧洲大陆制造商也被指责采用了类似的策略,他们倾倒过剩商品的对象,不仅是英国国内市场,还包括英国传统的主要出口市场,也就是英国的殖民地。[4] 一位造纸商控诉道:"我们很难坚持下去了,因为订单都被抢了,他们给出的价格,我们英国的造纸商是难以匹敌的。"[5]英国生产商也不可能以同样的方式对德国市场进行报复,用自己过剩的产品淹没德国市场,因为这些

---

[1] *RC Depression*, appendix C, p. 586.

[2] 相关讨论,见 Barlow, Chater, Annandale, the Scottish Paper Makers Association,有较大规模造纸厂的地区(如巴恩斯利地区)中各商会的报告,出处同上; Tariff Collection, TC7 28/2 B(13), and TC3 1/89 p. 4。多个行业期刊也曾表达类似的观点。例如,1886 年,一位刚参观过几家德国造纸厂的英国造纸商指出:"他们很乐意以远低于我们的价钱出售他们生产的纸张,只要稍稍高出成本就行。有时甚至亏本都行,因为他们可以在本国把价格定高一些,把恶意竞争带来的损失弥补回来。" *PMC*, 10 August 1886, p. 263. 其他例子包括 *PTR*, 1 June 1863, pp. 121—122; *PMC*, 10 February 1887, p. 39, and 10 November 1903, p. 411。

[3] Tariff Collection, TC7 28/2 File 167 (B) 4.

[4] Tariff Collection, TC7 28/2 (B) 3, (B) 20, (D) 8. 大卫·考尔斯(David Cowles),美国纸浆和造纸协会的主席,在 1908 年向一家美国特别委员会发表了他有关欧洲造纸商的一些见解:"他们都是臭名昭著的倾销商。我自己也这么干过,我知道这意味着什么。一旦有条件,他们就会向某个市场大量倾销纸张,只要能把纸张都卖出去,他们根本不在乎亏本。" *Pulp and Paper*, vol. Ⅱ, p. 910.

[5] *RC Depression*, p. 591.

市场受到关税的严重保护。例如,在19世纪80年代,这些国家的保护性关税大约相当于每磅纸半便士;对于多种纸张品类来说,这个关税已经占到产品本身价格很大的比例了。事实上,就当时英国出口到德国最便宜的纸张而言,关税约占价格的33%,而且实际上,由于定价过高,这种纸张很快就被挤出了市场。[1]

为了避免误解,必须指出,这种操纵市场的行为并非偶发性的,而是许多制造商有意为之的政策。弗雷德里克·普拉特·巴洛在出席皇家委员会之前,作为一个主要由苏格兰造纸商组成的代表团的成员,访问了莱茵河、萨克森和波西米亚的17家造纸厂,旨在找出德国造纸厂竞争力之所以强悍的原因。在那里,他们受到了热情的欢迎,他们视察的工厂也向他们开放,这样他们就"看到了一切"。因此,巴洛觉得自己对德国造纸业已经有了足够的了解,可以作为此方面专家发言。他向皇家委员会转述了一位向他解释过德国成功秘诀的德国造纸商的话:

> 就像一个人对我说的那样,他们似乎把英国看成一个垃圾场,他可以在一个星期内以成本价或略低于成本价的价格把所有过剩产品扔到英国去。他解释说,他可以降低造纸厂的开支,这样就可以在本国市场上赚一笔可观的利润,而且在那里根本不会受到来自英国的竞争者的影响。我们看到某种纸张在柏林以3便士的价格出售,而在伦敦,同样的纸张售价仅为2便士,尽管这种纸是从萨克森的最尽头,通过铁路和河流,被转运了至少3次才来到英国的。我的一位朋友曾从一个德国造纸厂那里听说,他们正在为英国政府,或至少是英国政府的承包商,制造英国的明信片。[2]

巴洛的最后一点涉及另一个问题,这个问题在当时引起了公众的广泛关注和争论,代表德国和其他大陆生产商的另一个竞争战略。这个问题的核心在

[1] *RC Depression*, p. 598. 1864年,法国和比利时的关税大约是10%~20%,奥地利和德国的关税大约是20%~36%,而美国关税则高达35%~40%。Ketelbey, *Tullis Russell*, p. 105.

[2] *RC Depression*, p. 597.

于，外国造纸商通过模仿英国的水印，或由他们在英国的分销商重新包装外国纸张并贴上英国的标签，将外国制造的纸张充做英国纸张卖出。虽然一直很难找到切实的证据，但这种情况的出现在当时似乎是行业内的常识。因此，消费者，甚至英国文书局（HMSO），往往不知道他们购买的纸张是从海外来的。[1]

英国敞开大门后，外国造纸商们对英国的大肆剥削行为，并非只遭到英国造纸商的强烈谴责。工会主义者们同样认为这是行业的主要弊病之一。NUPMW 规则手册的序言写于 1890 年德国入侵英国市场的高峰时期，清楚地表明了协会反外国制造商入侵的立场：

> 此外，如果没有这样一个联盟，就不可能有任何有效的爱国立法来保护英国和爱尔兰的重要工业，这些工业受到外国厂商敌对行动的严重威胁和影响，在与进口产品的竞争中受到多方面的阻碍。[2]

NUPMW 的作用是尽可能地限制外国纸张对英国市场的渗透，尤其是阻挡它们通过诡计渗透英国市场。在 1893 年的贝尔法斯特工会大会和随后的其他会议上，秘书长威廉·罗斯（William Ross）不断提出议案，以确保外国制造的纸张被清楚地标记为外国纸，并且要求所有的工会、贸易委员会和合作协会只购买英国制造的纸。这项禁止外国纸张的提议后来扩展到政府部门和合同中使用的纸张。[3] 最终，在 1895 年的加的夫工会大会（Cardiff Trades Union Congress）上，罗斯成功地使这些动议成为工会的政策。此外，他还推动工会通过了以下提案，针对的是外国造纸商而不是本地分销商：

> 本次大会认为，为了防止外国纸张进口并改变外包装后仿冒本地产品，从外国进口到本国的所有纸张必须带有水印。举起纸张透光检查时可以看到水印，显示它的制造国，且每卷外国进口纸张上至少每

---

〔1〕 *RC Depression*, p. 587; *PTR*, 1 August 1863, p. 156, and 28 November 1884, p. 331; *PMC*, 10 February 1896, p. 66; Tariff Collection, TC7 28/2 File 167 G(3).

〔2〕 Bundock, *Story*, p. 371.

〔3〕 NUPMW Records, 41T/BOT. 1893 and 1894 Reports.

平方码都必须有一个水印。所有外国信封、纸袋等都必须是用每平方码上有水印的纸做的。[1]

当然,让工会大会同意是一回事,让任何人采取行动又是另一回事。这个问题显然未能得到解决。1901 年 4 月,造纸商联合协会也加入了 NUPMW 的行动,一起对外国纸张渗透英国市场的行为发起进攻。他们发布了一项联合决议:"鉴于造纸业现在的紧急状况以及《商标法》,呼吁所有纸张和纸板,含报刊用纸,都必须附上商标,用来追溯纸张的来源,因此不再沿袭现有的仅在外包装上印制商标的做法,改为必须在每张纸(报刊用纸仅在第一页)上印制商标。"[2]

报纸业主被认为是外国纸张最主要的使用者。1893 年,罗斯给全国 100 家主要报纸写信,询问他们,如果把这些"印在英国纸张上的文字"印在他们所有出版物的封面上,他们是否可以接受。只有 18 人给出了肯定的答复,这也许能从侧面说明他们大量使用廉价外来纸张的事实。[3] 乔治·查特(George Chater)在皇家委员会(Royal Commission)面前也声称,一些主要的英国报纸直接与外国造纸商签订了合同,购买他们的过剩产品,但他拒绝公开这些报纸的名称。[4] 事实上,英国报纸业的种种行为让罗斯非常沮丧,1896 年,在爱丁堡工会联盟大会(Edinburgh Trades Union Congress)上,他相当天真地发起了一项动议,对那些无法证明自己只使用了工会成员制造英国纸张的报纸或期刊派来的记者发布禁令。不用说,大会很快就否决了这项动议。[5]

对所有相关方来说,这些措施充其量只是治标不治本。如果无法实现真正的自由贸易,那么采取报复性和惩罚性措施,让德国和其他国家重新退到一边,是许多业内人士的首选做法。正如苏格兰造纸商亚历山大·安南代尔解释道:

---

〔1〕 NUPMW Records, 41T/BOT. 1895 Report, p. 4.

〔2〕 Bundock, *Story*, p. 388.

〔3〕 NUPMW Records, 41T/BOT. 1893 Report, p. 5.

〔4〕 Evidence of Chater, *RC Depression*, p. 592.

〔5〕 NUPMW Records, 41T/BOT. 1896 Report, p. 3.

一个国家的关税应该与另一个国家的关税相吻合，但这取决于每个国家是否体贴周到。作为一个生产大国，应始终把改变和调整关税的权力掌握在自己手中，这是最有利于其商业利益的做法，也是在受到其他国家背叛的情况下最明智的做法。如果能严格遵守这一点，而不仅仅崇拜某种原则，我们应该能感受到，我们在国外面临的保护主义或禁止性关税就会减少。在真实的战争中，已经一再证明了：强大的报复力量是一种纠错手段，这一原则在财政方面也同样适用。[1]

但现实是，所谓的自由贸易仍然存在，随之而来的是外国造纸商向英国市场倾销过剩产品的行为。在世纪之交，倾销的做法在德国已经变得制度化了，以前是个别生产商的行动和地方造纸商协会之间临时协议的结果，现在成了大型卡特尔和联合企业的特权。我们在下文会讲到，这种变化，除了给英国造纸商制造新一波的恐慌浪潮之外，没有带来什么新东西。当时，议会史无前例地连发了两份关于德国造纸业的文件，从侧面证实了这一情况。[2]

对于德国造纸业的成功，人们提出了其他的解释，尤其是那些崇尚自由贸易原则的人。其中最有趣的是，他们将德国的成功归因于这样一个事实：与英国不同，德国拥有得天独厚的资源禀赋，对造纸业特别有利。因此，尽管德国工厂的平均生产率低于英国，但由于投入成本低得多，所以它们仍能在竞争中胜出英国。然而，坊间证据表明，这一因素的显著性往往被高估了。毫无疑问，德国拥有更多的木材，这对德国制造商来说是一个优势，但英国造纸商并不认为这是两国造纸业之间的关键区别。事实上，埃文斯表达了这样一种观点，即德国纸张的价格一般情况下肯定不低于英国，而且很可能更高。[3] 弗雷德里克·普拉特·巴洛刚从德国回来，他在德国时曾就这一问题进行了咨询。他比

---

〔1〕 Reply of Annandale, *RC Depression*, pp. 428—429.

〔2〕 Report on the German Paper Industry and Export Trade by Consul-General Sir A. Ward, PP CXXII (1906), 173—185; and Abstract of the Proceedings of the German Commission on Kartells in *Memoranda, Statistical Tables and Charts Prepared in the Board of Trade with Reference to Various Matters Bearing on British and Foreign Trade and Industrial Conditions* (London, 1905), vol. Ⅱ, 409—11. Spicer, *Paper Trade*, appendix B 中，举了另外一个例子，说明当代研究者对德国工业的看法。

〔3〕 *RC Depression*, p. 587.

较肯定地说,考虑到所有的因素,两国造纸原材料的成本是差不多的。如果木材和稻草在德国稍微便宜一点,那么根据他的估算,英国便宜的煤炭和化学品足以弥补这些差距,他的说法也得到了行业文献中各种报告的支撑。此外,由于德国造纸商往往在他们的工厂平均雇佣多达 3 倍的劳动力,因此每吨纸生产的劳动力成本在两国也差不多。[1] 维蒂希施拉格(Wittigschlager)撰写的有关德国机器造纸的历史研究,也证实了巴洛的说法,他认为在 19 世纪下半叶,纸张价格下降的主要原因并非木材价格低廉,而是因为造纸厂规模的扩大。[2]

人们普遍认为德国拥有丰富的木浆资源,这一事实使人们对德国木浆资源的重要性产生了进一步的怀疑,因为德国生产商自己也强烈抱怨难以获得廉价的原材料。例如,1913 年,奥格斯堡商会(Augsburg Chamber of Commerce)的报告称,当年该地区所需的木浆仅得到了 40%左右的供应,导致当地工厂在承担所有相关成本的情况下,只能半开半关。[3] 除了对木浆的需求远远超过其供应之外,出现这种情况的一个原因是,造纸行业的人自己就喜欢搞合谋行为,从事纸浆行业的人现在也越来越多地采用这一措施。早在 1878 年,德国木浆制造商协会(Verein Deutscher Holzstoffabrikanten)就成立了,并开始组织不同程度的地区卡特尔,且大获成功。19 世纪 90 年代,有 4 个这样的卡特尔活跃于木浆和纤维素行业:西德、莱茵兰和威斯特伐利亚辛加地区卡特尔;德国南部地区卡特尔;撒克逊地区卡特尔;由全国各地的各个木材研磨厂组成的第四个卡特尔。[4] 这些因素影响了造纸商可获得的原材料的供给和价格。正如英国驻汉堡总领事在 1905 年的报告中所指出的:"根据《德国造纸商杂志》(*German Paper Manufacturer's Journal*)的观点,目前困扰德国造纸商的突出问题是,难以获得充足的原材料供应。"纸浆生产商"不愿抛售库存,因为他预计到,当商

---

〔1〕 *RC Depression*, p. 597, 599—601. *PMC*, 10 April 1884, p. 95. 另外一个说法是,英国的煤炭卖得更便宜。*PTR*, 1 February 1864, p. 58.

〔2〕 K. Wittigschlager, "Geschichte der Maschinepapierfabrikation in Bayen rechts des Rheins bis 1914", Ph. D. thesis, University of Frankfurt-am-Main (1930), p. 96.

〔3〕 K. Wittigschlager, "Geschichte der Maschinepapierfabrikation in Bayen rechts des Rheins bis 1914", Ph. D. thesis, University of Frankfurt-am-Main (1930), p. 122.

〔4〕 Demuth, "Papierfabrikation", p. 241; Wittigschlager, "Geschichte", p. 68.

业活动增多、纸张需求增加的旺季来临时，价格会进一步走高"的情况，也加剧了德国造纸商面临的原材料的供给和价格问题。[1]

解析德国

如果这些观点仅仅是英国造纸商和评论人士的观点，人们或许会对所有评判德国倾销的言论持怀疑态度。然而，事实上，德国文献显示的情况和上述观点是广泛一致的，这意味着我们必须认真考虑这些观点。当代的德国研究者们对当时发生过的事情尤其坦率。汉斯·德拉博斯科（Hans Drabsch）使用当时非常流行的军事类比法，以最直接的语言陈述了德国在纸张贸易中获胜的原因：

> 由于我们的产品十分廉价，迫使[原文如此]生产商们在很早的时候就开始大批量制造商品，因此我们不得不寻求世界市场；当然，供应很快就超过了国内需求，特别是由于工厂和技术的不断改进，产量也不断变得更大之后。随之而来的是，我国工业不得不在国内市场上与外国竞争对手进行残酷的生存斗争。这使我们变得更加敏锐、能力变得更加强大，促使我们把战争引入敌人的阵营，在敌人的市场上与之战斗，以便为我国不断上升的产量寻找突破口。[2]

这种向英国市场倾销过剩的德国产品的策略，既有德国造纸商集体性行为，也有单独行为。戈伊尼希（Geuenich）曾描述位于迪伦镇的弗雷德里克·海因里希·舍勒公司（Frederick Heinrich Schoeller），该公司从19世纪60年代开始，经常将大量产品出口到英格兰。[3] 而上巴伐利亚商会（Upper Bavarian

---

〔1〕 *Report on the German Paper Industry*, p. 184.

〔2〕 *German Export Review* 15 (June 1901), 75. 另参见 *Deutschland unter Kaiser Wilhelm* Ⅱ, Part 3, pp. 676—677。

〔3〕 Geuenich, *Geschichte*, p. 514.

Chamber of Commerce)的一份报告宣称,早在1861年,英国进口纸张的关税被废止,当地造纸业生产过剩的危机就向开放的英国市场转移了:“如果不是英国下降了关税,对巴伐利亚造纸业开放了市场,那么造纸业产量的大幅增长将会有灾难性的后果。”[1]

在德国造纸商选择其出口目的国的决策过程中,关税和其他贸易壁垒的存在与否是一个至关重要的考量条件。德穆斯(Demuth)在1903年为社会政策协会(Verein fur Sozialpolitik)所做的德国造纸业分析中解释说,德国最大的出口市场之所以是英国、比利时和荷兰,正是因为它们实行零关税或较低关税。[2] 这导致一种奇怪的现象。以巴伐利亚州的生产商为例,他们生产的纸张由于被施加各种关税,被阻挡在原本属于他们自然市场的奥地利和瑞士之外,最终在遥远的英国市场上出售。[3]

造纸厂之间的集体合作精神,以及政府对该行业的兴趣和参与,也极大地提升了行业对剩余产品的处理能力。特别是政府,在鼓励行业技术发展和促成产品运费下降方面发挥了积极作用。[4] 英国造纸商对此甚为嫉妒,抱怨道,1886年,从萨克森到伦敦的运费同从爱丁堡到伦敦的运费差不多。[5] 普鲁士政府还在柏林附近的格罗斯利希特费尔德(Gross Lichterfelde)建立了一个官方的纸张检测所。该检测所成立于1886年,原本仅是为了测试供应给普鲁士政府部门的所有纸张,但不久后,其他的经销商和(国内外的)私企也纷纷表示,希望检测所也能对他们生产的纸张进行检测。在利希特费尔德进行的检测旨在测定纸张的纯度、成分、施胶量、色调和含水量,并根据大小、重量、稠度、耐久性、吸收力、回弹性和透光性对每种纸张进行分类。这家检测所名扬天下。英

---

〔1〕 Wittigschlager,“Geschichte”,p. 42.

〔2〕 Demuth,“Papierfabrikation”,218.

〔3〕 Wittigschlager,“Geschichte”,p. 103.

〔4〕 Wittigschlager,“Geschichte”,p. 103. E. Kirchner,*Die Papierfabrikation in den Landem der Sektion X der Papiermacherberufgen-ossenschaft:historisch-technologische Skizze*(Württemberg,1911),p. 7. Geuenich,*Geschichte*,pp. 108—112 以实例说明了政府对德国争取最先进造纸机械的支持。

〔5〕 Evidence of Barlow,*RC Depression*,p. 597. 这也并不意味着德国造纸商对于运费就毫无抱怨了。协会曾在多个场合,例如在1903年的一次会议上,请求关税委员会再次降低运输费率。Wittigschlager,“Geschichte”,p. 104.

国艺术、制造业和商业促进协会成立了一个委员会，该委员会负责调查英国造纸质量不断下降的问题，也对检测所取得的成就表示赞赏。[1] 然而，最初德国纸业制造商对检测所的好处并非完全认可，他们认为检测所的存在，是对他们业务的一种干扰，十分讨厌，但随着时间的推移，他们逐渐认识到它对行业产生了有益的影响。[2] 该研究所在确保纸张质量的同时，还加强了纸张生产类型和形式的标准化，在打破长期以来人们对德国纸张质量的偏见方面发挥了重要作用，这一发展极大地提高了德国纸张在国内外销售的能力。德国领事和技术专员也在这一方面提供了极大的帮助，在某些情况下甚至帮助德国造纸商进行谈判来达成交易。[3] 对于一个需要尽快处理其剩余产品的行业来说，这些帮助是无价的。

早在 1850 年，人们就试图建立一个更能代表造纸者利益的组织，不再通过现有的各种地方组织和商会进行临时安排。当年，一个松散的德国南部造纸商协会成立了。它的总部设在美因茨，设立的理由是希望找到方法来补救造纸行业所面临的严峻局面。18 家制造商在杜伦召开了一次会议，一致同意涨价 8%～10%。此外，会议上还决定向德国各级政府提交一份请愿书，要求提高碎布出口关税和纸张进口关税。在 1852 年的年度大会上，该协会进一步提出了一份经济纲领，该纲领将赋予他们在纸张市场上的巨大垄断力量。与会者呼吁，要彻底告别迄今为止一直折磨着这个行业的琐碎小事。不幸的是，这一切都是徒劳的，因为在此之前各地造纸商都曾尝试操纵价格，但总是遭到各种内部矛盾和争执的阻碍，这些因素同样不可避免对协会的努力造成了影响。德国南部造纸商协会留下了一个超前的产物作为其存在的证明，即《德国造纸业中央报》(*Centralblatt fur die deutsche Papierfabrikatiorty*)，该刊物一直持续发行，直到 1887 年该刊物主编鲁德博士去世后，与《造纸业周报》(*Wochenblatt fur*

[1] Society for the Encouragement of Arts, Manufactures, and Commerce, *Report of the Committee on the Deterioration of Paper* (London, 1898), p. 2.

[2] Spicer, *Paper Trade*, pp. 232—233; *Report on the German Paper Industry*, p. 185; *PMC*, 10 March 1896, pp. 117—119.

[3] *PMC*, 10 March 1886, pp. 75—76.

Papierfabrikation)进行了整合。[1]

目前,德国造纸业的普遍繁荣和发达使得生产商们无须进一步加强合作。然而,随着19世纪70年代早期行业再度陷入困境,业内人士的信心动摇了,新的困境提供了足够的刺激,人们再次呼吁成立某种组织来代表国内的所有造纸商们。困境产生的原因是多种多样的。首先,人们感到原材料严重短缺。尽管人们已经发现可以用机械研磨的木浆来造纸,并且开始将该技术投入生产,但在当时,碎布仍然是造纸商最重要的纸浆原料。19世纪70年代早期碎布短缺,根源在于1872年,德国取消了所有出口关税,这大大提高了碎布向海外流动的可能性,因为在海外市场上碎布的价格会明显更高。除此之外,促进行业引进新机器并创造新生产能力的战后繁荣,在1873年出人意料地戛然而止了,这导致国内市场充斥着卖不出去的纸张,纸张价格大幅暴跌。面对碎布、煤炭和劳动力等原材料价格的日趋上涨,以及纸张价格的大幅下跌,德国造纸厂的利润率不断下降。其中大多数造纸厂在短期内作出的反应是扩大生产,从而降低单位成本并扩大利润率,但显然,这种临时应急措施只会进一步加剧生产过剩的问题,导致价格进一步下跌,造纸厂往往只能以破产告终。[2]

在这种环境下,造纸业大部分人意识到,如果行业要保持目前的状态和形式,就需要采取某种集体行动来应对其面临的问题。1871年12月,在奥格斯堡召开了一次出席人数众多的会议,试图重建德国南部造纸商联盟。联盟重新建立起来了,会上还决定每磅纸张价格应当至少提高一个金币。北方的一群造纸商也决定采取类似的行动。[3] 然而,后来其他地方发生了一些事件,使得上述事态发展变得有些多余。

1872年,北方和南方的造纸商代表一起开了一次大会,决定成立一个全国性的机构——德国造纸商协会(Verein deutscher Papierfabrikanten),以此代表

---

〔1〕 F. Strenger,"Die Wirtschaftliche und Soziale Bedeutung der deutschen Papier Herstellenden Industrie im Rahmen der deutschen Volkswirtschaft",Ph. D. thesis,Leopold-Franzens University of Innsbruck(1930),pp. 39—41; Wittigschlager,"Geschichte",pp. 74—76; and *PTR*,1 January 1864,p. 1.

〔2〕 Strenger,"Bedeutung",pp. 40—42.

〔3〕 Wittigschlager,"Geschichte",p. 45.

帝国两个地区的共同利益。新协会的第一次全体会议于同年12月14日在纽伦堡举行，与会者包括来自81家不同造纸厂的代表，它们总共拥有110台造纸机和22个大桶：约占造纸业总量的10%。其中，最终有67家工厂成为新协会的成员。1872年，协会之外仍有大量工厂，使得协会行使垄断权力的愿望受到了短暂的阻碍，但协会继续通过其他方式确保实现它的目的，即“通过协商和谈判来维护造纸业的共同利益”。通过定期举办年度会议，协会成员保持密切联系，进行丰富的思想交流，这一点正是英国造纸业所缺乏的。这种共同磋商，不仅有助于形成业内人士共同的立场，而且极大地促进了新商业理念和创新在整个行业内的传播。

在官方层面上，协会将自己视为与当局谈判的行业代表，特别是在法律、商业和贸易政策问题上。[1] 但是，协会也表现出向卡特尔转变的兴趣。这一愿望源于当时造纸者所面临的基本困境；也就是说，纸张价格的上涨只能通过产量的减少来实现，产量的减少又往往会提高单位成本，而单位成本的降低只能通过提高纸张产量的同时又以相对低廉的价格出售纸张来实现。正是因为许多造纸厂无法正确认知这个基本问题，才导致19世纪下半叶许多公司经营不善并盲目跟风行动。解决这一难题的方法在于，首先需要认识到，如果可以找到出口过剩产品的合适的市场，大规模生产并非必然导致生产过剩和价格的大幅下降。这一战略的关键组成部分是生产者之间的合作以及国际贸易体系的存在，这种国际贸易体系应当允许德国造纸商几乎不受任何限制地进入其他某些国家的市场，同时又保护本国市场免受类似的入侵。由于以造纸商协会为代表的德国行业协会的存在，以及英国对所谓的自由贸易的坚持，德国造纸商的确达成了上述种种条件。随着协会的发展，会员越来越多，它变得越来越有规模，具备在这一共识的基础上采取行动的能力。此外，为了实现这一目标，该协会得到其在德国法律的支持，使得上述做法具备法律上的可行性。1910年，德国造纸商协会成员数达到358家，德国法律的支持使得他们纷纷搭上这趟“便

[1] Strenger, “Bedeutung”, pp. 40—44; Wittigschlager, “Geschichte”, p. 71—76.

车”。[1]

从 1876 年开始,《造纸业周报》的版面上充斥着有关行业困境,以及是否需要建立大财团的激烈争论。[2] 但这些说法都未能付诸实践,直到世纪之交时,由于纸张价格持续下降,来自北欧和北美造纸商的竞争日益白热化,同时纸浆、煤炭和机械生产商组成了垄断联盟。为了应对这些问题,造纸商组成垄断联盟的必要性日渐凸显。集体垄断化的进程一旦开启,变化是迅猛和普遍的。尽管许多这样的卡特尔组织相对来说存续时间比较短暂,但是产业合作的想法已经根深蒂固,所以当一个特定的组织消亡时,一个新的组织很快就会出现来取代它。当时,德穆斯似乎对他周围的活动和变化速度感到惊讶:“几乎每周都有造纸商合并的消息,一旦合并,纸张价格很快就被定死了。同时,几乎每周都会有某个卡特尔设定某种纸张的底价或宣布某种纸张价格的上涨。”[3]

1899 年 12 月至 1900 年 1 月期间,德国造纸业出现了一连串的卡特尔,其中包括墙纸、道林纸、包装纸、纸板、彩纸、印刷纸、书写纸和信封等各类纸张产品的生产商联盟。1900 年 7 月,一个牛皮纸企业联合集团成立,他们的产量占德国北部总产量的 50%。随后,该公司与德国南部最大的牛皮纸生产商法布里克·泰撒赫(Fabrik Teisach)达成协议,由于后者控制着该地区的多家工厂,这一联合进一步加强了对市场的控制能力。双方联合的举动,保证了每一方都能在德国部分地区形成实际上的垄断地位。然而,针对国内市场的生产首先将减少 20%左右。出口没有受到这一限制的影响,但企业联盟会以通常低于国内现行价格至少 5%的价格对外出口。大多数其他卡特尔在出口方面也有类似的政策。[4] 到新世纪初,卡特尔化的进程已经十分彻底,德穆斯甚至宣称“整个行业都已经合并了”。

---

[1] M. John, *Politics and the Law in Late Nineteenth-century Germany: the Origins of the Civil Code* (Oxford, 1989).

[2] 例如,见 Wittigschlager, “Geschichte”, p. 78。

[3] Demuth, “Papierfabrikation”, p. 207.

[4] Demuth, “Papierfabrikation”, pp. 249—250. 例如,有一个仿羊皮纸生产商联盟就采用类似的策略,以低于国内市场的价格对外出口。各大卡特尔也开放了样品间,为客户提供赊账业务。*PMC*, 10 March 1886, p. 76; 11 October 1896, p. 330; 10 April 1886, p. 124.

这些卡特尔中最重要的是德国印刷纸厂联盟(*Verband deutscher Druckpapierfabriken*),通常也称为“联盟”(Kartell)。它的重要性源于这样一个事实:印刷纸在1897年占德国工业纸张总产量的31.5%[1],无论是从德国还是从世界的角度来看,都是造纸行业规模最大的一个分支。因此,它是国际纸张贸易中最重要的商品,不仅因为它作为一种出口商品极为重要,还因为它总是处于技术和组织变革的前沿。在印刷纸行业,一个企业是否能够生存,很大程度上取决于这个企业是否能够将厂房运转能力最大化,使平均成本最小化。如果没有上述两个方面的协调能力,又缺乏快速增长的市场需求,将不可避免地陷入生产过剩和价格暴跌的局面。战后,每100公斤新闻印刷用纸一度达到73.84马克的峰值,后来价格稳步下降,直到不足原来价格的三分之一。受困于这一趋势对利润率造成的破坏性影响,印刷纸张的生产商感到需要快速采取集体行动。德国印刷纸厂联盟由此应运而生。[2]

经过历时3年的谈判,德国印刷纸厂联盟于1900年10月15日成立,该联盟由29家德国最大的造纸商组成,总共控制了德国70%的印刷纸产量。最初的合并一直持续到1905年底,后来又有8家工厂被纳入联盟。[3] 联盟将总部设在柏林,采取公共有限公司(GmbH)的形式,所有参与的成员都是合伙人,受到联盟章程的约束。它的指导原则是控制纸张价格,做到有利可图,座右铭是:协商合作,控制价格![4] 人们认为有必要提高价格,不仅是为了利润,也是为了确保这个雇佣了数千人的行业的生存。正如当时一位大型企业家所解释的那样:“每公斤产品的利润率已经被压到最低水平,这对经济来说是不健康的,从长远来看,对公众也会有危害。”[5]

为了控制产品价格,采取的主要办法是限制产量。联盟的每个成员通常被分配半年的生产配额,完成后只能交付给联盟自己的仓库。那里的分配工作完

---

[1] Demuth,“Papierfabrikation”,p. 201.

[2] Strenger,“Bedeutung”,p. 20; Wittigschlager,“Geschichte”,p. 44.

[3] Spicer,*Paper Trade*,p. 232.

[4] Strenger,“Bedeutung”,p. 21.

[5] Strenger,“Bedeutung”,p. 22.

全由总部位于柏林和法兰克福的联盟官员负责,他们每 6 个月计算一次利润,并将利润分配给成员。配额制度受到一系列条款和规则的制约,任何违反这些条款和规则的行为,无论是生产过剩,还是没有达到规定的质量或产品比例,都会受到严厉的惩罚,通常是巨额罚款。配额制度的存在,很好地防止了国内市场中由于产品过剩导致的价格下降。在某些情况下,联盟甚至会要求企业对当地市场供应的产量减少 30%。[1]

然而,仅仅限制产量是不够的,因为生产商在提高价格的同时还需要降低成本。此外,限制产量的政策引发了媒体的激烈批评,这些批评还成功地迫使内政部(Reichsamt des Innern)对联盟被指控渎职一事进行多次调查。[2] 这也促使德国报刊行业试图为德国报纸出版商建立一个对抗涨价的机制,即成立官方的集中采购部门。但是,此举最终未能取得成功。[3] 由于限产措施遭受激烈的抵制,因此,出口被迫成为联盟战略中至关重要的一环。但这一过渡也并非什么新鲜事儿。1900 年,德国造纸和纸板行业中,12%的产量和 14%的收入是通过出口业务产生的。但是,到了这个集团化的时期,这一比例增长到 15%以上。[4]

因此,联盟对于出口的产品不设置配额限制,还鼓励成员们通过联盟在汉堡设立的国际销售机构出售其过剩产品。这个机构专职处理造纸厂的过剩产品,在困难时期,过剩产品的量通常会更多,只要能卖出去,就能为造纸厂带来比每公斤实际价格高出半芬尼的营收。[5] 为了在不牺牲国内价格的前提下降低成本,生产商们迫切地接受了这一提议。但是,这一政策导致了一个后果,国外销售的德国印刷纸也好,其他纸张也好,往往比同样产品在国内的销售价格低得多(10%~15%)。例如,截至 1902 年 6 月,联盟在德国一共出售了

---

〔1〕 Demuth,"Papierfabrikation",pp. 245—246; Wittigschlager,"Geschichte",p. 100.

〔2〕 但这次调查带来的压力也的确使得联盟不敢随意涨价,由此支持德国国会提高进口关税的决策。Wittigschlager,"Geschichte",p. 97.

〔3〕 Demuth,"Papierfabrikation",pp. 245.

〔4〕 Hülbrock,"Organisation",p. 168.

〔5〕 Demuth,"Papierfabrikation",pp. 245—246. 其他卡特尔也采用了这一策略。*PTR*,26 October 1883,p. 161; *PMC*,10 February 1886,p. 46.

377 200 公担纸张，价格大约为每公担 23.26 马克；相比之下，联盟向国外出口了大约 28 300 公担的纸张，售价仅为 20.09 马克，远远低于其在国内的销售价格。1902 年下半年也出现了同样的定价模式，当时联盟在国内市场以每公担 22.13 马克的价格出售了 423 200 公担纸张，而在外国市场以每公担 19.82 马克的价格出售了 53 200 公担纸张。通过这些数字来衡量价格带来的影响，我们可以看到，在上半年，德国纸张在国外的售价比国内低 14%；在下半年，则比国内价格低 10%；在整个 1902 年，德国纸张在国外的售价平均比国内价格低 12%。[1] 这些数字与教科书上对倾销的定义非常吻合。然而，对德国生产商来说，完全没有理由拒绝采用这种出口政策。当时的造纸商们普遍认为，如果没有实施这一战略，德国的造纸商集团"也无法成功地在国内市场上维持足够高的价格"[2]。

图解说明

现在我们可以给德国造纸商的行为做个模型，从中更好地理解英国造纸业应当如何应对。图 9.1 和图 9.2 分别描述了德国和英国的纸张市场，展示了这一模型。[3]当然，图 9.1 和图 9.2 呈现出的情况是进行了简化的，真实情况则错综复杂：其中涉及两个以上国家，每个国家都有其独特的商业政策；所有纸张和纸板产品并非同质性的；所有的定价和出口政策都不是以同样的效率和速度来执行的；一切变化是动态的，而不是静态的。尽管如此，这种简化后的图示作为一种工具来说明基本特性，仍不失为一种有效办法。

在对图 9.1 和图 9.2 的图解分析中，作了一些假设。第一，假设每个国家

---

〔1〕 *Abstract of the Proceedings of the German Commission on Kartells*, p. 410; *Report on the German Paper Industry*, p. 178. 其他例子，参见 *PMC*，10 August 1886，pp. 261—262。

〔2〕 Demuth，"Papierfabrikation"，p. 246.

〔3〕 此模型与以下模型有些相似：G. Basevi，"Domestic Demand and Ability to Export"，*Journal of Political Economy* 78 (1970)，330—337，and J. A. Brander and D. A. Krugman，"A Reciprocal Dumping Model"，*Journal of International Economics* 15 (1983)，313—321。

都有一个单一的纸张市场,英国和德国分别生产不同的产品。也可以假设这些数据代表的是造纸业的某个特定分支,比如印刷用纸领域,而非整个行业,这样做的话,或许可以在不影响分析结果的情况下,适当放宽前一条假设的限定。第二,假设造纸业符合规模经济的特征。这一假设源自当时资料呈现出来的情况,并已在第一章讨论过了。第三,正如第一章所讨论的,英国市场被认为是可竞争市场,而由卡特尔控制的德国市场则是垄断市场。第四,假设国家之间的纸张贸易,以及任何影响此类贸易的因素,都保持恒定不变。

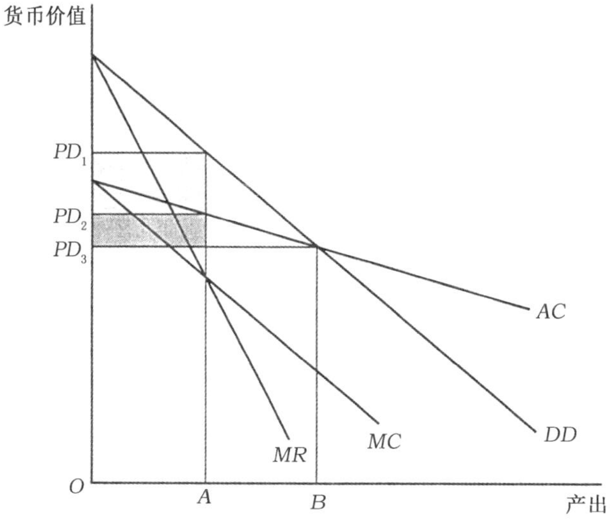

图 9.1　德国造纸业

图 9.1 中,DD 和 MR 表示在英国价格 PB_1 条件下,德国纸张的国内总需求和边际收入,AC 和 MC 是德国造纸业的单位成本和边际成本曲线。同样在图 9.2 中,dd_1 是德国价格在 PD_1 时,英国国内市场对其自有纸张的总需求,而 dd_2 是德国价格在 PD_2 时的需求,ac 是英国工业的单位成本曲线。

依照利润最大化行为原则,德国造纸业的均衡产出达到边际收入与边际成本相当的水平。然而,由于产品等级变动带来的风险,英国市场存在竞争性,这使得这种行为在英国市场中难以维持下去,迫使市场均衡价格靠向平均成本。

因此,我们的研究对象从处于 PD_1 均衡状态的德国造纸业和处于 PB_1 和

X 均衡状态的英国造纸业开始，前者产出的利润为$(PD_1-PD_2)(A-O)$，而前者产出的利润为$(A-O)$。然后德国造纸业将其生产扩展到 B，将单位成本降低到相当于 PD_3 的水平。在卡特尔协议的支持下，通过向英国出口数量相当于$(B-A)$的产品，德国造纸业能够维持在其国内市场销售的数量为 A 的产品，其原始国内均衡价格始终在 PD_1，同时也能接受其出口到英国的纸张的单位成本为 PD_3。通过这样的安排，德国造纸业获得的利润会高于正常的$(PD_2-PD_3)(A-O)$的水平。[1]

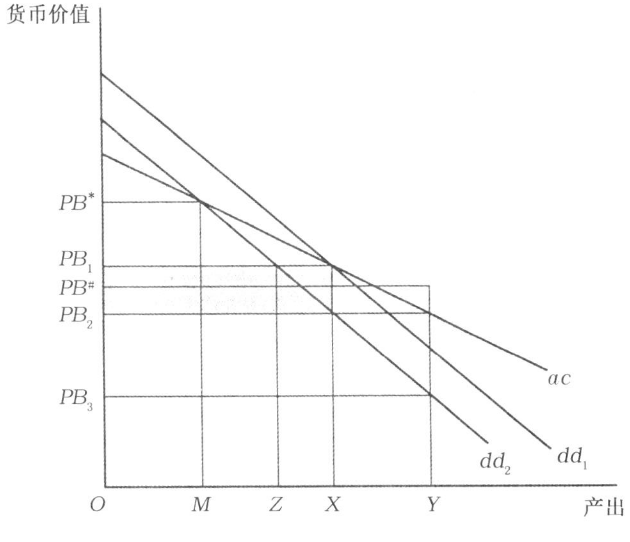

图 9.2　英国造纸业

对于英国造纸商来说，情况似乎就不那么乐观了。德国进口的纸张价格更便宜，使得英国各种价位的纸张产品都被舶来品所取代。从图中可以看到，对英国纸张的需求向 dd_2 左移。由于国内纸张的价格仍处于 PB_1 水平，且在这种需求水平下，本地纸张供过于求，产生的过剩量等于$(X-Z)$。随着时间的推移，这种过剩的供应迫使英国的纸张价格跌至 PB_2 水平，所有国内产品都以 PB_2 的售价卖出，但随之产生的损失为$(PB_1-PB_2)(X-O)$。

〔1〕当然，如果价格能超过其单位成本，德国造纸商的获利甚至能够更高；反之，只要国内市场创造的利润能够弥补其低价出口策略带来的损失，德国造纸商就愿意以低于单位成本的价格出口其产品。

在这种情况下,英国造纸业有几种应对办法可供选择。第一种办法是,如果承认失败,许多造纸企业将会走向破产,整个行业和它的产出将会收缩到 M,价格则更高,达到 PB 水平,在这个价位上出售自己的产品。此外,人们可以预期,继续在英国进行此类倾销行为,将最终导致英国造纸业的消失。第二种办法是,向政府施压,要求其征收关税以保护本土造纸业。这将提高德国进口产品的价格,并使市场对英国纸张产品的需求恢复到原来的水平,甚至比原来更大。然而,在当时的政治气候下,这似乎不太可能实现。或者,英国造纸业也可以作出同样的回应,将生产规模扩大,使产量达到 Y 点,由此产生了过量产品为 $(Y-X)$,再以低于 PD_1 的价格向德国市场出口。如果出口价格与国内价格 PB_2 相同,那么英国造纸业将获得正常利润,但如果高于 PB_2,比如 $PB^{\#}$,那么就可以获得更高的利润。如果出口价格能达到 $PB^{\#}$,产生的超额利润为 $(PB^{\#}-PB_2)(Y-X)$。但这个战略也有一大问题,如果不取消德国的关税,这个战略根本无法实施。当然,仍有个别英国生产商在国内市场上尝试这种做法,并带来灾难性的后果。因为这种做法虽然可能暂时改善了个别生产商的境况,但最终只加剧了价格的下行压力。如果整个行业都采用这种方法,那么根据图 9.2,这将意味着 Y 的产出将进入英国市场,迫使均衡价格下降到 PB_3,而 PB_3 带来的损失将更为巨大。

其他 3 种可能的对策与是否进行大规模生产没有直接关系。第一种对策是找到削减成本的方法,但并非通过扩大规模。生产技术和生产组织的变革可能会将一个行业的单位成本曲线向内移动,并赋予该行业更强的竞争力和新的活力。同样地,第二种对策是产品专业化,比如专攻规模相对较小的奢侈纸张市场,英国在这方面有一定的相对优势,也可能会提振市场对英国纸张的需求。第三种对策是提高市场对国产纸张的需求,从而使国内需求曲线向右平移;或者在该模型的范围之外的其他地方开拓新的市场,出售英国生产的纸张。这也确实是英国造纸商越来越多采用的策略。[1]

---

〔1〕 例如,见 Bartlett,"Alexander Pirie and Sons",pp. 30—32。

但是，外国造纸商的倾销对英国造纸业产生的冲击达到了什么程度呢？理想情况下，我们应当对上面的模型进行量化分析，但考虑到缺乏可靠的数据，尤其是在供给方面的数据十分匮乏，不可能进行恰如其分的量化分析。然而，这并不是说我们无法推演冲击的程度。如果我们假设我们所有的需求和供给函数都是对数线性的，那么长期来看，英国纸张产量和价格的进口价格弹性将是：

$$\delta \log Q/\delta \log P_m = n_m/1-\mu n_Q \tag{9—1}$$

$$\delta \log P/\delta \log P_m = \mu n_m/1-\mu n_Q \tag{9—2}$$

$$\mu = [(1/\alpha+\beta)-1]$$

上述公式中，Q 为造纸业的产出，P_m 和 P 分别代表进口纸张和国产纸张的价格，n_m 和 n_Q 为进口和国产需求的价格弹性，α 和 β 分别代表两者产出的投入弹性。[1] 这些是极其有用的信息，因为所有这些参数都可以从现存的行业信息中直接估算出来。

在这些参数中，n_m 是最麻烦的。然而，在采用了一些理论性假设后，这一数据也可以估算出来。如果将交叉价格弹性与相对数量联系起来的互易性定理成立，那么就意味着对国产纸张的需求和对进口纸张的需求，这两者交叉价格弹性的比率可以等同于两种纸张上的支出比率。[2] 因此，我们可以认为，如果 $P_mM/PQ=s$，那么：

$$s = n_m/\Theta_Q$$

$$n_m = s(\Theta_Q) \tag{9—3}$$

其中，M 是进口纸张的数量，Θ_Q 是进口需求的交叉价格弹性。下一个假设为：消费者不受货币幻觉影响，所以对两类需求的弹性总和等于零，因此进口纸张的价格弹性和国产纸张的价格弹性差异，分别等同于进口和国产需求的价格弹性。用国产需求减去进口需求，再加上我们的假设，剩下的就是：

$$\Delta\log M - \Delta\log Q = (\Delta\log P_m - \Delta\log P)(n_Q - \Theta_Q)$$

---

〔1〕 见 J. S. Foreman-Peck, "Tariff Protection and Economies of Scale: The British Motor Industry Before 1939", Oxford Economic Papers 31 (1979), 237—257。其中给出了本书此处使用的技巧的证明和推导。

〔2〕 J. R. Hicks, *A Revision of Demand Theory* (Oxford, 1956), pp. 120—129.

重新排列后,可得:

$$(\Delta\log M-\Delta\log Q)/(\Delta\log P_m-\Delta\log P)=\sigma=n_Q-\Theta_Q$$

或:

$$\Theta_Q=n_Q-\sigma$$

其中,σ 代表生产要素的替代弹性。先将其带入公式(9—3),可得 $n_m=s(n_Q-\sigma)$,再代入公式(9—1)和公式(9—2),我们可以得出:

$$\delta\log Q/\delta\log P_m=s(n_Q-\sigma)/1-\mu n_Q$$

和

$$\delta\log P/\delta\log P_m=\mu s(n_Q-\sigma)/1-\mu n_Q$$

在接下来的计算中,我们将按照倾销影响最低的方式来估算这些参数。在第一章,我们可以回想起,国内需求的自身价格弹性估算为-0.595。因此,这一参数的实际值可能不超过-0.7。参数 s 较难确定,因为它随 P_m 的变化呈正相关。例如,1913 年时该参数为 0.32,但我们接下来的分析中,使用的平均估值为 0.17。此外我们所使用的替代弹性为-8,是 1861 年之后数年的平均值。1861 年,外国纸张的关税被取消,此后产生的大部分变化可能都应当归因为取消关税引起的价格变化。这个数字与整个时期的平均值(-7.3)相比,并没有显著差别。最后,由于 μ 是由输出弹性组成的,因此它的价值取决于技术是否能产生伴随规模递增的回报。为了降低规模带来的影响,除非另有说明,本研究中假设规模收益恒定不变,即 $\alpha+\beta=1,\mu=0$。

根据上述参数估计,可以证明英国产品的最小进口弹性大概为 1.2。即使有可观的收益递增($\alpha+\beta=1,\mu=0.2308$),弹性仍然只能上涨到 1.5。关税委员会上的发言证实,造纸商们普遍认为,对所有外国纸张征收 7.5%~10%的从价税,就足以缓解他们面临的所有"不公平"做法带来的影响。[1] 假设给外国纸张设置 10%的关税,在计算外国造纸商在英国市场倾销对弹性造成的极端影响后会发现,为了消除外国倾销的影响而征收关税,可以将英国造纸业的产值

[1] Tariff Collection, TC3 1/84, p. 23; TC3 1/86, p. 20; TC3 1/87, p. 13; TC3 1/89, p. 7.

提高 9%～15%。但这个结果相较现实显然低估了。如果将该数值设置到其最高值 0.32，再假设规模收益递增（当然这一做法显然会使得计算结果偏高），10%关税产生的最大效果可将产量提升约 27.8%。换句话说，我们的计算表明，外国造纸商对英国市场倾销过剩纸张的行为，可能导致英国本土纸张产量降低 9%～28%。

但是，英国消费者无疑从外国造纸商的倾销行为中受益了；无论怎么算，他们购买纸张的价格都是全欧洲最低的。[1] 不幸的是，要准确估计这种好处带来的影响，或实施反倾销关税将会产生的影响，就必须找到有关于消费者和生产者过剩情况的资料，但是这些资料已经无法获取了。但是从净效应来看，对于英国社会整体而言，这种倾销行为的影响基本肯定是正面的，毕竟价格低廉的进口纸张几乎给所有人都带去了好处，而只有受雇于造纸行业的少数人的利益会遭到直接损害。此外，即便设置了关税，国内造纸商享受到了扩大生产规模带来的效应，也很难对现实情况造成什么改变。即使在非常有利的情况下，即 $\alpha+\beta=1.3$，且同时对外国纸张征收 10%的从价税时，国产纸张的价格最多也就下降 3.4%。鉴于进口纸张已经大规模渗透了英国市场（部分年份中，全国消耗的纸张中有超过一半为进口纸张），上述举措带来的影响力完全不足以在设置关税壁垒后，继续确保英国消费者以同样低廉的价格购买到同样的纸张。

本章小结

本章着重阐述了英国和德国的商业政策对各自造纸业发展的影响和重要性。作为一个可以通过扩大产量来获得成本优势，且一直存在生产过剩风险的行业，如果能找到一个开放的市场来倾倒过剩产品，同时又不影响产品在本国市场的价格，对造纸商而言，简直是天降甘霖。这正是英国纸张自由贸易原则

[1] Tariff Collection，TC3 1/85，p. 15.

和德国的保护主义共同为德国造纸商创造的大好局面。没有进口关税的阻碍,德国、其他欧洲大陆以及美国的造纸商能够不断扩大产量,再到合适的市场抛售他们的过剩产品,完全不用担心遭到英国竞争对手的报复。从短期利益来看,这种倾销能降低生产的单位成本,从长期来看,还能促进经验积累,加快技术变革的步伐,创造更大的红利。不过,这种战略也有其自身的缺陷,一旦造纸原材料的供应商们采用类似的战略,造纸商们从这一战略中得到的好处就会大大减少。例如,德国的纤维素、木浆和化学品生产商日渐推进的集团化进程,以及国家对它们的保护,意味着即使费尽心血,德国造纸商和纸板商永远无法完全摆脱利润率减少乃至消失的困境。结果,这反过来又刺激德国造纸企业进一步扩张,变得更加依赖英国市场。本章对德国造纸商的这一战略的发展轨迹进行了追溯,最初仅有个别造纸企业尝试采用对外倾销的策略;自 19 世纪下半叶开始,有一些羽翼未丰的各色企业联盟形成,并开始尝试以集团形式推行这一战略,最终在 20 世纪初,形成了成熟的大规模企业联盟,并熟练掌握了倾销战略的运用。

对英国造纸商而言,外国倾销过剩产品带来的主要影响是:导致其生产成本的升高,并使得该行业整体产量下降了 10%。我们在第八章可以看到,由于市场需求变小,英国造纸业难以像美国造纸业一样对造纸机进行快速的更新换代,从而无法保住属于自己的市场,利润也越来越少。例如,迪金森造纸厂的刘易斯·埃文斯就注意到,在德国造纸商联盟的出口政策出台后,该公司在克罗克斯利工厂生产的新闻用纸产生的利润下降了一半。[1]

综上所述,德国和欧洲大陆造纸商对英国市场倾销过剩产品的行为,对我们研究英国造纸业的衰落有极其关键的意义:以往对于英国进口外国纸张的现象,人们总认为是英国造纸商自己的过错。但实际上,这是因为在英国,保护主义在政治上仍不受欢迎,而外国却热衷于利用这一点达成竞争上的优势。因此我们可以认为,英国造纸业面临的局面存在巨大的不公平。这个行业要想赶上竞争对手,必须跨越的障碍比对手更大,公司和员工需要付出的努力也就更大。

---

〔1〕 Tariff Collection, TC3 1/84, p. 9.

第十章 结论

英国作为工业帝国的衰落是近代最重要的事件之一,当然围绕这一情况也存在着大量争论。毫不奇怪的是,英国衰落后,国际秩序的面貌发生了不可逆转的改变。本书的目的,在某种程度上,是为了对理解这段历史作出一些贡献。本书试图解读维多利亚时代晚期和爱德华七世时期英国造纸业的相对衰落,这一行业的重要性不言而喻,但鲜少有针对这一时期英国造纸业衰落的专门研究。我们尤其关注的是,这一时期造纸业命运的变化在多大程度上可以归因于自身的失败。在本书前九章,我们整理和分析了不同来源的大量信息,试图为这个问题找到一个答案。从本书的研究中可以看出,直到 19 世纪末,在越来越不利的外部环境中,造纸业的表现其实一直都很好。

外部环境不利的一大特点,源自国家实施的一系列商业政策。英国在奉行自由贸易的同时,外国实施了各种保护主义政策,此消彼长下,不仅减少了英国造纸商进入外国市场的机会,而且使外国造纸商,特别是德国造纸商,能够以低于成本的价格将过剩产品抛售到英国市场中,从而严重阻碍了英国造纸商的发展。尽管许多有影响力的造纸商纷纷进行了激烈的抗议,但这种英国和外国商业政策的有害组合在这一时期完全没有发生改变,至少在英国的政治观点尚未发生重大变化的情况下一直维持原状。

同样,造纸业转向使用国内没有的新型原材料,使英国本土的造纸商们,相对于天赋优势强大的竞争对手,始终处于非常不利的地位,同时也使该行业更加依赖外国供应商。然而,英国造纸商们在觉察到原材料短缺情况后,作出适当的反应,表现出极大的创造力和活力,在企业运作的层面上谈不上什么决策失误,可以说,英国造纸企业的运作方式是相当健康的。此外,一旦认识到木浆造纸的优势,英国造纸厂很快就转向使用木浆作为原材料,这清楚地表明,路径依赖不一定是永久的,先发优势才是决定性的。

但是,如果人们认为英国造纸商们的处境尚可,那就大错特错了。毕竟,市场份额正在下降,这是一个不可辩驳的事实,在业内毫无疑问地引起极大的关注。尽管在劳动生产率增长方面,英国造纸业的表现似乎足以匹敌当时大多数其他的主要造纸国,此外,我们的计算还显示,在 1890 年之后,美国造纸业飞速发展,英国造纸业在挣扎求生,努力跟上前者的步伐。到了 1900 年,造纸技术的前沿已经从英国的肯特郡和兰开夏郡转移到了美国马萨诸塞州和纽约州北部,这也在很大程度上证明造纸业发生了重大转型。再次,由于外国实施保护主义政策,很大程度上使得市场对英国纸张的需求受到限制,这也对造纸业技术前沿的转移起到了很大的作用,但这一因素无法独立解释为何发生如此大规模的转变。此外,本研究还找到了证据,表明英国造纸业早期就有保守主义倾向,这一倾向后来越发明显,甚至支配了整个行业。很大程度上,这种保守主义思想使得英国造纸商们不愿意同美国的竞争对手那样对新的创意和策略进行大规模投资,哪怕这种投资能推动技术变革或生产率增长。本书特别指出,英国造纸商一直厌恶积极的工会联盟、产业合作、行业内的教育和技术指导,以及刺激生产率提高的有偿计划。与 20 世纪初的美国相比,英国造纸业在技术进步方面的表现显然较差,这在很大程度上源于这种厌恶情绪。英国造纸商之所以如此固执地厌恶那些能够刺激技术创新和生产力提升的举措,似乎正是源于他们早期取得过巨大的成功,滋生了极大的自满情绪和保守的商业文化。早期,这种保守的商业策略给他们带来过成功,因此他们很难出于一点相对优势,就立即接受木浆的出现预示着的变化。毕竟,在这一时期,只有最有先见之明的人才能意识到,造纸业将迎来天翻地覆的变革。在 1913 年,鉴于产量、出口、机器宽度、机器速度和数量等都还在增长,很多人认为,这时候就开始防微杜渐,确实有些杞人忧天了。不管怎么说,还可以采取其他合理的策略来对抗木浆的优势,在造纸的实际加工和制造过程中建立技术领先地位才是最关键的。类似这样的保守主义思想,从 19 世纪末就开始出现,在英国造纸商中普遍存在。当木浆出现后,势必带来一种变革,造成相对优势的变化,而保守主义的思想使得英国造纸商无法抵抗或延迟这些变化对他们造成的冲击。

本书的发现也适用于分析造纸业以外的其他行业。在对美国和英国劳工组织的调查中,我们发现,如果不是纯粹缺乏意图的话,英国造纸业工会在影响工作实践方面是疲软无力的。人们往往由此解释两国之间的技术差异。但这并非因为英国造纸厂里的机械操作工更愿意接受或不关心老板们想对车间作出什么改变,而是因为他们没有渠道发声,他们的影响力太小、太分散、太缺乏组织,往往还有内部分歧,此外他们也没有为自己争取帮助或调整的习惯和传统。很多人认为,英国经济衰退是因为劳动力大军的力量和反抗不足,或是削足适履地把整个英国经济史与英国生产"体系"混为一谈,本书基于之前的种种探讨,对这些看法提出了质疑。虽然在某些情况下,这些笼统的说法是正确的,但我们不应该忽视 19 世纪英国工业实际上的多样性。

研究 19 世纪英美两国制造业劳动力生产率差距产生的原因,两国经历的差异才是研究的重点所在,也正是出于这一原因,如果想为所有行业在所有时期出现的所有现象找到一个单一的解释,往往是非常困难的。至少在造纸行业,本研究发现,劳动生产率的差距需要从许多因素来解释,这些因素的重要性因时期而异。例如,在 19 世纪中叶,英国对原材料的选择以及鲜少使用省工机械,这两点就至关重要;而在 1890 年之后,美国的技术积累速度似乎变得更为迅速。然而,从广义上讲,本书中对美国造纸业相对较高的劳动生产率水平的解释,支持各类文献中多次出现的说法,即美国相对昂贵的劳动力、更大的资源获取能力和更强的市场需求,与美国独有的创造性相结合,是美国技术崛起的原因。对英美生产率差距的分析也表明,技术领先不一定必然导致劳动生产率领先。正如我们所看到的,在 1860—1890 年间,尽管英国的造纸机技术更为先进,但英国的劳动生产率却低于美国。

在解读英国经济相对衰退的原因方面,本书也作出了贡献,因为本书试图从分析性和理论性更强的基础上,来审视维多利亚时代晚期及爱德华七世时期造纸企业的运作情况和技术变革的发展进程。本书中开发了一个企业运作模型，基于决策规则像信息一样不断变化和改进的原理，为企业决策水平的评估提供了比以往更准确的方法。同样地，本书探讨了造纸业生产中的学习和经验对创新速度的影响，为近期有关技术积累的研究提供了理论和实证方面的依据。此外，本书研究的成果显然可以拓展到其他现代的、规模化的密集型产业，如汽车业、钢铁业等，它们都有着与造纸业十分类似的技术变革过程。本书还提出了企业决策过程模型，这些发现提供了新的视角，让我们再度审视这个古老但重要的问题。

参考文献

第一手资料

British Library of Political and Economic Science:
Tariff Commission Collection.
Webb Trade Union Collection.
Bowaters plc: Bowaters plc and Edward Lloyd Limited Archives.
Centre for Kentish Studies, Maidstone:
Edwin Amies Records.
Hollingworth (Turkey Mill) Papers.
Hagley Museum and Library, Delaware, USA:
Pamphlet Collection.
J. Arthur Murphy's 1868 List of Paper Manufacturers.
Thomas H. Savery Collection.
Modern Records Centre, University of Warwick: NUPMW Annual Reports.
Nuffield College, Oxford: Nuffield College Social Reconstruction Survey.
Oxfordshire County Record Office: Cannon and Clapperton Paper Mill Records.
Scottish Records Office, Edinburgh:
James Bertram and Sons Limited Records.
Messrs Brown and Company Limited Records.
Alexander Cowan and Sons Ltd Records.
Scottish Pulp and Fibre Company Limited Records.

国会文件和官方出版物

英国

'Abstract of the Proceedings of the German Commission on Kartells', in The Board of Trade, *Index to the Second Volume of Memoranda, Statistical Tables and Charts prepared in the Board of Trade with Reference to various Matters bearing on British and Foreign Trade and Industrial Conditions* (London: HMSO, 1905).

Annual Statement of the Trade and Navigation of the United Kingdom with Foreign Countries and British Possessions (London: HMSO, 1860–1914).

Board of Trade Report by J. Lowry Whittle on Profit-sharing (London: HMSO, 1890).

Board of Trade Report by D. F. Schloss on Profit-sharing (London: HMSO, 1894).
Board of Trade Report on 'Gain-sharing' and Certain other Systems of Bonus on Production (London: HMSO, 1895).
Board of Trade Report on Profit-sharing and Labour Co-partnership in the United Kingdom (London: HMSO, 1912).
Board of Trade Report on Profit-sharing and Labour Co-partnership Abroad (London: HMSO, 1914).
Comparative Trade Statistics. Statistical Tables showing the Progress of British Trade and Production, 1854–1895 (London: HMSO, 1896).
Copy of a Correspondence between the Departments of the Treasury and Board of Trade, in regard to the increasing scarcity of the materials for the fabrication of paper, *British Parliamentary Papers* LXV (1854).
First Report of the Royal Commission appointed to inquire into the Depression of Trade and Industry, *British Parliamentary Papers* XXIII (1885).
First, Second, and Third Census of Production (London: HMSO, 1907, 1914, 1931).
Fourth Report of the Commissioners on the Employment of Children and Young Persons in Trades and Manufacturers not already regulated by Law, *British Parliamentary Papers* XX (1865).
Report from the Select Committee on Paper (Export Duty on Rags), *British Parliamentary Papers* XI (1861).
Report on the German Paper Industry and Export Trade by Consul-General Sir A. Ward, *British Parliamentary Papers* CXXII (1906).
Report on Japanese Paper-mills by Mr Oswald White, Second Assistant in His Majesty's Consular Service in Japan, *British Parliamentary Papers* LXXXVII (1907).
Report of an Enquiry by the Board of Trade into the Earnings and Hours of Labour of Workpeople of the United Kingdom. vol. VIII – Paper, Printing, etc., Trades; Pottery, Brick, Glass and Chemical Trades; Food, Drink and Tobacco Trade; and Miscellaneous Trades in 1906, *British Parliamentary Papers* CVIII (1912–13).
Report of the Committee on Packing and Wrapping Paper Industries, *British Parliamentary Papers* XV (1924–5).
Return of the Weight of Paper used in all the Government, Revenue and Parliamentary Offices, including printed and plain during the Year 1857, as nearly as can be ascertained, *British Parliamentary Papers* XXXIV (1857–8).
Returns of Factories and Workshops, *British Parliamentary Papers* LXII (1871).
Royal Commission on Labour – Textiles, Clothing, Chemical, Buildings and Miscellaneous Trades (Group C), *British Parliamentary Papers* XXXIV (1893–4).
Second Report of the Royal Commission on Technical Instruction, *British Parliamentary Papers* XXXI (1884).
Second Report of the Royal Commission appointed to inquire into the Depression of Trade and Industry, *British Parliamentary Papers* XXIII (1886).
Statistical Abstract for the Principal and other Foreign Countries (London: HMSO).
Third Report of the Royal Commission appointed to inquire into the Depression of Trade and Industry, *British Parliamentary Papers* XXIII (1886).

其他国家

Bureau of the Census, *Historical Statistics of the United States* (Washington DC: US Government Printing Office, 1976).

Department of Labor, *First Annual Report of the Commissioner of Labor* (Washington DC: US Government Printing Office, 1886).

Eighth to Fifteenth Census of Manufactures (Washington DC: US Government Printing Office, 1850–1914).

Select Committee of the House of Representatives, *Pulp and Paper Investigation Hearings* (Washington DC: US Government Printing Office, 1909).

Statistiches Jahrbuch für das deutsche Reich (Berlin: Verlag von Puttkammer und Mühlbrecht, 1880–1914).

Tariff Board, *Pulp and Newsprint Paper Industry* (Washington DC: US Government Printing Office, 1911).

期刊

The Board of Trade Journal

Chronological and Descriptive Index of Patents applied for and Patents granted

Chronological Index of Patents of Invention

German Export Review

Paper Maker and British Paper Trade Journal

Paper Maker's Circular and Rag Merchant Gazette and Price Current

Paper Mill Directory of England, Scotland, and Ireland and Year Book of the Paper-making Trade

Paper Mill Directory of the World

Paper Trade Journal

Paper-Trade Review

Patents for Inventions. Abridgements of Specifications. Class 96: Paper and Paper-making

第二手资料

Abramovitz, M., 'Catching up, forging ahead and falling behind', *Journal of Economic History* 46 (1986), 385–406.

Ahmad, A., 'On the theory of induced innovation', *Economic Journal* 76 (1966), 344–57.

Aldcroft, D., 'The entrepreneur and the British economy, 1870–1914', *Economic History Review*, 2nd series, 17 (1964), 113–34.

Allen, R. C., 'Entrepreneurship and technical progress in the Northeast Coast pig iron industry: 1850–1913', *Research in Economic History* 6 (1981), 35–71.

'Collective invention', *Journal of Economic Behaviour and Organization* 4 (1983), 1–24.

American Paper and Pulp Association, *The American Paper and Pulp Association: Constitution, Officers, Committees, Members, Historical Sketch*, New York: Lockwood, 1897.

Amigo, E., Neuffer, M., and Maunder, E. R., *Beyond the Adirondacks: The Story of St Regis Paper Company*, Westport, CT: Greenwood Press, 1980.

Armstrong, G. R., *An Economic Study of the New York Pulp and Paper Industry*, Syracuse: State University College of Forestry, 1968.

Arrow, K., 'The economic implications of learning by doing', *Review of Economic Studies* 29 (1962), 155–73.

Arthur, W. B., 'Competing technologies, increasing returns, and lock-in by historical events', *Economic Journal* 99 (1989), 116–31.

Ashworth, W., *An Economic History of England 1870–1939*, London: Methuen, 1960.

Association of Makers of Esparto Papers, *Esparto Paper*, London: Newman Neame, 1956.

Atkinson, A. B. and Stiglitz, J. E., 'A new view of technological change', *Economic Journal* 79 (1969), 573–8.

Balassa, B., 'Trade liberalisation and 'revealed' comparative advantage', *Manchester School* 33 (1965), 99–123.

''Revealed' comparative advantage revisited: an analysis of relative export shares of the industrial countries, 1953–71', *Manchester School* 45 (1977), 327–44.

Balderston, C. C., *Profit Sharing for Wage Earners*, New York: J. J. Little and Ives, 1937.

Bartlett, J. N., 'Alexander Pirie & Sons of Aberdeen and the expansion of the British paper industry, c.1860–1914', *Business History* 22 (1980), 18–34.

Basalla, G., *The Evolution of Technology*, Cambridge University Press, 1988.

Basevi, G., 'Domestic demand and ability to export', *Journal of Political Economy* 78 (1970), 330–7.

Baumol, W. J., 'Entrepreneurship in economic theory', *American Economic Review. Papers and Proceedings* 58 (1968), 64–71.

'Productivity growth, convergence and welfare: what the long run data show', *American Economic Review* 76 (1986), 1072–85.

Baumol, W. J., Panzar, J. C. and Willig, R. D., *Contestable Markets and the Theory of Industry Structure*, London: Harcourt Brace Jovanovich, 1982.

Berg, M., (ed.), *Technology and Toil in Nineteenth-century Britain*, London: CSE Books, 1979.

Bettendorf, H. T., *Paperboard and Paperboard Containers: A History*, Camden, NJ: Board Products Publishing Co., 1946.

Blanchflower, D. G. and Oswald, A. J ., 'Profit sharing – can it work?', *Oxford Economic Papers* 39 (1987), 1–19.

Boese, D. L., *Papermakers: The Blandin Paper Company and Grand Rapids, Minnesota*, Grand Rapids: Charles K. Blandin Foundation, 1984.

Böhmert, V., *Die Gewinnbeteiligung. Untersuchungen über Arbeitslohn und Unternehmergewinn*, Leipzig: F. A. Brockhaus, 1878.

Bowie, J. A., *Sharing Profits with Employees*, London: Pitman and Sons, 1922.

Branch, M. L., 'The paper industry in the Lake Regions, 1834–1947', Ph.D. thesis, University of Wisconsin, 1954.

Brander, J. A. and Krugman, D. A., 'A reciprocal dumping model', *Journal of International Economics* 15 (1983), 313–21.

British Productivity Council, *The British Productivity Council Case Studies 2: Plant Maintenance*, London: British Productivity Council, 1956.

Broadberry, S. N., 'Comparative productivity in British and American manufacturing during the nineteenth century', Warwick Economic Research Paper no. 399, 1992.

'Manufacturing and the convergence hypothesis: what the long run data show', paper presented to the ESRC Quantitative Economic History Conference, St Antony's College, Oxford, 1992.

'Technological leadership and productivity leadership in manufacturing since the Industrial Revolution: implications for the convergence debate', *Economic Journal* 104 (1994), 291–302.

Broadberry, S. N. and Crafts, N. F. R., 'Explaining Anglo-American productivity differences in the mid-twentieth century', *Oxford Bulletin of Economics and Statistics* 52 (1990), 375–402.

Brotslaw, I., 'Trade unionism in the pulp and paper industry', Ph.D. thesis, University of Wisconsin, 1964.

Brown, M., *On the Theory and Measurement of Technological Change*, Cambridge University Press, 1966.

Bruland, K., *British Technology and European Industrialization: The Norwegian Textile Industry in the Mid-nineteenth Century*, Cambridge University Press, 1989.

Buchheim, C., *Deutsche Gewerbeexporte nach England in der zweiten Hälfte des 19. Jahrhunderts*, Ostfindern: Scripta Mercaturae Verlag, 1982.

Bundock, C. J., *The Story of the National Union of Printing, Bookbinding and Paper Workers*, Oxford University Press, 1959.

Cain, L. P. and Paterson, D. G., 'Biased technical change, scale and factor substitution in American industry, 1850–1919', *Journal of Economic History* 46 (1986), 153–64.

Calder, L., *The First Hundred Years: Perkins-Goodwin Company*, New York: privately published, 1946.

Calkin, M. W., *Sharing the Profits*, Boston: Ginn and Co., 1888.

Carlson, V., 'Associations and combinations in the American paper industry', Ph.D. thesis, Harvard University, 1931.

Carter, C. F. and Williams, B. R., *Industrial and Technical Progress*, Oxford University Press, 1957.

Casson, M., *The Entrepreneur: An Economic Theory*, Aldershot: Gregg Revivals, 1991.

'Entrepreneurship and business culture', University of Reading Discussion Paper in Economics no. 239, 1991.

'Cultural determinants of economic performance', University of Reading Discussion Papers in Economics no. 258, 1992/3.

Chandler, A. D., 'Development of modern management structure in the US and UK', in L. Hannah (ed.), *Management Strategy and Business Development*, London: Macmillan, 1976, pp. 25–51.

Scale and Scope: The Dynamics of Industrial Capitalism, Cambridge, MA: Belknap Press, 1990.

Chapman, S. J., *Work and Wages*, London: Longmans, Green and Co., 1904.

Chater, M., *Family Business: A History of Grosvenor Chater, 1690–1977*, St Albens, Herts.: Chater and Co. Ltd., 1977.

Clapham, J. H., *An Economic History of Modern Britain*, Cambridge University Press, 1938.

Clapperton, R. H., *The Paper-making Machine: Its Invention, Evolution and Development*, London: Pergamon Press, 1967.

Clark, V. S., *History of Manufactures in the United States*, New York: McGraw-Hill, 1929.

Cohen, A. J., 'The economic determination of technological change: a theoretical framework and a case study of the US pulp and paper industry, 1915–1940', Ph.D. thesis, Stanford University, 1982.

'Technological change as historical process: the case of the US paper and pulp industry, 1915–1940', *Journal of Economic History* 44 (1984), 775–99.

'Factor substitution and induced innovation in North American kraft pulping, 1914–1940', *Explorations in Economic History* 24 (1987), 197–217.

Cole, A., *Business Enterprise in its Social Setting*, Cambridge, MA: Harvard University Press, 1959.

Coleman, D. C., 'Combinations of capital and of labour in the English paper industry, 1789–1825', *Economica* 21 (1954), 32–53.

'Industrial growth and industrial revolutions', *Economica* 89 (1956), 1–22.

The British Paper Industry, 1495–1860: A Study in Industry Growth, Oxford University Press, 1958.

Coleman, D. C. and MacLeod, C., 'Attitudes and new techniques: British businessmen, 1800–1950', *Economic History Review*, 2nd series, 39 (1986), 588–611.

Cowan, R., 'Nuclear power reactors: a study in technological lock-in', *Journal of Economic History* 50 (1990), 541–68.

Crafts, N. F. R., 'Revealed comparative advantage in manufacturing, 1899–1950', *Journal of European Economic History* 18 (1989), 127–37.

Crafts, N. F. R. and Thomas, M. F., 'Comparative advantage in UK manufacturing trade, 1910–1935', *Economic Journal* 96 (1986), 629–45.

Crawford, F. J., 'Manufacturing in the United States, 1860–1870', Ph.D. thesis, University of Wisconsin, 1922.

Crouzet, F., *The Victorian Economy*, London: Routledge, 1982.

Cubbin, J., 'Apparent collusion and conjectural variations in differentiated oligopoly', *International Journal of Industrial Organization* 1 (1983), 155–63.

Cummins, J. G., 'Concentration and mergers in the pulp and paper industries of the United States and Canada, 1895–1955', Ph.D. thesis, Johns Hopkins University, 1960.

David, P. A., *Technical Choice, Innovation, and Economic Growth: Essays on American and British Experience in the Nineteenth Century*, Cambridge University Press, 1975.

'Clio and the economics of QWERTY', *American Economic Review* 75 (1985), 332–7.

Deane, P. and Cole, W. A., *British Economic Growth*, Cambridge University Press, 1967.

Demuth, F., 'Die Papierfabrikation', *Schriften des Vereins für Sozialpolitik* 107 (1903), 197–250.

Dixit, A., 'Investment and hysteresis', *Journal of Economic Perspectives* 6 (1992), 107–32.
Dorwick, S. and Nguyen, D. T., 'O.E.C.D. comparative economic growth 1950–1985: catch up and convergence', *American Economic Review* 79 (1989), 1010–30.
Dosi, G., 'Technological paradigms and technological trajectories: a suggested interpretation of the determinants and direction of technical change', *Research Policy* 11 (1982), 147–62.
Technical Change and Industrial Transformation, London: Macmillan, 1984.
'The nature of the innovative process', in G. Dosi, C. Freeman, R. R. Nelson, G. Silverberg, and L. Soete (eds.), *Technical Change and Economic Theory*, London: Pinter, 1988, pp. 221–38.
Duly, S. J. (ed.), *Timber and Timber Products, including Paper-making Materials*, London: Ernst Bevin, 1924.
Dunbar, J., *Notes on the Manufacture of Wood Pulp and Wood-pulp Papers*, Leith: MacKenzie and Storry, 1894.
Dyson, W., 'The Paper Trade', in *Mosely Industrial Commission to the United States of America, Oct.–Dec. 1902. Reports of the Delegates*, Manchester: Co-operative Printing Society, 1903, pp. 215–19.
Elbaum, B. and Lazonick, W. (eds.), *The Decline of the British Economy*, Oxford: Clarendon Press, 1986.
Elster, J., *Explaining Technical Change*, Cambridge University Press, 1983.
Estrin, S., Grout, P. and Wadhwani, S., 'Profit-sharing and employee share ownership: an assessment', *Economic Policy* 4 (1987), 13–52.
Evans, J., *The Endless Web: John Dickinson & Co. Ltd., 1804–1954*, London: Jonathan Cape, 1955.
Evans, L., *The Firm of John Dickinson and Company Limited*, London: Chiswick Press, 1896.
Fabricant, S., *The Output of Manufacturing Industries, 1899–1937*, New York: NBER, 1940.
Feinstein, C. H., *National Income, Expenditure and Output of the United Kingdom, 1855–1965*, Cambridge University Press, 1972.
Fellner, W., 'Two propositions in the theory of induced innovations', *Economic Journal* 71 (1961), 305–8.
Foreman-Peck, J. S., 'Tariff protection and economies of scale: the British motor industry before 1939', *Oxford Economic Papers* 31 (1979), 237–57.
Frankel, M., *British and American Manufacturing Productivity*, Urbana: University of Illinois Press, 1957.
Frickey, E., *Production in the United States, 1860–1914*, Cambridge, MA: Harvard University Press, 1947.
Friedman, M. and Schwarz, A., *A Monetary History of the United States*, Princeton University Press, 1963.
Geuenich, J., *Geschichte der Papierindustrie im Düren-Jürlicher Wirtschaftsraum*, Düren: Dürener Druckerei und Verlag Carl Hamel, 1959.
Gilman, N. R., *Profit-sharing between Employer and Employee: A Study in the Evolution of the Wages System*, New York: Houghton, Mifflin, and Co., 1889.
Green, C. M., *Holyoke Massachusetts: A Case History of the Industrial Revolution in America*, New Haven: Yale University Press, 1939.

Guthrie, J. A., *The Newsprint Industry: An Economic Analysis*, Cambridge, MA: Harvard University Press, 1941.

The Economics of Pulp and Paper, Pullman, WA: The State College of Washington Press, 1950.

Habakkuk, H. J., *American and British Technology in the Nineteenth Century*, Cambridge University Press, 1962.

Hamburg, M., *Basic Statistics*, London: Harcourt Brace Jovanovich, 1985.

Hancock, H. B. and Wilkinson, N. B., 'Joshua Gilpin: an American manufacturer in England and Wales. Part II', *Newcomen Society for the Study of the History of Engineering and Technology Transactions* 39 (1960–1), 57–66.

Harley, C. K., 'The shift from sailing ships to steamships, 1850–1890: a study in technological change and its diffusion', in D. N. McCloskey (ed.), *Essays on a Mature Economy: Britain after 1840*, London: Methuen, 1971, pp. 215–34.

Harrison, R. and Zeitlin, J., *Divisions of Labour, Skilled Workers and Technological Change in Nineteenth-century England*, Brighton: Harvester Press, 1985.

Hatton, T. J., 'Profit sharing in British industry, 1865–1913', *International Journal of Industrial Organization* 6 (1988), 69–90.

Hèbert, R. and Link, A., *The Entrepreneur*, New York: Praeger, 1982.

Heinel, Ing., 'Die Maschinen-Industrie', in *Deutschland unter Kaiser Wilhelm II*, Berlin: Verlag von Reimar Hobbing, 1914.

Helps to Profitable Paper Making, Chicago: The *Paper Trade Journal*, 1898.

Herring, R., *Paper and Paper Making, Ancient and Modern*, London: Longmans, 1863.

Hicks, J. R., *Theory of Wages*, Oxford University Press, 1932.

A Revision of Demand Theory, Oxford: Clarendon Press, 1956.

Hills, R. L. , *Papermaking in Britain 1488–1988*, London: Athlone, 1988.

Hobsbawm, E. J., *Labouring Men: Studies in the History of Labour*, London: Weidenfeld and Nicolson, 1964.

Hobson, J., *Incentives in the New Industrial Order*, New York: Thomas Setzler, 1923.

Hoffmann, W. G., *British Industry, 1700–1950*, Oxford: Blackwell, 1955.

Das Wachstum der deutschen Wirtschaft seit der Mitte des 19. Jahrhunderts, Berlin: Springler-Verlag, 1965.

Hülbrock, A., 'Organisation und Preisgestaltung auf dem deutschen Papiermarkt unter besonderer Berücksichtigung der Gegenwart', Ph.D. thesis, University of Frankfurt-am-Main, 1927.

Hunter, D., *Papermaking: The History and Technique of an Ancient Craft*, New York: Dover, 1974.

Hutchins, B. L., 'The employment of women in paper-mills', *Economic Journal* 14 (1904), 235–48.

International Correspondence Schools Reference Library, *Sulphuric Acid, Alkalis and Hydrochloric Acid. Manufacture of Paper*, Scranton: International Textbook Co., 1902.

James, J. and Skinner, J. S., 'The resolution of the labor-scarcity paradox', *Journal of Economic History* 45 (1985), 513–40.

Jewkes, J., Sawers, D. and Stillerman, R., *The Sources of Invention*, London: Macmillan, 1969 [1958].

John, M., *Politics and the Law in Late Nineteenth-century Germany: the Origins of the Civil Code*, Oxford: Clarendon Press, 1989.

Johnson, H., 'A new view of the infant industry argument', in I. McDougall and R. Snape (eds.), *Studies in International Economics: Monash Conference Papers*, Amsterdam: New Holland, 1970, pp. 59–76.

Karges, S. B., 'David Clark Everest and Marathon Paper Mills Company: a study of a Wisconsin entrepreneur, 1909–1931', Ph.D. thesis, University of Wisconsin, 1968.

Kay, J., *Paper, its History*, London: Smith, Kay and Co., 1893.

Keir, M., *Manufacturing*, New York: Ronald Press Co., 1928.

Ketelbey, C. D. M., *Tullis Russell: The History of R. Tullis and Company and Tullis Russell & Co. Ltd. 1809–1959*, Markinch, Fife: Tullis Russell & Co. Ltd., 1967.

Kirchner, E., *Die Papierfabrikation in den Ländern der Sektion X der Papiermacher-berufgenossenschaft: historisch-technologische Skizze*, Württemberg: Güntter-Staib, 1911.

Kirzner, I. M., *Competition and Entrepreneurship*, University of Chicago Press, 1973.

'The primacy of entrepreneurial discovery', in I. M. Kirzner (ed.), *The Prime Mover of Progress: The Entrepreneur in Capitalism and Socialism*, London: IRA, 1980, pp. 5–25.

Discovery, Capitalism, and Distributive Justice, Oxford: Blackwell, 1989.

Knight, F. H., *Risk, Uncertainty and Profit*, Boston: Houghton Mifflin, 1921.

Lamoreaux, N. R., 'Industrial concentration and market behavior: the great merger movement in American industry', Ph.D. thesis, Johns Hopkins University, 1979.

Landes, D. S., *The Unbound Prometheus*, Cambridge University Press, 1969.

Lawson, W. K., *British Railways: A Financial and Commercial Survey*, London: Constable & Co. Ltd., 1913.

Lazonick, W., 'Industrial relations and technical change: the case of the self-acting mule', *Cambridge Journal of Economics* 3 (1979), 231–62.

'Competition, specialisation and industrial decline', *Journal of Economic History* 41 (1981), 31–8.

'Production relations, labour productivity, and the choice of technique: British and US cotton spinning', *Journal of Economic History* 41 (1983), 491–516.

Lee, C. H., 'Regional growth and structural change in Victorian Britain', *Economic History Review*, 2nd series, 34 (1981), 438–52.

Leibenstein, H., 'Entrepreneurship and development', *American Economic Review. Papers and Proceedings* 48 (1968), 72–83.

Levin, R. C., Cohen, W. M., and Mowery, D. C., 'R&D appropriability, opportunity, and market structure: new evidence on some Schumpeterian hypotheses', *American Economic Review. Papers and Proceedings* 75 (1985), 20–4.

Levine, A., *Industrial Retardation in Britain, 1880–1914*, London: Weidenfeld and Nicholson, 1967.

Lewchuck, W., *American Technology and the British Vehicle Industry*, Cambridge University Press, 1987.

Lewis, P. W., *A Numerical Approach to the Location of Industry*, University of Hull Press, 1969.

Lindert, P. H. and Trace, K., 'Yardsticks for Victorian entrepreneurs', in D. N. McCloskey (ed.), *Essays on a Mature Economy: Britain after 1840*, London: Methuen, 1971, pp. 239–74.

Machlup, F., *Knowledge and Knowledge Production*, Princeton University Press, 1980.

MacLeod, C., 'Strategies for innovation: the diffusion of new technology in nineteenth-century British industry', *Economic History Review*, 2nd series, 45 (1992), 285–307.

Maddison, A., *Dynamic Forces in Capitalist Development: A Long-run Comparative View*, Oxford University Press, 1991.

Magee, J. F., 'Arthur D. Little, Inc: at the moving frontier', paper presented to the Newcomen Society of the United States, 1986.

Markovitch, T. J., 'L'industrie française de 1789 à 1964 – sources et méthodes', *Cahiers de L'ISEA* AF 4 (1965).

Marshall, A., *Industry and Trade*, London: Macmillan, 1923.

McCloskey, D. N., *Economic Maturity and Entrepreneurial Decline*, Cambridge, MA: Harvard University Press, 1973.

McCloskey, D. N. and Sandberg, L. G. , 'From damnation to redemption: judgements on the late Victorian entrepreneur', in D. N. McCloskey (ed.), *Enterprise and Trade in Victorian Britain*, London: Allen & Unwin, 1981, pp. 55–72.

McGaw, J. A., 'Technological change and women's work: mechanization in the Berkshire paper industry, 1820–1855', in M. M. Trescott (ed.), *Dynamos and Virgins Revisited: Women and Technological Change in History*, Metuchen, NY: Scarecrow Press Inc., 1979, pp. 81–98.

'Accounting for innovation: technological change and business practice in the Berkshire county paper industry', *Technology and Culture* 26 (1985), 703–25.

Most Wonderful Machine: Mechanization and Social Change in Berkshire Paper Making, 1801–1885, Princeton University Press, 1987.

McPherson, J. M., *Battle Cry of Freedom: The Civil War Era*, New York: Ballantine, 1988.

McQuillen, M. J. and Garvey, W. P., *The Best Known Name in Paper: Hammermill. A History of the Company*, Erie, PA: privately published, 1985.

Mises, L. von, *Human Action: A Treatise on Economics*, New Haven: Yale University Press, 1949.

Profit and Losses, South Holland, IL: Consumers–Producers Economic Service, 1951.

Mitchell, B. R., *British Historical Statistics*, Cambridge University Press, 1988.

Muir, A., *The British Paper and Board Makers Association, 1872–1972: A Centenary History*, London: privately printed, 1972.

Mulhall, M. G., *The Progress of the World in Arts, Agriculture, Commerce, Manufactures, Industries, Railways, and Public Wealth*, London: Edward Stanford, 1880.

Industries and Wealth of Nations, London: Longmans, Green and Co., 1896.

Dictionary of Statistics, London: Routledge and Son, 1899.

Munsell, J., *Chronology of the Origin and Progress of Paper and Paper Making*, New York: Garland Publishing, Inc., 1980 [1876].
National Civic Federation, *Profit-sharing by American Employers*, New York: National Civic Federation, 1920.
National Industrial Conference Board, *Practical Experience with Profit-sharing in Industrial Establishments*, Boston: National Industrial Conference Board, 1920.
Nelson, R. R., *Understanding Technical Change as an Evolutionary Process*, Amsterdam: New Holland, 1987.
Nelson, R. R. and Winter, S., *An Evolutionary Theory of Economic Change*, Cambridge, MA: Belknap, 1982.
Nelson, R. R. and Wright, G., 'The rise and fall of American technological leadership: the postwar era in historical perspective', *Journal of Economic Literature* 30 (1992), 1931–64.
OEEC, *The Pulp and Paper Industry in the USA*, Paris: OEEC, 1951.
Ohanian, N. K., *American Pulp and Paper Industry, 1900–1940: Mill Survival, Firm Structure and Industry Relocation*, Westport, CT: Greenwood, 1993.
Page, W. (ed.), *Commerce and Industry*, London: Constable and Co., 1919.
Paper Mill Directory (the editor) of, *The Art of Papermaking: a Guide to the Theory and Practice of the Manufacture of Paper. Being a Compilation from the Best-known French, German, and American Writers*, London: Kent and Co., 1876.
Pavitt, K., 'R & D, patenting and innovative activities: a statistical exploration', *Research Policy* 11 (1983), 33–51.
'Patent statistics as indicators of innovative activities: possibilities and problems', *Scientometrics* 7 (1985), 77–99.
'International patterns of technological accumulation', in N. Hood and I. Vahlne (eds.), *Strategies in Global Competition*, London: Croom Helm, 1988, pp. 126–57.
Persson, K. G., *Pre-industrial Growth: Social Organization and Technological Progress in Europe*, Oxford University Press, 1982.
Phelps Brown, E. H. and Ozga, S. A., 'Economic growth and the price level', *Economic Journal* 65 (1955), 1–18.
Pindyck, R. S., 'Irreversibility, uncertainty, and investment', *Journal of Economic Literature* 29 (1991), 1110–48.
Pollard, S., *Britain's Prime and Britain's Decline*, London: Arnold, 1989.
Post Office Directory of Stationers, Printers, Booksellers, Publishers, and Paper Makers of England, Scotland, Wales and the Principal Towns in Ireland, London: Kelly and Co., 1872.
Progress of Paper, New York: Lockwood, 1947.
Proteaux, A., *Practical Guide for the Manufacture of Paper and Board*, Philadelphia: Henry Carey Bairds, 1866.
Rahmeyer, F., 'The evolutionary approach to innovation activity', *Journal of Institutional and Theoretical Economics* 145 (1989), 275–97.
Rapping, L., 'Learning and World War Two production functions', *Review of Economics and Statistics* 47 (1965), 81–6.
Rawson, H. G., *Profit-sharing Precedents*, London: Stevens and Sons, 1891.
Reader, W., *Bowaters: A History*, Cambridge University Press, 1981.

Rosenberg, N., *Technology and American Economic Growth*, New York: Harper and Row, 1972.

Perspectives on Technology, Cambridge University Press, 1976.

Inside the Black Box: Technology and Economics, Cambridge University Press, 1982.

Rosenberg, N. (ed.), *The American System of Manufacturing*, Edinburgh University Press, 1969.

Rostas, L., *Comparative Productivity in British and American Industry*, Cambridge: NIESR, 1948.

Rothbarth, E., 'Cause of the superior efficiency of the USA industry as compared with British industry', *Economic Journal* 56 (1946), 383–90.

Ruttan, V. and Hayami, Y., *Agricultural Development: An International Perspective*, Baltimore: Johns Hopkins University Press, 1971.

Sahal, D., 'Technological guideposts and innovative avenues', *Research Policy* 14 (1985), 61–82.

Salter, W. E. G., *Productivity and Technical Change*, Cambridge University Press, 1960.

Sandberg, L. G., *Lancashire in Decline*, Columbus, OH: Ohio State University, 1974.

'The entrepreneur and technological change', in R. Floud and D. N. McCloskey (eds.), *The Economic History of Britain since 1700*, Cambridge University Press, 1981, vol. 2, pp. 99–120.

Scherer, F. M., *Industrial Market Structure and Economic Performance*, Chicago: Rand McNally, 1970.

Schmookler, J., *Invention and Economic Growth*, Cambridge, MA: Harvard University Press, 1966.

Schumpeter, J. A., *The Theory of Economic Development*, Oxford University Press, 1961.

S. D. Warren Company, *A History of S.D. Warren Company, 1854–1954*, Westbrook, Maine: Anthoensen Press, 1955.

Shears, W. S., *William Nash of St Paul's Cray Papermakers*, Leeds: Knight and Forster, 1967.

Shorter, A. H., *Papermaking in the British Isles: An Historical and Geographical Study*, Newton Abbot, Devon: David and Charles Ltd., 1971.

Shryock, G. A., *History of the Origin and Manufacture of Straw and Wood Paper*, Philadelphia: American Philosophical Society, 1866.

Simon, H., *Models of Bounded Rationality*, Cambridge, MA: Harvard University Press, 1982.

Sindall, R. W., *Bamboo for Papermaking*, London: Marchant & Singer Co., 1909.

Smith, D. C., 'Wood pulp and newspapers, 1867–1900', *Business History Review* 38 (1964), 328–45.

History of Papermaking in the United States, 1691–1969, New York: Lockwood Publishing Co., 1970.

Smith, J. E. A., *A History of Paper: Its Genesis and its Revelation*, Holyoke, MA: Clark W. Bryan, 1882.

Society for the Encouragement of Arts, Manufactures, and Commerce, *Report of the Committee on the Deterioration of Paper*, London: William Trounce, 1898.

Sokoloff, K. L., 'Inventive activity in early industrial America: evidence from patent records, 1790–1846', *Journal of Economic History* 48 (1988), 813–50.

Sokoloff, K. L. and Khan, B. Z., 'The democratization of invention during early industrialization: evidence from the United States, 1790–1846', *Journal of Economic History* 50 (1990), 363–78.

Solow, R. M., 'Investment and technical progress', in K. J. Arrow, S. Karlin, and P. Suppes (eds.), *Mathematical Methods in the Social Sciences 1959*, Stanford University Press, 1960, pp. 89–104.

Spicer, A. D., 'The paper trade', in H. Cox (ed.), *British Industries under Free Trade*, London: T. Fisher and Unwin, 1904, pp. 201–13.

The Paper Trade, London: Methuen, 1907.

Stevenson, L. T., *The Background and Economics of American Papermaking*, New York: Harper and Brothers Publishers, 1940.

Stigler, G. J., *The Organization of Industry*, Homewood, IL: Richard D. Irving, 1968.

Stiglitz, J. E., 'Learning to learn, localized learning and technological progress', in P. Dasgupta and P. Stoneman (eds.), *Economic Policy and Technological Performance*, Cambridge University Press, 1987, pp. 125–53.

Strenger, F., 'Die wirtshaftliche und soziale Bedeutung der deutschen Papier Herstellenden Industrie im Rahmen der deutschen Volkswirtschaft', Ph.D. thesis, Leopold-Franzens University of Innsbruck, 1930.

Sullivan, R. J., 'The revolution of ideas: widespread patenting and invention during the English Industrial Revolution', *Journal of Economic History* 50 (1990), 349–62.

Sweden as Producer of Wood Goods, Pulp, Paper, Tar and other Forest Products, Stockholm: A. B. Svenska Teknologföreningens Förlag, 1920.

Tariff Commission, the Report of, *The Engineering Industries*, London: P. S. King and Son, 1909, vol. 4.

Temin, P., 'The relative decline of the British steel industry, 1880–1913', in H. Rosovsky (ed.), *Industrialization in Two Systems*, New York: Wiley, 1966, pp. 140–55.

Thompson, A. G., *The Scottish Paper Industry till 1860*, Edinburgh: Scottish Academic Press, 1981.

Tillmans, M., *Bridge Hall Mills: Three Centuries of Paper and Cellulose Film Manufacture*, Tilsbury, Wilts: Compton Press, 1978.

Toutain, J. C., 'La population de la France de 1700 à 1959', *Cahiers de L'ISEA* AF 3 (1963).

Turvey, R., 'Economic growth and domestic rubbish, London 1855–1926', paper presented at the ESRC Conference on Quantitative Economic History at St Antony's College, Oxford, September 1992.

Vandermeulen, D. C., 'Technological change in the paper industry: the introduction of the sulphite process', Ph.D. thesis, Harvard University, 1947.

Veblen, T. *Imperial Germany and the Industrial Revolution*, New York: Macmillan, 1915.

Voelker, K. E., 'The history of the International Brotherhood of Pulp, Sulphite and Paper Mill Workers from 1906 to 1929: a case study of industrial unionism before the Great Depression', Ph.D. thesis, University of Wisconsin, 1969.

Von Tunzelmann, G. N., 'Technical progress during the Industrial Revolution', in R. Floud and D. N. McCloskey (eds.), *The Economic History of Britain since 1700*, Cambridge University Press, 1981, vol. 1, pp. 143–63.

Wadsworth, A. P., 'Newspaper circulation, 1800–1954', paper presented to the Manchester Statistical Society, 9 March 1955.

Watson, N., *The Last Mill on the Esk: 150 Years of Papermaking*, Edinburgh: Scottish Academic Press, 1987.

Weatherill, L., *One Hundred Years of Papermaking: An Illustrated History of Guard Bridge Paper Company Ltd., 1873–1973*, Edinburgh: Constable Ltd., 1974.

Weeks, L .H., *A History of Paper Manufacturing in the United States, 1690–1916*, New York: Burt Franklin, 1969 [1916].

Weston, H. E., *A Chronology of Papermaking in the United States*, Wilmington, DE: Hercules Powder Co., 1945.

Wheelwright, W. B. and Kean, S., *The Lengthened Shadow of One Man*, Fitchburg, MA: privately published, 1957.

Wicken, O., 'Learning, inventions and innovations: productivity increase and new technology in an industrial firm', *Scandinavian Economic History Review* 33 (1985), 144–72.

Wiener, M. J., *English Culture and the Decline of the Industrial Spirit, 1850–1980*, London: Penguin, 1985.

Williams, E. E., *Made in Germany*, London: W. Heinemann, 1896.

Wittigschlager, K., 'Geschichte der Maschinepapierfabrikation in Bayern rechts des Rheins bis 1914', Ph.D. thesis, University of Frankfurt-am-Main, 1930.

Wolff, E. N., 'Capital formation and productivity convergence over the long term', *American Economic Review* 81 (1991), 565–79.

Wray, M., *The British Paper Industry: A Study in Structural and Technological Change*, London: The British Paper and Board Industry Federation, 1979.

Wright, H. E., *Three Hundred Years of American Papermaking*, Washington DC: Smithsonian Institute, 1991.